MW01230602

DOCUMENTS POUR L'ÉTUDE DE LA BIBLE

PUBLIÉS SOUS LA DIRECTION DE FRANÇOIS MARTIN

PROFESSEUR DE LANGUES SÉMITIQUES A L'INSTITUT CATHOLIQUE DE PARIS

HISTOIRE ET SAGESSE

D'AHIKAR L'ASSYRIEN

(FILS D'ANAEL, NEVEU DE TOBIE)

TRADUCTION DES VERSIONS SYRIAQUES

AVEC LES PRINCIPALES DIFFÉRENCES DES VERSIONS ARABES
ARMÉNIENNE, GRECQUE, NÉO-SYRIAQUE,
SLAVE ET ROUMAINE

PAR

FRANÇOIS NAU

DOCTEUR ÈS-SCIENCES MATHÉMATIQUES, LICENCIÉ ÈS-SCIENCES PHYSIQUES,
DIPLOMÉ DE L'ÉCOLE DES HAUTES-ETUDES (section philologique),
PROFESSEUR A L'INSTITUT CATHOLIQUE DE PARIS

PARIS

LETOUZEY ET ANÉ, ÉDITEURS

76 bis, RUE DES SAINTS-PÈRES

—

1909

INTRODUCTION

CHAPITRE PREMIER

Analyse du livre.

C'est une double collection de sentences ou proverbes insérée dans une histoire : Aḥikar, scribe de Sennachérib et de Sarḥédom, adopte Nadan, le fils de sa sœur, l'élève et lui adresse une première série de sages maximes pour compléter son éducation. Nadan n'en profite pas et, craignant d'être déshérité par son oncle, il imagine, à l'aide de lettres écrites en son nom, de le faire passer pour un conspirateur et de le faire condamner à mort. Fort heureusement, le bourreau est un ami d'Aḥikar, et il n'exécute pas l'ordre donné.

Peu après, le roi d'Égypte demande au roi d'Assyrie de lui envoyer un homme qui puisse répondre à toutes ses questions et bâtir un palais dans les airs.

Aḥikar seul peut suffire à cette tâche. Il va en Égypte, répond aux questions du Pharaon et, à son retour, il demande que Nadan lui soit livré. Il lui fait donner la bastonnade, afin de faire entrer la sagesse « par les épaules puisqu'elle n'avait pu entrer par les oreilles, » et il lui adresse une seconde série de maximes.

Ces deux séries de maximes (III, 1-95, et XXXIII, 96-142) ont autant d'importance que l'histoire : elles constituent la *Sagesse d'Aḥikar*, par analogie avec la *Sagesse de Salomon* et la *Sagesse de Jésus, fils de Sirach* ; aussi certains

1

manuscrits les font figurer seules dans leur titre : « Les
maximes et la sagesse d'Aḥikar [1]. » Parfois même on les a
extraites de l'histoire pour les éditer à part [2]. D'autres manuscrits ne mettent dans leur titre que « Histoire d'A-
ḥikar [3] ». d'autres enfin : « Histoire, c'est-à-dire sagesse
d'Aḥikar [4]. » Nous avons choisi comme seul titre adéquat :
« Histoire et sagesse d'Aḥikar. »

La première série (III, 1-95) est toute didactique, par
exemple (III, 6) : « Mon fils ne désire pas la beauté du
dehors, car la beauté disparaît et passe, mais une bonne
mémoire et un bon renom demeurent à jamais. » Elle s'inspire des Proverbes de Salomon et elle est une des sources
de l'Ecclésiastique.

La seconde a pour but de mettre en relief l'ingratitude
de Nadan ; elle ne se compose presque que de *comparaisons*, que l'on pourrait appeler des similitudes ou des paraboles, par exemple (XXXIII, 109) : « Mon fils, tu m'as été
comme un chaudron auquel on a mis des oreilles d'or sans
débarrasser son fond de sa noirceur ; » (XXXIII, 113) : « Mon
fils, tu m'as été comme un chien saisi par le froid qui fut
se chauffer chez des potiers (ou : chez des boulangers) et
qui, lorsqu'il eut chaud, chercha à aboyer et à les mordre ;
ils se mirent à le frapper. Il aboya, et eux, craignant d'être
mordus, le tuèrent. » Cette seconde partie est apparentée
aux plus anciens recueils de fables ; elle sert de trait d'union
entre les plus anciens apologues — par exemple : Juges,
IX, 8-15 ; II Samuel, XII, 1-4 — et les apologues et paraboles
de l'ancienne littérature juive, pour aboutir peut-être aux
paraboles du Nouveau Testament.

Ces deux séries de maximes, d'après Clément d'Alexandrie reproduit plus tard par Eusèbe, ont été apportées de

1. Mss. de la version arménienne.
2. Une collection arabe d'où procède la version éthiopienne.
3. Ms. *B*.
4. Ms. *C*.

Babylonie en Grèce par Démocrite, au v⁰ siècle avant notre ère, et ont pu servir de modèle : les premières aux pensées de Démocrite et de Ménandre dont il nous reste quelques fragments (*infra*, III, ɪɪ), et les dernières à quelques fables ésopiques, ce qui a conduit plus tard à prêter à Ésope l'histoire d'Aḥikar et à créer, à l'aide d'Aḥikar et d'Ésope, un nouveau sage fabuliste qu'on a nommé Loqman (*infra*, VI).

L'histoire elle-même comprend deux parties · d'abord le rôle d'Aḥikar en Babylonie, où il est chancelier des rois Sennachérib et Sarḥédom, sa chute causée par Nadan et la punition de celui-ci — cette partie seule a été utilisée dans la version grecque du livre de Tobie ; ensuite le voyage d'Aḥikar en Égypte pour construire un château dans les airs et résoudre les énigmes que lui proposera le Pharaon. Cette dernière partie se rattache aux plus anciennes énigmes, comme Juges, xɪv, 12-14 : « Du dévorant est sortie la nourriture et du fort a procédé la douceur [1] ; » elle a été largement exploitée ou même transcrite dans l'ancienne littérature juive.

Ce court résumé, dont les assertions seront justifiées dans la suite de l'Introduction, suffit à montrer l'intérêt de l'*Histoire d'Aḥikar* qui est apparentée à tant d'ouvrages de la Bible et de la littérature profane.

CHAPITRE II

Enseignements et doctrines de l'*Histoire d'Aḥikar*.

L'importance du livre d'Aḥikar dans l'histoire littéraire sera mise en relief lorsque nous étudierons ses relations

---

1. La reine de Saba vient aussi proposer des énigmes à Salomon. I Rois, x, 1 ; II Paral., ɪx, 1.

avec Démocrite et Ménandre (*Introd.*, III, ii), avec
Tobie et l'Ecclésiastique (III, iii), avec le Nouveau Testament (III, iv), avec les fabulistes (VI). Nous nous bor-
nons à résumer ici les quelques détails historiques et
géographiques que renferme son histoire, les préceptes
moraux mis en relief dans ses maximes et les remarques
linguistiques que nous fournit l'étude des noms propres.

I. *Histoire et géographie.*

Toutes les versions connues jusqu'ici faisaient d'Aḥikar
le chancelier du seul Sennachérib, et elles écrivaient que
Sennachérib était fils de Sarḥédom (Asaihaddon) [1], ce qui
est contraire à la vérité historique et aux données du livre
de Tobie, car Sennachérib (705-681) est le père d'Asarhaddon (681-668). Cette faute était exploitée, bien entendu,
par tous ceux qui ne voulaient voir qu'un simple conte dans
l'histoire d'Aḥikar. Le manuscrit syriaque *B* vient par
bonheur nous donner la clef de l'énigme. Il porte au commencement : « Lorsque je vivais à l'époque de Sennachérib... les devins me dirent : « Tu n'auras pas d'enfant, » i, 1,
et plus loin : « Aḥikar, scribe et gardien du sceau du roi
Sarḥédom, » v, 6; «de Sarḥédom à Aḥikar, » vi, 2, etc. Il
est donc clair que le commencement de l'histoire (adoption
de Nadan) se place sous Sennachérib et la fin de l'histoire
(trahison et punition de Nadan) sous Sarḥédom. Le manuscrit *B* est donc en complet accord avec l'histoire et le livre
de Tobie [2]. Mais les scribes, après avoir lu qu'Aḥikar était
chancelier de Sennachérib, n'ont pas songé que vingt ans

---

1. Sarḥédom est la transcription de *Ašur-aḥ-iddin* (Asarhaddon),
avec chute de l'aspirée initiale.

2 Ἀχείχαρος ἦν ὁ ἀρχιοινοχόος καὶ ἐπὶ τοῦ δακτυλίου καὶ διοικητὴς καὶ
ἐλογιστὴς ἐπὶ Σενναχηρεὶμ βασιλέως Ἀσσυρίων, καὶ κατέστησεν αὐτὸν Σαχερ-
δονὸς ἐκ δευτέρας. Tobie, i, 22. Cf. *Introd.*, III, iii, *a*. Aḥikar a donc
été le chancelier des deux rois.

au moins se sont écoulés entre les chapitres ɪ et ɪɪ, 1, où
Aḫikar met Nadan en nourrice, et le chapitre ɪɪ, 3, où Aḫikar cede sa place à Nadan. Ils n'ont donc pas pensé qu'il
avait pu y avoir un changement de règne, et ils ont mis partout
Sennachérib en place de Sarḫédom pour conformer la
suite de l'histoire au commencement. Si l'on fait vivre
Nadan une vingtaine d'années [1], on doit placer sa naissance sous Sennachérib (aux environs de l'année 690 [2]) et
sa mort sous Asarhaddon (avant 668 [3]).

Le roi de Perse et le Pharaon d'Égypte ne sont pas dé-
signés par un nom propre dans le manuscrit *B*, ᴠ, 5 et 7.

La géographie, en dehors des noms communs : Perse,
Élam, Assur, Ninive, Égypte, ne peut tirer grand parti de
« la plaine de Nešrin (ou des aigles) située au midi, » ᴠ,
8 ; ᴠɪ, 2 ; ᴠɪɪɪ, 1 ; ni de « la montagne nommée Ṣiṣ, »
ᴠɪ, 2, qu'on ne rencontre pas ailleurs et qu'on n'a donc
pas identifiées.

II. Dieu

Dieu est le Créateur, le Tout-Puissant, il punit celui qui
le délaisse, ɪ, 4-5, et celui qui l'accuse, xxxɪɪɪ, 134 ; il

1. Il est censé être mort jeune, car le roi dit d'Aḫikar : « Je t'ai
fait périr sur des paroles d'enfants, » xɪɪɪ, 2, et : « (toi) que j'ai fait
périr sur les paroles d'un enfant, » xᴠɪɪɪ, 3. Le mot « enfant » conve-
nait donc encore à Nadan.

2. Sennachérib régnait depuis l'an 705, mais, avant d'adopter Nadan, Aḫikar a dû devenir le chancelier de Sennachérib et s'enrichir,
aussi cette adoption semble mieux placée dans la seconde partie du
règne que dans la première, Aḫikar avait alors soixante ans, ɪ, 2.

3 Année de la mort d'Asarhaddon. — On peut tenir compte
aussi de ce que Tobie a perdu la vue sous Sarhédom (Tobie, ɪ, 24 ;
ɪɪ, 11) et de ce qu'au moment où il la recouvra, quatre ans plus tard
(*Vulgate*, xɪᴠ, 3) ou plutôt huit ans plus tard (*Codex Vaticanus*,
ibidem), Aḫikar n'avait pas encore été trahi par Nadan, puisque
tous deux assistaient aux noces (Tobie, xɪ, 20). La mort de Nadan
se place donc après la huitième année de Sarhédom (après 673),
donc entre 673 et 668.

n'exauce pas le pécheur, xxxiii, 103-104, ni le méchant,
xxxiii, 106 ; il pardonne à ceux qui ont péché, xxxiii,
134, et rend à chacun selon ses œuvres, xxxiii, 142 ; il faut le
prier, iii, 38, aussi Aḥikar l'implore, i, 4 ; xv, 3-5, espère,
en lui, xx, 2, et lui attribue sa délivrance, xxix, 3 ; xxxiii
142.

III. Eschatologie.

« Les satans » sont mentionnés, iii, 38, 49. Nadan sera
puni dans la gehenne, xxxiv, 2. L'homme peut « pécher
devant Dieu, » xxxiii, 100, mais le mal sera rendu (dans la
géhenne) pour le mal, xxxiv, 2. Il y a donc une vie future,
bien qu'elle ne soit pas indiquée avec toute la netteté
désirable.

IV. Préceptes moraux.

Il faut éviter les discordes, iii, 73, 77, 83, 85, 86, le
mensonge et le vol, iii, 87, l'aveuglement du cœur, iii, 62,
les péchés de la langue, iii, 57, 63, 71, les courtisanes et
les femmes querelleuses, iii, 7, 8, 9, 14, 26, 27, 88, 92. Il
faut craindre le maître, iii, 43, et la pauvreté, iii, 56 ; fuir
les méchants, iii, 36, 84 ; fréquenter les justes, iii, 13, 16,
18, 24, 29, 30, 50, 51, 93 ; pratiquer la vertu, iii, 6, 75, et
la pénitence, iii, 67 ; bien élever ses enfants, iii, 32, 33,
37, 39, 53, 59 ; rendre le bien pour le mal, iii, 28 ; conserver les secrets, iii, 2, 3, 70, 72 ; compatir aux maux des
ennemis, iii, 25. A côté de cela, on trouve l'éloge de la
vie de famille, iii, 39, et quelques traits orientaux comme
la polygamie, i, 2, les huit nourrices de Nadan, ii, 1, et
les sept nourrices primipares des deux enfants qui devaient
conduire les aigles, xxv, 3. Mentionnons encore l'importance attribuée aux riches et aux puissants, iii, 22, 43, 52,
55, 68, 74, 79, 89, 95.

En somme l'histoire d'Aḥikar est bien inférieure — au point de vue du sentiment religieux — à tous les livres de la Bible. Cette remarque, comme nous le dirons, a conduit à induire qu'elle était l'œuvre d'un païen ou du moins une œuvre païenne légèrement retouchée par un juif.

V. Noms propres.

Les noms propres, en dehors des noms bibliques, appartiennent pour la plupart à l'onomastique babylonienne [1]. Les nombreuses formes que revêtent quelques-uns d'entre eux dans les manuscrits tiennent à l'écriture sémitique qui, sauf en assyrien, laisse les voyelles à l'arbitraire des scribes. Elles témoignent de l'antiquité et du succès du livre, puisque tant de scribes ont pu accumuler tant de fautes.

1° Aḥikar est écrit de manière uniforme dans tous les textes syriaques, mais dans les autres versions il devient Haiqâr, Heycar, Hicar (arabe); Khikar (arménien); Akyr et Akyrios (slave); Esope (grec). Dans le livre de Tobie on trouve Ἀχιάχαρος, Ἀχείχαρος, Ἀχειάχαρος, Ἀχιαχάρ, Ἀχενχάρ, Ἀχίκαρος, Ἀχείκαρος, Achior (Vulgate et Peschito) [2] et Aḥikar. La meilleure lecture nous semble être Ἀχεικάρ ou Ἀχικάρ. en français Aḥicar ou Aḥiqar, ce qui nous ferait rendre le *het* syriaque par *h* et le *qof* syriaque par *c* ou *q*. Nous avons conservé Aḥikar pour nous conformer à l'édition de Cambridge qui a vulgarisé le nom sous cette forme [3]. A l'occasion, nous employons les autres formes dans nos analyses et citations.

Aḥikar peut s'expliquer par l'araméen où il signifierait :

---

1. Les indications relatives à l'onomastique babylonienne nous ont été données par M. François Martin.

2. De cette identité de forme dans la Vulgate et la Peschito, M. Meissner a conclu que le texte chaldéen utilisé par saint Jérôme était peut-être la Peschito syriaque.

3. Cette édition ajoute cependant un point sous la lettre k

« Le frère cher » ou chose analogue; par exemple, en supposant un redoublement du yod (forme suggérée par le grec Ἀχιάχαρος), on pourrait traduire : « Mon frère (m') est cher [1]. » Mais cette formation se rencontre avec le même sens parmi les noms propres assyriens ou babyloniens. Ainsi on trouve à l'époque même des Sargonides, *Abi-ia-qar*, « Mon père m'est cher, » Harper, *Assyrian and babylonian Letters*, t. viii, Londres, 1902, n 774, *verso*, lig. 11, peut-être même notre *A-hi-ia-qar* Voir Ranke, *Early Babylonian personal Names*, Philadelphia, 1905, p. 251 ; Johns, *Assyrian Deeds and Documents*, Cambridge, 1901, t. iii, p 114. Ahikar était fils d'Anael, frère de Tobie (Tobie, i, 21) ; il fut chancelier d'abord de Sennachérib, puis de Sarhédom.

2° NADAN, écrit aussi Anadan (slave) et Nathan (arménien), se trouve dans le livre de Tobie sous la forme Ναδάν, d'où sont dérivés Ἀδάμ [2] et Ναδάβ [3]. De plus le *Sinaiticus*, à côté de Ναδάβ, donne Ναβάδ et le *Vaticanus*, à côté de Ἀδάμ, donne Νασβᾶς. On trouve de plus, dans les versions latines, Nabal (que l'on peut tirer paléographiquement du grec Ναβάδ à moins que ce ne soit une mauvaise transcription du latin Nabat), puis Nabath et Nabad et, dans les versions syriaques, ʿAcab et Laban qu'on peut aussi faire dériver paléographiquement de Nadab et Nadan (par mauvaise lecture du *d* écrit en estranghélo, le *noun* devenant *ain* ou *lomad*). Le grec porte Ennos [4]. La forme primitive semble

---

1 M Vetter propose « mon frère est un bijou », analogue à Ahihoud « mon frère est gloire » et Ammihoud « mon oncle est gloire »

2 ἐποίησε Ναδάν est devenu ἐποίησεν Ἀδάμ.

3 Dans les manuscrits minuscules, β et μ s'écrivent de la même manière hors, pour le μ, une petite ligature avec la lettre précédente. Inutile de dire que nos manuscrits en onciales comme le *Sinaiticus* peuvent dériver de manuscrits écrits en minuscules.

4. Peut-être pourrait-on supposer que Maxime Planude, ou l'auteur de la version grecque, a voulu rendre Adam qui signifie souvent « homme » par Énosch (Ennos) qui a le même sens. Voir *infra*, IV, viii.

bien être Nadan, de la racine assyrienne *nadânu*, « donner » [1], forme analogue au nom propre *Na-ta-an*, de *natânu* qui signifie également « donner », que présente l'onomastique néo-babylonienne. Il est possible aussi que cette forme ait été *Nadin*, nom babylonien qui revient assez fréquemment, et qu'elle ait été altérée en Nadan, comme *Nabû-zér-iddin* en Nabuzardan. Voir Tallquist, *Neubabylonisches Namenbuch*, Helsingfors, 1905, p. 156 et 326.

3° NABOUZARDAN [2], nom du jeune frère de Nadan (*infra*, v, 1), est écrit en arabe Benouzardan, par permutation des deux premières consonnes. C'est un nom babylonien bien connu *Nabû-zér-iddin*, « Nabû a donné un rejeton », littéralement « une race », voir II Rois, xxv, 8 ; Jérémie, xxxix, 9, lii, 12 ; Johns, *Assyrian Deeds and Documents*, Cambridge, 1901, t. iii, p. 574, col. *b*.

4° EŠFAGNI, nom de la femme d'Aḥikar, est écrit de la même manière dans la plupart des textes arabes ; la traduction de Chavis et Cazotte (*Cabinet des fées*, t. xxxix, p. 266 sq.) porte cependant Zéfagnie. Cette modification est sans importance, mais on remarquera que le rôle d'Ešfagni, assez terne dans toutes les versions, où elle se borne à exécuter quelques ordres d'Aḥikar, est capital dans la version de Chavis et Cazotte [3]. Ici Zéfagnie est la sœur de Sarḥédom, père de Sennachérib [4], elle préserve plu-

---

1 D'après M. Halévy, dans la *Revue sémitique*, 1900, p. 57, note 3, Nadan serait un mot persan qui signifierait « sot », « insensé ». Nous croyons plus raisonnable d'admettre la présence de la racine sémitique *nadânu* si employée dans les noms propres.

2. Manque dans le slave. Est devenu « Baudan *ou* Boudan » dans l'arménien (p. 37).

3. C'est une édition des *Mille et une nuits*.

4. Nous avons dit que toutes les versions (hors le ms *B*) commettent cet anachronisme. Il semble qu'une mauvaise coupure de Tobie, i, 22, et ii, 1, pouvait faire croire qu'Aḥikar était parent du roi, car dans *La sainte Bible*, éd. Lethielleux, Paris, 1880, nous lisons la traduction suivante, en note de Tobie, i, 25 : « Car Achicharus était grand échan-

sieurs fois Aḥikar de la disgràce, elle le réconforte lorsque
l'ingratitude de Nadan l'accable, c'est elle qui a l'idée de
sauver la vie à Ahikar, car c'est elle qui a jadis sauvé la vie
à celui dont dépend alors le sort de son mari. C'est encore
elle qui amene Sennachérib au repentir et lui annonce
qu'Aḥikar est vivant ; elle accompagne son mari en Égypte
et dirige « du haut d'une tour » le vol des aigles et des
enfants qui doivent construire un château dans les airs.
L'auteur de cette rédaction des *Mille et une nuits* le fait
d'ailleurs remarquer lui-même, car tandis que Schariar est
surtout intéressé par les aventures chez Pharaon, Dinar-
zade dit à Schéhérazade · « Vous avez peint, ma sœur, *une
femme pour laquelle j'ai conçu tant d'estime* que je n'ai pas
été curieuse de vous demander son âge et, m'auriez-vous
dit qu'il était fort avancé, je pense que je l'aurais oublié
tant je la trouvais belle, noble et imposante. » Dans l'arménien, ce nom est devenu Abestan et Arphestan [1].

M. Halévy [2] rapproche ce nom de l'*Asphenez* de Daniel,
I, 3, qui signifie en persan « hôte, hôtelier » On pourrait
le rapprocher aussi de *Hasbadana*, de Néhémie, VIII, 4.
Mais si ce nom appartient au récit primitif, il est fort possible qu'il ne soit qu'un nom babylonien altéré par les
scribes. Nous relevons dans l'onomastique babylonienne
des formes qui en contiennent les principaux éléments,
telles : *Asgandu, Pa-qa-ana-Arba'il, Sapik, As-pi-e.*
Voir Tallquist, *Neubabylonisches Namenbuch,* Helsingfors,
1905, p. 306, 327, etc. Il se peut qu'il ait été à l'origine

---

son, garde du sceau et ministre de la comptabilité et des finances
sous Sennachérib roi des Assyriens, et Sacherdon l'établit le premier
(de son royaume) après lui. Mais *il était mon cousin, mon parent et
aussi parent du roi* » C'est à rapprocher de la version arabe des
Mille et une nuits qui fait d'Ahikar le parent du roi par sa femme
Esfagni. Caussin de Perceval écrit *Shagfatni.*

1 Manque dans le slave
2 *Revue sémitique,* 1900, p. 57 sq.

composé, comme beaucoup d'autres, de plusieurs éléments par exemple de *śapik*, « il a versé », en tête, et d'un autre élément altéré, ou de *ukin*, « il a établi » à la fin, dont le sujet et le régime auraient disparu. Cf. *Šamaš-šum-ukin.*

Voici donc la généalogie qui nous est fournie par les livres de Tobie et d'Aḥikar.

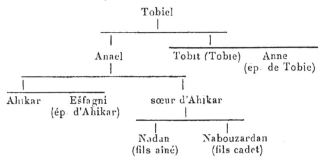

Ajoutons, comme complément, la liste des rois de Ninive, contemporains de Tobie et d'Aḥikar :

Salmanasar IV,	727-722
Sargon,	722-705
Sennachérib,	705-681
Asarhaddon,	681-668
Assurbanipal,	668-626

5° NABOUSEMAK, nom du bourreau, d'où les formes dérivées ou corrompues Abousemak, Ibn Samik (syriaque C et arabe), Abousomeika (trad. Agoub) ; Abousmaq (arménien) [1].

Nabousemak est un nom judéo-babylonien [2], peut-être analogue à l'Aḥisemak de l'Exode, xxxi, 6, xxxv, 34 ; il signifierait « Nabû appuie », en assyrien *Nabû-sâmik* ; cf. le nom propre *Samaku* dans Johns, *Assyrian Deeds and Documents*, Cambridge, 1901, t. iii, p. 566, col. *b*. Il se peut

---

1 Manque dans le slave.

2 Cf. *Noms théophores en Assyrie à l'époque des Sargonides*, dans la *Revue de l'histoire des religions*, t. liv, n° 1 (1906), p. 57.

aussi qu'il ne soit qu'une altération de la forme très connue *Nabû-šum-ukin*, « Nabû a établi un fils », littéralement « un nom ».

Le grec remplace ce nom par Hermippos. C'est peut-
être encore une sorte d'équivalent, car Hermès = Nabû.

6° ABIKAM, nom que prit Ahikar en Égypte, est quelquefois écrit Ahikam dans *B*. C'est un nom araméen. On le
trouve dans les contrats assyriens, mais à une époque
(vii° siècle et au-dessous) où les Araméens étaient très répan-
dus en Assyrie, sous la forme *'Aba-qâme* ou *'Iba-qâme*; cf.
la forme analogue *Ahi-taqâmu* et *Ahi-iqâmu*, Johns, *Assyrian Deeds and Documents*, t. iii, p. 492 et 549. Il signifie :
« Mon père s'est relevé ». La forme analogue *Ahikam*, qui
se trouve aussi II Rois, xxv, 22, et Jérém. xxxix, 14, xl, 5,
signifie : « Mon frère s'est relevé ».

7° NABOUBAIL, écrit aussi 'Oubâil, est un nom babylonien
qui signifie : « Nabû est puissant », ou peut-être « Nabû
est (ma) force ». Cf. *Nabû-hi-li-ilâni*, « Nabû est la force
(ou le plus puissant) des dieux », Muss-Arnolt, *Assyrisch-
englisch deutsches Handwoerterbuch*, Berlin, 1905, p. 312,
col. *a*, et *Ha-il-ilu*, dans Harper, *Assyrian and babylonian
Letters*, t. v, Londres, 1900, n. 524, *recto*, ligne 2.

8° TEBŠALOUM : ce nom (comme le précédent), d'après
M. R. Harris, serait une interpolation parce qu'il manque
dans l'arménien et le slavon Il le rapproche de *Dabshalim*
qui figure dans Kalilah et Dimnah et lui attribue donc aussi
une origine hindoue [1]. Cependant il doit suffire que ces
noms figurent dans le syriaque et son dérivé l'arabe, puisque ces versions représentent au mieux l'original et sont
vraisemblablement la source de toutes les autres. Rien de
plus connu d'ailleurs que les racines sémitiques *tob* et *ša-
lum*, en assyrien *Tâb-šulmu*, « Il est bon le salut »; cf. le
nom propre *Tâb-eli-Ašur*, « Elle est bonne la protec-

_____

1. Ed. de Cambridge, p. xxxv.

tion d'Assur », Tallquist, *Neubabylonisches Namenbuch*, Helsingfors, 1905, p. 317, col. *a*. Ici le nom de la divinité doit être sous-entendu : « Il est bon le salut » (donné par tel dieu — ou — par les dieux).

9° NABOUEL est un nom babylonien qui signifie « Nabû est Dieu ». On trouve les altérations Nebouhal, Nabouhal, Nagoubil, dans l'arabe et le slave, Béliar dans l'arménien.

10° AKI[1], fils de Ḥamsélim[2], (en arabe Amiš, fils de Šah le sage), est à rapprocher d'*Akiš*, I Samuel, XXI, 11; XXVII, 2. On ne connait d'ailleurs aucun roi de Perse de ce nom. Halévy pense qu'il faut lire, au lieu de *Aki*, *Akhash*, « visiblement abrégé de l'*Ahashwerosh* (Ishayarsha), Xerxès, des derniers livres de la Bible ; » *Revue sémitique*, 1900, p. 57.

11° MANZIFAR, nom du prisonnier immolé à la place d'Ahikar. Il est plus probable encore que pour Ešfagni que ce nom est une altération d'un nom babylonien, qui se terminait probablement par *apal*, « fils », tel que *Marduk-naṣu-apal*, ou *Munazziz-apal*, « Il a établi un fils », cf. *Nabû-zér-munazziz*, « Nabû a établi un rejeton », Johns, *Assyrian Deeds and Documents*, Cambridge, 1901, t. III, p. 564. La forme arménienne *Senifar* suggèrerait un rapprochement avec *Asnafar* de I Esdras, IV, 10, que certains assyriologues identifient avec *Assurbanipal*, v. Schrader, *Die Keilinschriften und das Alte Testament*, 3ᵉ édition, Berlin, 1902, p. 351.

Ces noms babyloniens et bibliques sont autant de marques personnelles à l'auteur, conservées à travers les tra-

---

1. Avec *caf*.

2. Ce nom manque dans *B*. Le slave (p. 12) porte « au roi Nalon » et « Nalon, roi de Perse. » Le syriaque porte « au roi de Perse et d'Elam. » Nous ne pouvons expliquer ce mot que par une corruption du syriaque « Elam. » L'*ain* initial a été lu comme un *noun* et a donné « au roi de Perse Nélom » (d'où Nalon).

ductions, elles nous permettront donc d'avance r que cet
auteur était un Juif babylonien.

Nous n'avons pas mentionné les noms particuliers à la
version arménienne parce que ce sont probablement des
interpolations ·

Dès le commencement (p. 24), Ahikar prie les dieux
Belsim, Simil et *Samin*. Le premier, le *Bilelsanam* des
Mille et une nuits, est un dieu phénicien : *Baal-Samaim,* ou
Baal du ciel. Les autres ne se trouvent pas ailleurs, du
moins sous cette forme. *Samin* n'est peut-être qu'une
simple abréviation de *Baal-Samaim,* peut-être aussi le
nom d'une autre divinité phénicienne, *Esmoun* qu'on
trouve sous la forme *Samuna* dans le nom propre assyrien *Sa-mu-na-aplu-iddin,* voir Johns, *An Assyrian Dooms-
day Book*, Leipzig, 1901, p 75

Enfin *Simil* cache sans doute une altération que nous
ne pouvons decouvrir pour le moment. L'explication « Dieu
du ciel » n'est guère plausible à cause de l'interversion
qu'elle suppose D'un autre côté, il est peu probable
que nous ayons ici la divinité babylonienne *Simaliya* ;
voir Zimmern, *Beitrage zur Kenntnis der babylonischen Religion*, t ı, Leipzig, 1896, p. 8, ligne 139.

Plus loin (p. 35) *Houday* et *Baliayn*, fils du roi, interro-
gent Ahikar qui leur répond : « Il y a quatre choses qui
réjouissent l'œil de l'homme, » etc. Comme l'a fait remarquer M Rendel Harris, p LV, ce passage, propre à l'arménien, peut dériver de Prov , XXX, où Agur s'adresse à
Ithiel et Ucal [1] et leur dit en particulier : (15) « Trois choses
sont insatiables et la quatrième ne dit jamais c'est assez,
etc. (24). Quatre choses sont minimes sur la terre, etc. »

---

1. Saint Jérôme a traduit tous ces noms propres ; ainsi « Paroles
d'Agur » est devenu dans la *Vulgate* . « Verba congregantis », etc

CHAPITRE III

Le problème littéraire.

I Aḥikar dans la littérature moderne.

1. De nombreuses éditions de l'*Histoire d'Ahikar* ont été publiées depuis près de 200 ans et ont passé inaperçues. Citons les éditions de la version arménienne publiées en 1708, 1731, 1807, 1834, 1850 et 1861 et celles des supplé-ments des *Mille et une nuits*, par exemple dans le *Cabinet des fées*, t xxxix, Genève et Paris, 1788, p. 266-361. Le récit a pour titre . *Histoire de Sinharib et de ses deux visirs*, et diffère beaucoup des diverses versions publiées à Cam-bridge En général l'édition du *Cabinet des fées* allonge, imagine des dialogues, amplifie le rôle de la femme d'Aḥi-kar, les proverbes cependant sont moins nombreux que dans les autres éditions et souvent sont nouveaux. On n'a pas signalé jusqu'ici de manuscrit arabe correspondant et on ne sait donc jusqu'à quel point ces divergences dépen-dent du manuscrit ou du traducteur. Une nouvelle traduc-tion a été donnée dans l'addition ajoutée par M. Caussin de Perceval à l'édition des *Mille et une nuits* publiée à Paris en 1806, t. viii, p. 167-221, d'après le ms. 3637 de Paris [1].

---

1. La bibliographie de Haiqâr comme partie des *Mille et une nuits* se trouve dans Victor Chauvin, *Bibliographie des ouvrages arabes ou relatifs aux Arabes publiés dans l'Europe chrétienne de 1810 à 1885*, tome vi, Liége, 1902, p. 36-43 Cf tome iii, p 39-41 D'après cette bibliographie, voici la place de notre récit dans les éditions des *Mille et une nuits* : Chavis et Cazotte (*Cabinet des Fées*), t. xxxix, p. 266 , Hanley, Londres, 1868, p, 143-165 (Caliphs and Sultans) , Caussin de Perceval, Paris, 1806, t. viii, p. 167, Gauttier, Paris, 1822, t. vii, p 313 ; Habicht, Breslau, 1825, t. xiii, p. 71 ; Pourrat, Paris, 1842, t iv, p 61 ; Burton, Bénarès et Londres, 1885, t. xii, p 1 , Henning, Leipzig, 1895 (d'après Burton).

2. Une troisieme traduction française d'un texte arabe fut faite par J. Agoub, né au Caire le 20 mars 1795, venu en France à la suite de l'armée d'Égypte et mort le 3 octobre 1832. Cette traduction parut d'abord dans l'édition des *Mille et une nuits* d'Édouard Gauttier, t. vii, Paris, 1822, p. 313 Cette œuvre ne peut malheureusement nous donner aucune idée précise de l'original arabe dont elle découle, car l'auteur a plutôt visé, semble-t-il, à donner une rédaction personnelle qu'une traduction. Il écrit dans une note finale : « J'ai traduit ce conte sur deux manuscrits arabes que j'ai corrigés et complétés l'un par l'autre. » La rédaction d'Agoub est divisée en nuits et forme ainsi les nuits 561 à 568. Cette même rédaction, hors la division en nuits, a été reproduite dans *Mélanges de littérature orientale et française* par J. Agoub, avec une notice sur l'auteur par M. de Pongerville, de l'Académie française, Paris, 1835, p. 61-119, sous le titre : *Le sage Heycar*, conte arabe [1]. Des éditions soignées allaient heureusement être bientôt données.

3. Assémani avait déjà signalé la relation qui existe entre les histoires d'Ésope et d'Ahikar : *De Hicaro eadem fere narrantur quæ de Æsopo Phryge* (*Bibliotheca orientalis*, t. iii, p. 286 ; cf t. ii, p. 508). Mais G. Hoffmann semble avoir été le premier à rapprocher les histoires d'Ahikar et de Tobie, dans *Abhandlungen für die Kunde des Morgenlandes*, t. vii, p. 3, *Auszuge aus Syrischen Akten persischer Märtyrer*, Leipzig, 1880, p. 182-183. Il ne connaît de cette histoire que le feuillet syriaque conservé dans le manuscrit de Londres, *add. 7200* (publié dans l'édition de Cambridge, p. 33-36) ; il mentionne des manuscrits carchounis signalés dans deux catalogues, mais ne dit pas les avoir vus. Il ne semble donc pas connaître le fond du récit, mais la

---

1. Cette traduction a aussi paru sous ce titre à part, Paris, Didot, 1824, in-8, 41 pages.

version syriaque lui donnant la forme Aḥikar au lieu de l'arabe Heykar, lui fait reconnaître dans le héros de cette histoire l''Αχειχάρ du livre de Tobie. G. Hoffmann, dans ce passage, se propose de mettre en relief le mélange des noms propres bibliques dans les légendes monacales et même dans la géographie de l'Assyrie, il suppose donc qu'un clerc syrien a emprunté le nom d'Aḥikar au livre de Tobie pour l'introduire dans un ancien conte. G. Bickell soutient au contraire (*Athenæum*, t. II, 1890, p. 170), que le livre de Tobie est postérieur à l'*Histoire d'Aḥikar*, car ce dernier ne fait aucune allusion au premier et se trouve être en somme un livre assez peu religieux, qu'un clerc syrien n'aurait jamais écrit sous cette forme.

4. Dans la *Byzantinische Zeitschrift*, t. I, 1892, p. 107-126, V. Iagic publie une traduction allemande de l'ancienne version slave faite, dit-il, sur un texte grec, bien que le fond soit d'origine orientale [1]. De l'ancien slave dérive, selon lui, une version serbe découverte en 1886, à Moscou, par E. V. Barsov. Par contre, d'autres rédactions sud-slaves et serbes présentent tant de différences avec les précédentes, surtout dans les sentences, qu'on ne peut les faire dériver d'une même source. M. Iagic dit avoir publié ces dernières (texte serbocroate en particulier) en 1868 dans le t. IX des *Arkiv za povjestnicu jugoslavensku*. M. E. Kuhn, dans un article qui suit immédiatement celui de V. Iagic (*Byz. Zeitschrift*, 1892, p. 127-130), lui ajoute de nombreux compléments bibliographiques.

5. Dans la *Zeitschrift der Deutschen Morgenl. Gesell-schaft*, t. XLVIII, 1894, p. 171-197, M. Bruno Meissner compare d'abord le texte arabe publié par Sâlhânî, *Contes arabes*, Beyrouth, p. 1-20, à la traduction des *Mille et une nuits*, c'est-à-dire à la traduction Agoub, car la note citée par lui, qui figurerait au t. XIII, p. 294, de l'édition alle-

---

1. Cf. *infra*, IV, VII.

mande des *Mille et une nuits*, n'est autre que la note finale
d'Agoub. Il signale ensuite les divers manuscrits syriaques
de l'*Histoire d'Ahikar*. En particulier il utilise le manuscrit
Sachau *336* que nous allons traduire.

Il croit pouvoir conclure que le grec conservé dans la
vie d'Esope est antérieur au syriaque et à l'arabe. Du moins
les noms propres montrent que l'arabe provient du syriaque. La fin de l'histoire par contre, qui n'a plus de texte
grec parallele, semble provenir de sources orientales et
serait un écrit judaïque, antérieur au livre de Tobie. Enfin,
M. Meissner rapproche de l'*Histoire d'Ahikar* divers passages des Targums hébreux que nous signalerons en note.

6. Cette même année, 1894, M. Lidzbarski publiait en
autographie un texte arabe et, en face, sur la page de gauche, un texte en dialecte néo-syriaque (Torani), qu'il donnait comme la traduction du précédent, d'après le manuscrit Sachau *339* (cf. *Verzeichniss der syrischen Handschriften*, Berlin, 1899, n. 290, p. 815) Il est certain d'ailleurs
que le texte arabe diffère du texte de l'édition de Cambridge
et que le texte néo-syriaque diffère du texte syriaque du
manuscrit *336* que nous allons traduire. L'année suivante,
M. Lidzbarski publia la traduction de cette *Histoire d'Ahikar* et, dans un troisième volume, un glossaire néo-syriaque. Ces trois volumes ont paru dans *Semitische Studien* :
*Ergänzungsheft zur Zeitschrift für Assyriologie, Die neua-
ramäischen Handschriften der königlichen Bibl. zu Berlin*,
erster Teil, Weimar, 1894, zweiter Teil (Ahikar, p. 1-41)
und dritter Teil, Weimar, 1895.

La traduction allemande de M. Lidzbarski, parue dans
la seconde partie ci-dessus, fut encore reproduite l'année
suivante dans *Geschichten und Lieder aus den neu-aramais-
chen Handschriften der königlichen Bibliothek zu Berlin*,
von Mark Lidzbarski, Weimar, 1896. Comme les deux traductions sont identiques et que les pages elles-mêmes
commencent et finissent au même mot, nous n'avons donc

en somme que deux tirages d'une même traduction. Elle a pour titre : *Geschichte des weisen Chikar.*

Entre temps, M. M. Lidzbarski avait encore publié un court article dans la *Zeitschrift der Deutschen Morgenlandischen Gesellschaft*, t. xlviii, p. 671-675, en réponse à M. B. Meissner, pour mettre son texte arabe en relief et dire que le livre d'Aḥikar, écrit avant le livre de Tobie, l'avait été en hébreu, plus probablement qu'en grec.

7. M. E. J. Dillon publia une traduction faite sur les manuscrits syriaques de Londres et de Cambridge (*L* et *C*) en tenant compte cependant de la traduction de M. Lidzbarski à laquelle il fit quelques emprunts, cf. *Aḥikar the wise, An ancient hebrew folkstory*, dans *The contemporary Review*, mars 1898, p. 362-386. D'après lui, les Hébreux du second siècle avant notre ère lisaient Aḥikar comme une histoire véritable, aussi bien qu'Esther et Tobie, et c'est merveille que ce livre n'ait pas été inséré dans leur canon. A l'en croire, « le livre d'Aḥikar est un conte juif composé en hébreu au iiie siècle avant notre ère et traduit plus tard en araméen. » Il ne paraît connaître ni le passage de Clément d'Alexandrie ni celui de Strabon et ne semble donc pas soupçonner que le conte du iiie (ou du ive siècle avant notre ère présuppose un recueil de maximes et une histoire qui peuvent remonter au viie. Sa traduction, divisée en cinq chapitres, a été mise en hébreu par Joseph Massel. Cf *infra*, IV, x.

8. Après ce travail parut aussitôt la belle édition de Cambridge (*The Story of Aḥikar from the Syriac, Arabic, Armenian, Ethiopic, Greek and Slavonic versions*, by F. C. Conybeare, J. Rendel Harris and Agnes Smith Lewis, Londres et Cambridge, 1898), qui renferme le texte grec tiré de la vie d'Ésope [1], le texte et la traduction anglaise des

---

1. On trouve la traduction française de ce texte faite par La Fontaine, dans . *Les grands écrivains de la France, œuvres de La Fontaine*

versions arménienne, syriaque et arabe et enfin la traduction anglaise des versions slave [1] et éthiopienne avec une
longue introduction (i-lxxxviii) par J. Rendel Harris.

9. Cette édition provoqua de nouvelles études. Dans
la *Revue biblique*, t. viii, 1899, p. 50, M. E. Cosquin
développa avec brio une idée assez paradoxale. Il ne vit
dans Ahikar qu'un vieux conte populaire répandu même
dans l'Inde, d'origine polythéiste, adapté maladroitement
au monothéisme, et ne renfermant donc aucun élément
historique [2] :

« L'histoire du sage Ahikar est au fond un arrangement,
une adaptation littéraire de vieux contes orientaux. C'est
dire qu'il n'y entre pas une parcelle de vérité historique...
Nous croyons qu'une version hebraïque de l'histoire du
sage Ahikar existait avant que fût rédigé le livre de Tobie,
et que c'est cette version que le rédacteur de Tobie avait
sous les yeux et non pas un texte en langue étrangère...
Mais nous estimons que ce texte juif n'était pas le texte

editées par Henri Regnier, Paris, Hachette, 1883, tome i, p. 46-51,
ed Parmautier, Paris, 1825, t. i, p. lxxxii-lxxxvi ; éd. Lefèvre,
Paris, 1838, p. 28-40, etc.

1. Cette traduction anglaise fut faite sur la traduction allemande
de V. Jagic mentionnée plus haut

2 M. Margarete Plath, qui a repris la thèse de M Cosquin au sujet
de Tobie (Cf. *Zum Buch Tobit*, dans les *Theologische Studien und
Schriften*, Gotha, 1901, p 377-414), consacre aussi une longue note à
Ahikar (p 394). Il dit qu'il n'y a pas de lien intime entre les deux
histoires de Tobie et d'Ahikar. Leurs rapports ne sont donc pas pri-
mitifs, mais le redacteur du livre de Tobie, relativement plus récent,
a voulu s'appuyer sur une relation plus ancienne. On ne peut dire
s il l'a connue par tradition orale ou par un écrit, mais, en toute hypothèse, l'histoire d'Ahikar n'est qu'un conte. — La thèse Cosquin-
Plath au sujet de Tobie est exposée et réfutée par Jos. Sieger (cf.
Das Buch Tobias und das Marchen von dem dankbaren Todten, dans
Der Katholik, IIIe série, t. xxix, 1904, p. 367-377), qui consacre
aussi une note à Ahikar, p. 377, note 3, mais seulement pour moutrer
que celui-ci ne peut porter tort au livre de Tobie.

primitif et que l'auteur primitif n'a pas pu être un Juif.
Cette version hébraïque était à notre avis une version
monothéiste d'un vieux récit païen... L'histoire du sage
Ahikar a été composée, cadre et épisodes, d'éléments empruntés au vieux fonds des contes orientaux ; elle ne contient pas le moindre élément historique, pas même un grain
de vérité, comme l'a dit très bien M. Dillon. »

L'auteur se devait évidemment d'appliquer la même
méthode fantaisiste au livre de Tobie. Celui-ci n'était donc
à son tour qu'une parabole, un remaniement d'un conte
populaire, une variation sur le thème du *mort reconnais-
sant*. Le Père Hagen dans son *Lexicon biblicum* (*Cursus
Scripturæ sacræ*, Paris, 1905), au mot *Achiacharus*, a très
bien fait remarquer que l'article de M. Cosquin est un
pur tissu de conjectures et ne peut donc enlever le caractère historique du livre de Tobie, ni, ajoutons-nous, de
l'*Histoire d'Ahikar* [1].

1. Les rapprochements et les dépendances établis par les folk-loristes entre les contes ou récits de divers pays nous font assez souvent admirer l'érudition des auteurs, mais nous paraissent toujours
dépourvus de toute force probante. Il existe des généalogistes qui,
pour une somme donnée, rattachent tout homme à une famille célèbre et
même — si l'on y met le prix — à un héros des croisades. Les folk-
loristes sont plus désintéressés lorsqu'ils établissent la filiation des
récits, mais il faut reconnaître que leur tâche est bien plus facile,
puisqu'ils ne sont gênés par aucun registre d'état civil. Nous nous
permettons de leur proposer, comme les deux termes d'une généalogie, la pensée suivante d'Ahikar : « Mon fils la chèvre qui circule et
qui multiplie ses pas sera la proie du loup » (III, 46, *arabe*, n. 30,
arménien, n. 43) et le récit connu d'Alphonse Daudet : « M. Séguin
n'avait jamais eu de bonheur avec ses chèvres Il les perdait toutes
de la même façon un beau matin, elles cassaient leur corde, s'en
allaient dans la montagne, et là-haut le loup les mangeait... si jamais
tu viens en Provence, nos ménagers te parleront souvent de *la cabro
de moussu Seguin, que se battègue touto la nieu emé lou loup, e piei
lou matin lou loup la mangé* » (*Lettres de mon moulin*, n. 4). Ils pourront utiliser la comparaison 105 du c. XXXIII d'Ahikar et suivre la

10. La thèse de M. E. Cosquin fut reprise par M. Th. Reinach (*Revue des études juives*, t. XXXVIII, janvier-mars 1899, p. 1-13) sous le titre : *Un conte babylonien dans la littérature juive : le roman d'Akhikhar*. La légende babylonienne aurait été connue des Juifs et traduite par eux en leur langue. Le rédacteur du livre de Tobie aurait introduit Aḥikar en un seul endroit (grec, XIV, 10) de son livre, comme un exemple célèbre destiné à mettre en relief la justice divine. Les autres mentions d'Aḥikar (grec, I, 11, 22 ; X, 10; XI, 18) n'appartiendraient pas à la rédaction primitive du livre de Tobie et seraient des interpolations.

La rédaction primitive de l'ouvrage aurait été polythéiste, païenne [1] : Aḥikar a soixante femmes et soixante palais ; dans la version arménienne il adresse ses prières aux dieux Belšim, Šimil et Šamin ; il consulte les mages, les astrologues et les devins. Plus tard, des rédacteurs *monothéistes* ont introduit des éléments monothéistes, tout en laissant subsister le fond primitif du récit ·

« L'origine première de ce conte pourrait bien être un mythe solaire. Les soixante épouses, les soixante palais d'Akhikhar rappellent étrangement les soixante maisons du soleil, la division primitive du cercle céleste en 60 degrés... de l'heure en soixante minutes [2]... Les Grecs y virent sur-

chèvre de M. Séguin en Provence, en Grèce, en Orient et peut-être dans l'Inde et en Chine. Il est entendu qu'ils n'auront à produire aucun registre d'état civil et pourront ainsi donner libre cours à leur érudition et à leur imagination

1. Ceci n'a rien d'étonnant, puisque, d'après Tobie (I, 4), toute la tribu de son père Nephtali s'était écartée du temple de David et de Jérusalem (cf. *infra*, p. 24) et que le commencement de l'*Histoire d'Aḥikar* nous montre qu'en effet celui-ci adorait les idoles. Il en fut puni et revint au vrai Dieu mais son éducation et sa formation n'en avaient pas moins été païennes, ce qui devait percer encore dans le récit

2. L'ouvrage a été écrit en Babylonie, où prit naissance et d'où nous fut transmise la numération sexagésimale, voilà tout ce que prouvent

tout un trésor de maximes morales. Ce que Démocrite
s'appropria, ce que Théophraste commenta se réduit probablement aux discours *parénétiques* placés dans la bouche
du sage Akhikhar. A leur tour les Juifs firent connaissance
avec ce livre populaire et peut-être le traduisirent-ils en
leur langue. Dans la plus ancienne forme du livre de Tobie
— qui paraît dater du ii° siècle avant l'ère chrétienne —
la seule mention de l'Akhikhar est contenue dans le verset
que nous avons cité (xiv, 10-11); l'auteur y voit un conte
édifiant, un exemple célèbre destiné à illustrer la justice
divine, la *Némésis* qui fait tomber le crime dans les pièges
et les abîmes qu'il a lui-même creusés. »

Ce n'est point la littérature juive, mais c'est une version
araméenne ayant conservé fidèlement le caractère polythéiste de l'original babylonien, qui introduisit l'ouvrage
dans les littératures grecque, arménienne et syriaque.

11. M. J. Halévy a combattu les hypothèses de M. Th.
Reinach. Cf. *Revue sémitique*, 1900, p. 23 : « L'hypothèse de
l'origine babylonienne (païenne) d'Akhiakar ne peut se
soutenir d'aucune manière. »

Ahikar n'était pas un païen, car un païen qui vient au
vrai Dieu est reçu à bras ouverts et est assuré d'une pro-
tection particulière de la part de Dieu (cf. I Rois, viii, 41-
43; Isaïe, lvi, 6-7), tandis qu'Ahikar, lorsqu'il s'adresse au
vrai Dieu après s'être adressé aux idoles, est puni. C'était
donc un Israélite qui avait commis un crime en s'adressant
aux idoles parce qu'il avait ainsi abandonné son Dieu. Il y

---

ces rapprochements. Il faut une tournure d'esprit particulière pour
chercher un mythe à cette occasion. Notons d'ailleurs qu'à notre
avis les mythologistes ne sont qu'un prolongement des folk-loristes
Ces derniers établissent une généalogie entre les faits analogues
qu'ils relèvent sur l'ancien continent, et les mythologistes rattachent
l'un des anneaux de cette généalogie à un phénomène naturel. Sur le
nombre soixante, cf. Cantique, iii, 7 *Lectulum Salomonis sexaginta
fortes ambiunt ex fortissimis Israel*, et vi, 7 : *Sexaginta sunt reginæ.*

a plus : le livre de Tobie nous apprend explicitement dans la version du *Sinaiticus* et du *Vaticanus* que toute la famille de Tobie avait abandonné le vrai Dieu pour sacrifier au veau que Jéroboam avait élevé à Dan :

VATICANUS	SINAITICUS
4. Durant ma jeunesse, lorsque je demeurais dans mon pays dans la terre d'Israel, toute la tribu de Nephtali, mon père, s'éloigna du temple de Jérusalem.	5 Tous mes frères et la maison de Nephtali, mon père, sacrifièrent au veau que le roi Jéroboam fit à Dan sur toutes les frontières de la Galilée, et moi seul j'allai souvent à Jérusalem aux jours de fête.

Ainsi Anael, frere de Tobie, et son fils Ahikar devinrent idolâtres et continuèrent à pratiquer l'idolâtrie en Babylonie, jusqu'au jour où Dieu punit le dernier en lui refusant un fils. M. Halévy étudie ensuite l'onomastique du livre et essaie de montrer qu'elle est entièrement araméenne, comme celle du livre de Tobie, à l'exception de quelques noms persans, il conclut : « Le *livre d'Akhiakar* forme un nouvel anneau, et des plus interessants, de la chaîne des œuvres littéraires juives de l'epoque grecque qui ont préparé la transformation de l'*Agada* hébraique dans ses deux variétés principales : rabbinique et chrétienne »

12. E Schurer avait aussi conclu que la courte allusion de Tobie, xiv, 10, ne peut être comprise si l'on ne suppose la légende d'Ahikar déjà connue et sans doute déjà rédigée par écrit ; cf. *Geschichte d. jud. Volkes im Zeitalter Jesu Christi*, 3° éd , 1898, t. iii, p. 177 sq. J. Rendel Harris, *The story of Ahikar*, p. xlvii sq , lxxii sq., avait également présenté le livre de Tobie et le livre d'Ahikar comme deux frères écrits tous deux en hébreu, le livre d'Ahikar étant vraisemblablement le plus ancien des deux.

13. M Paul Marc dépèce Ahikar en deux parties : 1° l'his-

toire du ministre, qui se suffit à elle seule ; 2° les proverbes
prêtés à Aḥikar parce qu'on savait par ailleurs qu'il avait
été un sage. L'écrit actuel serait donc un écrit secondaire
résultant de deux autres, *Die Achikar-Sage, ein Versuch
zur Gruppirung der Quellen* (édité dans les *Studien zur ver-
gleichenden Litteraturgesch.* de M. Koch, t. ii, Berlin,
1902, p. 393-411).

14. M. J. Daschian a publié aussi — malheureusement
toute en Arménien — une longue monographie sur Aḥikar et sa sagesse : *Kurze bibliograph. Untersuchungen und
Texte*, t ii, 1901, p. 1-152.

15. M. P. Vetter, dans la *Theolog. Quartalschrift*,
1904-1905 [1], a traduit en allemand la version arménienne [2]
de l'*Histoire d'Aḥikar*, puis étudié le livre de Tobie qui
aurait été composé de 250 à 150 avant notre ere, non pas
en Palestine, mais par des Juifs d'Assyrie ou de Babylonie.
Sa langue originale était l'hébreu, aucune des recensions
grecques ne représente donc adéquatement l'original.
L'ouvrage n'est pas historique au sens strict, il n'est pas
non plus complètement fictif, mais le rédacteur a vraisemblablement disposé d'une histoire familiale qui reposait
sur des faits réels et qui était conservée dans la tradition
populaire ; il l'a rédigée dans un but didactique. Enfin
M. Vetter a étudié le livre d'Aḥikar et l'a comparé au livre
de Tobie ; il aurait eté écrit en hébreu entre 100 avant
notre ère et 100 à 200 après notre ère. C'est l'œuvre d'un
Juif, basée sur un livre païen plus ancien, originaire de
Babylonie, écrit peut-être en araméen. Le livre de Tobie
est donc plus ancien que le livre d'Aḥikar, il s'est inspiré
non d'un document écrit mais d'une tradition populaire
juive, qui avait conservé le souvenir d'un Juif élevé à un

1. *Das Buch Tobias und die Achikar-Sage*, 1904, p 321 et 512 ;
1905, p. 321 et 497.

2 De l'arménien dérive une version tartare encore inédite, *loc. cit*,
p. 325, note 1.

très haut rang à la cour d'Assyrie ; il ne connaissait pas Aḥikar comme un sage et un moraliste, mais plutôt comme un homme juste et bon, et c'est à ce titre qu'il l'a introduit dans la famille de Tobie.

Toutes les rédactions conservées du livre d'Aḥikar proviennent d'un original hébreu, sur lequel ont été traduits, indépendamment l'un de l'autre, le syriaque et l'arabe. L'arménien et l'éthiopien proviennent de l'arabe, le slave provient d'une version grecque faite peut-être sur le syriaque. — L'original hébreu lui-même a été composé d'après un livre païen écrit très vraisemblablement en araméen et qui provenait de la Babylonie. Le Juif qui a remanié cet écrit se proposait de faire ainsi de la propagande parmi les Gentils, c'est pour cela qu'il choisissait un sujet païen et qu'il le judaïsait très peu pour ne pas choquer les lecteurs [1].

M. Vetter établit ces résultats surtout par une étude interne qui a paru lui découvrir un certain nombre d'hébraïsmes et de points communs avec les Targums écrits au commencement de notre ère [2]. Il conclut à l'unité de l'ouvrage, qui condense en un seul tout bien logique la *maśal* judaïque sous ses trois formes : proverbes (premières instructions à Nadan), devinettes (Aḥikar en Égypte) ; similitudes, allégories ou fables (secondes instructions à Nadan).

Cette étude de M. Vetter est fort savante et fort bien

---

1. M. E. Schurer écrit de ces écrits judaïques sous marque profane « Ils ont tous cela de commun qu'ils sont mis sous le nom d'une autorité païenne comme la Sybille, ou sous le nom d'hommes célèbres dans l'histoire, comme Hécatée et Aristée. Le choix du pseudonyme montre déjà que tous ces écrits sont ordonnés pour les lecteurs païens et doivent faire de la propagande pour les Juifs parmi les Gentils. » *Geschichte des jüd. Volkes im Zeitalter Jesu Christi*, 3º éd., t. III (1898), p. 420.

2. Cf. *infra*, Introd., V, III.

conduite, mais le manuscrit B nous montre qu'il a vu des néo-hébraïsmes où il n'y en avait sans doute pas et que la critique interne, ici encore, ne lui a fourni, comme à bien d'autres, que des résultats provisoires.

16. Terminons par l'opinion de M. F. Vigouroux [1]. Le savant et judicieux exégète se propose surtout de défendre l'historicité de Tobie. Il semble admettre que l'*Histoire d'Ahikar* est un pur conte et que les principaux personnages, Ahikar et Nadan, sont des personnages légendaires, fictifs et connus comme tels [2]. On lui objecte donc que le livre de Tobie, en s'appuyant sur des fables, semble ainsi avertir ses lecteurs qu'il a peu souci de l'histoire.

Voici le passage du *Manuel biblique* [3] où M. Vigouroux résume sa réponse : « Une difficulté plus grave contre le caractère historique du livre de Tobie provient de la découverte d'une sorte de conte ou de roman connu sous le nom d'*Histoire du sage Ahicar*... On veut conclure de là que Tobie est un être fictif comme Ahicar. Mais la question est de savoir si le livre de Tobie a emprunté Ahicar au conte ou si le conte l'a tiré de Tobie ? Dans le premier cas, il faudrait admettre, il est vrai, que l'écrivain juif, en introduisant dans son livre un personnage imaginaire, a voulu nous faire comprendre que son récit est une fiction morale, dans le genre de la parabole de Lazare et du mauvais riche ; mais, dans le second cas, si celui qui a inventé le conte a pris dans Tobie un personnage historique auquel il a attri-

---

1. *Les Livres saints et la critique rationaliste*, 5e édition, Paris, 1901, t. iv, p. 551 sq. M. Vigouroux traduit en cet endroit la meilleure partie d'Ahikar. Cf. *Revue du Clergé français*, 1902, t. xxxii, p. 516 - 517

2. M. Vigouroux aurait déjà pu faire remarquer ici, comme il le fait à la fin, que rien ne prouve qu'Ahikar soit un personnage purement fictif et que son histoire soit un pur conte

3. 12e édition, Paris, 1906, t. ii, p 173

bué des aventures fabuleuses, comme on en a attribué à
Charlemagne, le caractère historique du livre de Tobie n'a
rien à en souffrir. Or on n'a pas prouvé jusqu'a présent
que la légende d'Ahicar est antérieure à la composition de
Tobie, et tant que cette preuve n'aura pas été faite, on a le
droit de maintenir l'historicité de Tobie. »

Pour nous, les questions Tobie et Ahikar peuvent toujours être séparées · il suffit de faire remarquer qu'Ahikar
ne joue pas le même rôle dans les diverses versions de
Tobie (il ne figure même aucunement dans les deux versions hébraïques publiées par M. Gaster, *Proceedings of
the Society of biblical archaeology*, t. XVIII et XIX, 1896 et
1897) [1]. On peut donc le regarder comme une interpolation
tardive. Il n'est pas absurde d'admettre par exemple, que
la véritable leçon a été conservée par la Vulgate et que les
cousins de Tobie se nommaient Achior et Nabath. Des traducteurs auraient ensuite cherché une genealogie à ces
cousins, les auraient identifiés avec Ahikar et Nadan dont
ils connaissaient l'histoire par ailleurs et auraient été jusqu'à entrelacer cette histoire dans le livre de Tobie et
jusqu'à en imiter la forme. Aussi la comparaison d'Ahikar
et de Tobie que nous allons faire portera sur la version
grecque et ses dérivés et non sur le texte original de Tobie
que nous avouons ne pas connaître.

On peut cependant aller plus loin : si l'on veut bien
admettre qu'Ahikar figurait dans le texte original de Tobie,
il ne peut évidemment s'agir d'un emprunt au conte des
Mille et une nuits, ni même à la version syriaque que nous
traduisons ici, car tous ces écrits sont relativement modernes Il ne peut donc s'agir que du prototype inconnu de la
version syriaque et du conte, et ce prototype, que Démocrite aurait utilisé au Ve siècle avant notre ère, a toute chance

---

1. Nous ne croyons pas cependant que ces versions aient grande
importance critique

de représenter un personnage historique. Loin de nuire à l'historicité de Tobie, il vient au contraire la confirmer en nous fournissant la clef *historique* d'un passage jusqu'ici obscur.

17. Vient de paraître, en supplément à la *Zeitschrift für die alttestamentliche Wissenschaft*, Giessen, 1908, un petit fascicule qui contient : 1°, pages 1-53, *Beiträge zur Erklärung und Kritik des Buches Tobit*, von Johannes Müller ; 2°, pages 55-125, *Alter und Herkunft des Achikar-Romans und sein Verhältniss zu Aesop*, von Rudolf Smend [1].

La première partie (Tobie) ne rentre pas dans notre sujet. Rappelons seulement que nous avons trouvé à Paris un manuscrit fragmentaire (*Suppl. grec 609*) de la troisième recension, c'est-à-dire de la famille des manuscrits *44, 106* et *107* de Holmes, et que nous avons édité Tobie, vi, 6, à xiii, 10, et Judith en entier, d'après ce manuscrit, dans *La Sainte Bible polyglotte*, t. iii, Paris, 1902 ; cf. p. vi.

La seconde partie (Achikar) est fort intéressante. En un bon nombre de points nous sommes en complet accord avec l'auteur :

P. 61. Toutes les versions dérivent d'un même prototype qui est à chercher chez les Syriens. Les textes arabes sont traduits directement du syriaque, mais proviennent de textes syriaques différents, de même l'arménien. Le texte ancien-slave, par l'intermédiaire d'un texte grec, se ramène aussi très vraisemblablement au syriaque. Les manuscrits syriaques connus sont récents et présentent d'assez grandes différences textuelles. Les textes arabes sont les plus importants pour la reconstruction du syriaque.

---

1. Notre travail était en cours d'impression, lorsque la *Zeit. f. d. alt. Wiss.* a annoncé l'apparition prochaine du fascicule additionnel qui fait l'objet de ce paragraphe. Nous n'avons pas modifié notre texte, mais nous avons ajouté le présent paragraphe à notre introduction et de nombreux renvois dans les notes placées sous notre traduction.

P. 65. *La sagesse* (les proverbes) d'*Ahikar* est aussi ancienne que son *histoire*, car elle lui est intimement liée. Elle fait partie intégrante du roman et son ancienneté est attestée par la littérature grecque, comme l'ancienneté de l'histoire est attestée par le livre de Tobie.

P. 66 Le mot Βοσπερηνοῖς de Strabon est à changer en Βορσιππηνοῖς et le texte de Strabon provient sans doute de Poseidonios, c'est-à-dire du milieu du II⁰ siècle avant notre ère

Les troisième et quatrième parties (p. 76-102) surtout sont intéressantes, car M R. S rapproche un certain nombre de comparaisons d'Ahikar des fables correspondantes d'Esope et conclut aussi que les secondes proviennent des premières Il fait remarquer que la vie d'Ésope dépend certainement de l'*Histoire d'Ahikar* et semble servir de préface aux fables, or le compilateur de cette vie d'Ésope, après avoir rapporté quelques maximes d'Ahikar, se borne à dire que celui-ci adressa encore beaucoup d'autres paroles à Ennos (Nadan) et ne cite aucune des comparaisons. Ceci s'explique très bien si le compilateur grec se proposait de mettre les comparaisons parmi les fables qui suivaient la vie, il ne pouvait, s'il voulait éviter les répétitions, les traduire déjà dans la vie d'Ésope

Il est même vraisemblable que les comparaisons d'Ahikar avaient été mises en fables grecques, longtemps avant que l'histoire d'Ahikar ne fut introduite dans la vie d'Ésope, car Babrius, qui vivait au commencement ou à la fin du II⁰ siècle de notre ère, nous apprend déjà que *la fable est une ancienne invention des Syriens qui vivaient à Ninive et à Babylone* [1], et comme d'ailleurs le recueil de Babrius ren-

---

1. Ou « au temps (des rois) Ninus et Bélus », mais ces inventeurs des fables sont toujours des Assyriens Μῦθος μέν, ὦ παῖ βασιλέως Ἀλεξάνδρου, Σύρων παλαιόν ἐστιν εὕρεμ' ἀνθρώπων οἳ πρίν ποτ' ἦσαν ἐπὶ Νίνου τε καὶ Βήλου. Πρῶτος δέ, φασιν, εἶπε παισὶν Ἑλλήνων Αἴσωπος ὁ σοφός... Ed M. Croiset, p 130-131.

ferme des fables qui proviennent certainement d'Aḥikar, il est très vraisemblable qu'il a eu vue Aḥikar l'Assyrien et qu'il lui attribue l'invention de la fable.

On peut même remonter plus haut, car Babrius semble se borner à mettre en vers des fables déjà courantes sous le nom d'Ésope. Les comparaisons d'Aḥikar qu'il met en vers existaient donc déjà auparavant parmi les fables ésopiques et le rédacteur de la vie d'Ésope n'a pas voulu les y introduire à nouveau.

M. R. S. conclut (p. 101) que Babrius et Clément ont sans doute en vue le même ouvrage qui était une traduction grecque, existant déjà au 1er siècle, des maximes et de l'histoire d'Aḥikar. A cette traduction grecque correspondait, à la même époque, une traduction juive utilisée par l'auteur de Tobie.

P. 104. Le texte syriaque n'est pas une composition d'un chrétien syrien, mais une traduction de l'araméen [1].

P. 106 Nombreux sont les points de contact avec la littérature gnomique de l'Ancien Testament et en particulier avec l'Ecclésiastique, au point qu'on avait conclu de là à un original hébreu Nous dirons que ces ressemblances s'expliquent facilement si l'auteur d'Aḥikar est juif et connaît donc les livres sapientiaux et s'il a servi de modèle à l'auteur de l'Ecclésiastique. D'ailleurs M. R S (p. 110) dit qu'on est conduit à placer Aḥikar avant l'Ecclésiastique et Tobie.

En quelques points secondaires cependant, nous allons un peu plus loin que M. R. S. Par exemple il ne remonte pas plus haut que la rédaction conforme en substance à

---

1. C'est très vraisemblable, mais peu facile à prouver, car les textes sont mal établis, de plus l'époque à laquelle ils ont été écrits ou traduits est hypothétique ; il semble donc impossible pour l'instant, de relever dans le syriaque des traces certaines d'hébraïsmes, comme a voulu le faire M Vetter, ou d'araméismes comme le fait M. R. S , p. 104-105 Toutes les locutions soi-disant araméennes sont aussi des locutions syriaques, surtout le *Ba(i)t ḳoló*.

celles qui nous restent et dont toutes celles-ci dérivent. Il
lui est donc assez difficile de concilier Tobie et Aḥikar et
d'expliquer les témoignages de Clément d'Alexandrie et de
Strabon. Voici sa solution :

P. 63. Les passages du livre de Tobie relatifs à Aḥikar
semblent être des interpolations. Cependant ces interpolations sont très anciennes et ont toute chance d'avoir été
introduites avant notre ère plutôt que durant notre ère. La
parenté de Tobie et d'Aḥikar a été imaginée par l'interpola-
teur.

P. 74. Le Démocrite qui — d'après Clément d'Alexandrie — aurait traduit Aḥikar en grec serait un pseudo-Démocrite. Celui-ci aurait utilisé une traduction grecque d'A-
ḥikar et sa compilation aurait été utilisée par Schahrastani.

Il faut se rappeler que Démocrite n'est connu que par
quelques fragments conservés par Stobée, postérieur de
beaucoup à Clément d'Alexandrie. Si l'on admet sans nécessité aucune que Clément d'Alexandrie a été trompé par
un pseudo-Democrite, nous nous demandons quelles
garanties d'authenticité offriront les fragments decoupés
beaucoup plus tard par Stobée. Nous préférons admettre
que Clément et Stobée connaissaient les œuvres authenti-
ques de Démocrite perdues depuis, et nous ne récusons ni
n'atténuons leur témoignage.

M. R. S. n'admet pas l'historicité d'Aḥikar et ne remonte
pas au delà du roman. Il ne peut donc admettre la dépendance d'Aḥikar-Démocrite affirmée par Clément d'Alexandrie, d'où *la nécessité* d'un pseudo-Démocrite. De même
l'hypothèse d'interpolations postérieures et tendancieuses lui
est nécessaire pour rendre compte des ressemblances et
des différences de Tobie et du roman. On trouverait des difficultés analogues pour concilier les textes relatifs à Charlemagne, si l'on n'admettait pas son historicité, si l'on ne
voulait pas remonter plus haut que « la chanson de Roland »

et si l'on voulait, à l'aide de ce seul roman, rendre compte
de toute la tradition carlovingienne.

Pour nous, comme nous le dirons plus loin, l'hypothèse
de l'historicité d'Aḥikar nous paraît expliquer tous les faits
de la manière la plus simple et la plus complète. Son histoire peut ainsi se chercher dans Tobie, ses maximes dans
Démocrite et dans l'Ecclésiastique, sa légende dans le roman
que nous allons traduire, ses fables dans Ésope [1].

M. R. S écrit, p. 61, que le manuscrit syriaque B (Sachau
336) contient une traduction nouvelle d'une version arabe
qui a été glosée d'après un texte syriaque.

Même dans cette hypothèse, le manuscrit B conserverait
toute son importance, puisqu'il nous représenterait — à
travers une traduction arabe — un texte syriaque perdu.
Mais rien ne nous autorise encore, croyons-nous, à regarder ce texte syriaque B comme une traduction d'un texte
arabe

En effet, lorsqu'un texte ecclésiastique se trouve d'une
part en syriaque et d'autre part en arabe et carchouni, on
a le droit de supposer, sans aucune démonstration, que le
syriaque est l'original, parce que c'est la loi générale. L'inverse n'est pas impossible, mais demande une démonstration,
parce que c'est un cas tout exceptionnel. Or M. R. S. *ne
donne aucune preuve de son affirmation.* En deux endroits,
p. 64 et 86, il note, sans en tirer d'ailleurs aucune conclusion, que le manuscrit B et l'arabe portent le même mot
au même endroit, mais ces deux mots sont syriaques et
prouvent donc, puisque l'arabe les a conservés, qu'il provient du syriaque (ou de B ou du prototype de B et C). En

---

1. Nous ne savons pas encore si les fables ésopiques empruntées à
Aḥikar dérivent du roman conservé ou d'une rédaction perdue de
l'histoire ou de la légende. C'est une question de date. Si elles ne
sont pas antérieures au troisième siècle avant notre ère, il est plus
simple d'admettre qu'elles proviennent du roman conservé et traduit
ci-dessous.

particulier le mot *faho* (p. 64) se trouve ailleurs et dans *B*
et dans le syriaque C, comme M. R. S. l'a rappelé et com-
menté longuement aux pages 80-82.

Pour se convaincre que *B* représente, malgré ses altérations et ses lacunes, un texte de première importance,
source — au moins partielle — de l'arabe et de l'arménien,
il suffit d'en relire la première page où l'on trouvera le
style direct (tandis que l'arabe a résumé ce commencement
en style indirect) et les deux invocations d'abord aux idoles puis au vrai Dieu (tandis que le syriaque *L* et *C* n'a conservé que l'invocation au vrai Dieu et que l'arménien n'a
conservé que l'invocation aux idoles, en supprimant la
seconde par une sorte de faute d'homoiotéleutie, pour arriver plus vite aux maximes). On remarquera aussi les mots
grecs et chaldéens conservés par *B* (dès le commencement,
ι, 1, ἐπίτροπος où l'arabe porte : vizir) C'est encore ce manuscrit *B* qui nous a conservé le nom de Sarhédom dans la
plupart des passages où tous les autres manuscrits ont introduit à tort Sennachérib. Il a conservé aussi la forme Nabousemak, défigurée partout ailleurs.

De plus, le transcripteur du manuscrit *B* a transcrit,
sans intelligence aucune, les titres de la plupart des chapitres sans les séparer du texte. Il n'est donc certainement
pas un traducteur. Il est même vraisemblable que cette
confusion remonte plus haut. Nous tenons donc, avec
M. R. S., qu'il y a eu plusieurs rédactions syriaques du
livre d'Ahikar comme il y a plusieurs rédactions grecques
du livre de Tobie, mais nous ajoutons que *B* n'est pas une
traduction d'un texte arabe provenant du syriaque et
même qu'il représente, plus fidèlement que *C*, *L* [1], ou le proto-

---

1. M. R. S. écrit (p. 104): « Le manuscrit édité par M. Rendel Harris (*C*) est récent, et son texte, comme le montrent les autres traductions est sûrement de nature secondaire. En bien des endroits il a
été retouché par une main chrétienne. »

type des versions syriaques ou même l'original araméen.
Une étude de tous les manuscrits syriaques permettrait
peut-être de les classer et de fixer définitivement la place
que doivent occuper *B*, *C*, *L*.

II. A̶hikar dans Démocrite, Ménandre et l'ancienne littérature grecque.

Dans les *Stromates*, 1, 15, Clément d'Alexandrie veut
montrer que la philosophie grecque est puisée en grande
partie dans la philosophie des barbares : « Pythagore eut
pour maître Souchis, le premier des sages égyptiens ; Platon, Sechnuphis d'Héliopolis ; et Eudoxe de Cnide, Chonu-
phis également Égyptien...

« Les ouvrages moraux composés par Démocrite proviennent des Babyloniens, car *on raconte qu'il inséra dans ses
propres écrits la traduction de la stèle d'Acicar* en écrivant
en tête . Voici ce que dit Démocrite. — Voici ce qu'il
écrit sur son compte [1] : Je suis de tous mes contemporains
celui qui a parcouru le plus de pays, qui a scruté les points
les plus éloignés, qui a vu le plus de températures et de
contrées diverses, et qui a entendu le plus d'hommes instruits. Personne ne m'a surpassé en connaissances géomé-
triques ou pour résoudre les problèmes, pas même ceux
que les Égyptiens nomment Arpédonaptes. J'ai passé qua-
tre-vingts ans avec eux tous sur la terre étrangère. - - En
effet il parcourut la Babylonie, la Perse et l'Égypte et se fit
le disciple des mages et des prêtres [2]. »

1 Voici ce passage capital . Δημόκριτος γὰρ τοὺς Βαβυλωνίους λόγους
ἠθικοὺς πεποίηται. Λέγεται γὰρ τὴν Ἀκικάρου στήλην ἑρμηνευθεῖσαν, τοῖς
ἰδίοις συντάξαι συγγράμμασι Κᾶστιν ἐπισημήσασθαι παρ' αὐτοῦ τάδε λέγει
Δημόκριτος, γράφοντος Ναὶ μὴν καὶ περὶ αὐτοῦ ᾗ σεμνυνόμενον ἐηιστ που ἐπὶ
τῇ πολυμαθίᾳ. *Patr. græca*, t viii, col. 772-773

2. Les témoignages des anciens auteurs qui constatent les voyages
de Démocrite, en particulier en Asie et en Babylonie, sont recueillis

Ce passage de Clément d'Alexandrie est encore reproduit textuellement par Eusèbe (*Prep. ev*, x, 4) [1] ; il prouve que Clément, mort en 217, connaissait, ou par lui-même, ou peut-être par tradition, l'existence des sentences d'Ahikar. Il importe encore de faire remarquer combien Clément est exactement informé lorsqu'il écrit que Démocrite a traduit *la stèle* d'Acicar, car telle était en effet la manière d'écrire des Babyloniens, sur véritables stèles de pierre ou sur des tablettes de briques [2].

Le texte de Clément d'Alexandrie avait toujours été une énigme pour les critiques [3], quand, par un heureux échange, la découverte de l'*Histoire d'Ahikar* est venue l'expliquer, tandis que ce passage, de son côté, nous renseignait sur l'antiquité et l'importance des maximes d'Ahikar

Il s'ensuit, en effet, que Démocrite a trouvé ces sentences en Babylonie et les a introduites en Grèce. Nous sommes donc reportés au temps de ce philosophe [4], c'est-à-dire au v° siècle avant notre ère.

dans l'édition Didot *Fragments des philosophes*, t i, Paris, 1875, p. 332 ; ils sont rapportés et discutés par V. ten Brink, *Democriti de se ipso testimonia*, dans *Philologus*, t. vii (1852), Gœttingue, p 354-359

1. Καὶ Δημόκριτος δὲ ἔτι πρότερον τοὺς Βαβυλωνίους λόγους ἠθικοὺς πεποιῆσθαι λέγεται On a proposé ici et plus haut, de remplacer ἠθικοὺς par ἰδίους. Migne, *Patr. græca*, t. xxi, col 785.

2 Manéthon raconte aussi (d'après Eusèbe) qu'il a réuni les matériaux de son histoire ἐκ τῶν ἐν τῇ Σηριαδικῇ γῇ κειμένων στηλῶν, « des stèles du pays de Sardes » *Patr græca*, t viii, col. 773.

3 On avait rapproché *Acicarus* d'Acoris ou Acenchérés, roi d'Egypte, et cela à tort puisque Ahikar était babylonien ; on avait aussi voulu faire de « la stèle d'Ahikar» un nom commun : Bochard invoquait 'Amoud ha 'aqrim. *columna rerum fondamentalium* ; on proposait aussi 'Amoud hahaqar, *columna exploratoris*, et Ménage écrivait : *Qui qualisve fuerit Acicharus dicere, non nostrum est, sed aruspicis* Cité dans *Patr Græca*, t. viii, col 772, note 96.

4 Né vers 460 ou 496 Fabricius, *Bibl. græca*, Hambourg, 1791, t. ii, p. 628-629

Comme supplément d'informations, nous pouvons ajouter qu'il existait certainement en Babylonie des recueils de maximes, au moins dès le VIIe siècle avant notre ère [1]. Dans ses *Textes religieux assyriens et babyloniens*, Paris, 1903, M. l'abbé François Martin a traduit les textes suivants :

P. 171, ligne 66 : Le bienfait de la faveur des dieux, recherche constamment.

P. 171, ligne 70 : Il marche dans le chemin du bonheur celui qui ne cherche pas la discorde (cf. Ahikar, III, 73, 85).

P. 173, ligne 75 : Dieu est l'auteur de l'infortune comme de la prospérité.

P. 183, ligne 195 : Toi qui ne cherches pas la volonté de Dieu, qu'est ta sincérité ?

P. 185, ligne 224 : Ils abaissent le malheureux qui n'avait pas commis de faute.

P. 185, ligne 225 : Ils prennent soin du méchant qui son crime...

P. 185, ligne 226 : Ils chassent le juste qui cherche la volonté de Dieu.

P. 185, ligne 230 : le faible, ils l'écrasent, ils anéantissent l'homme sans force.

La tablette cunéiforme reproduite à la planche 29 du fascicule 13 des *Cuneiform Texts from Babylonian Tablets in the British Museum* était un recueil de préceptes moraux. Il n'en reste malheureusement que des fragments, mais il semble bien que leur auteur donnait, dans un passage, des conseils identiques à ceux d'Ahikar sur la nécessité d'éviter les querelles. Cf. III, 11, 14, 73, 83, 86. Ainsi on lit encore, d'après la traduction que nous fournit M. François Martin :

Ligne 10 : Au lieu de la querelle (ou : de la lutte)... ne te...

_____

1. Ces recueils nous ont été gracieusement signalés et traduits par M. l'abbé François Martin.

Ligne 11 : Dans la querelle...

Ligne 12 : Et toi devant [le ju]ge (?) tu seras...

Ligne 13 : Pour ne pas te rendre justice, il...

Macmillan a retrouvé un autre fragment de ce recueil de préceptes moraux, *Some cuneiform Tablets*, Leipzig, 1906, p. 557 sq. Ce qui en reste débute ainsi :

Ligne 4 : Ne calomnie pas, parle avec amabilité. Cf. iii,   \
48, 57.

Ligne 5 : Ne dis pas de mal, prononce des choses bonnes. Cf. iii, 47.

Ligne 6 : Celui qui calomnie, qui dit du mal (ligne 7), sa tête attendra les... du dieu Chamash [1].

Ligne 8 : N'élargis pas ta bouche, garde tes lèvres. Cf. iii, 3, 5, 41, 71.

Ligne 9 : Au moment de ta colère, ne parle pas du tout [2]. Cf. iii, 43.

Ligne 10 : Si tu parles soudainement, ensuite tu te repen-tiras (?), (ligne 11) et dans la conclusion de tes paroles tu contristeras ton cœur. Cf. iii, 2.

Ligne 25 : Avec l'ami et le compagnon ne parle pas...

Ligne 26 · Des choses basses ne dis pas, des choses bonnes [dis]. Cf. iii, 71, 72.

Le reste de la tablette contient, en partie, des conseils de religion et de piété.

Tous ces textes proviennent de la bibliothèque d'Assur-banipal (roi de 668 à 626), fils de Sarhédom, et remontent donc au moins au commencement du viie siècle, c'est-à-dire à l'époque où se place Ahikar.

Mais nous pouvons encore aller plus loin. Non seulement il est possible que Démocrite ait trouvé des sentences morales en Babylonie, mais il semble même qu'il y a effec-

---

1. Cette ligne indique le châtiment qui attend le calomniateur. Le sens précis en est incertain.

2. Ou peut-être « ne parle même pas seul. »

tivement trouvé celles d'Ahikar, comme le dit Clément
d'Alexandrie, car les quelques maximes conservées sous
son nom ont plusieurs points communs avec celles-ci.

Nous reconnaissons que les points de contact ne sont ni
aussi nombreux ni aussi frappants que nous pourrions le
désirer, mais il ne faut pas oublier qu'il nous reste très peu
de maximes de Démocrite et que les quelques-unes qui
nous restent ne forment pas un ouvrage, mais des bribes
insérées par Stobée, près de huit cents ans après la mort
de Démocrite, au milieu des sentences de bien d'autres
philosophes. Il ne faut pas oublier non plus qu'Ahikar ne
nous est connu qu'à travers plusieurs traductions et que le
plus ancien manuscrit semble être du xiii° siècle (ms. L).
En somme, pour comparer entre eux Démocrite et Ahikar,
auteurs du v° et du vii° siècle avant notre ère, nous en sommes réduits à glaner dans les ouvrages de Stobée, qui
écrivait entre 450 et 500 de notre ère, et à comparer les
fragments trouvés à des rédactions modernes de la version
syriaque qui peut elle-même ne pas procéder directement
de l'écrit original d'Ahikar. Dans des conditions aussi défavo-
rables, les simples analogies que nous allons relever deviennent de précieuses indications et corroborent de manière
assez frappante l'assertion de Clément d'Alexandrie [1] :

AHIKAR   DÉMOCRITE

III, 49. Ne laisse pas ton   C'est œuvre de prudence

1. Nous avons transcrit et traduit les textes de Démocrite sur l'é-
dition Didot. *Fragments des philosophes*, t. i, Paris, 1875. Nous les
avions relevés auparavant sur l'ancienne édition de Stobée *Sententiæ
delectæ*, Aureliæ Allobrogum (Genève), 1609, in-fol. Cette édition,
d'après Michaud (*Biographie universelle*, article *Stobée*), est la seule
qui contienne à la fois les *Eclogæ* et le *Florilegium*, elle est identique
à l'édition de Lyon, 1608, le titre seul est changé. Nous donnons
seulement la traduction en ajoutant les renvois, 1° à l'ancienne édition
et 2° à l'édition Didot.

prochain te marcher sur le pied, *de crainte qu'il ne te marche sur la tête.*

52. Ne blesse pas l'*homme puissant...* 73. Ne t'élève pas dans ton jugement contre les hommes *illustres* et qui l'emportent en grandeur et en puissance... 77. Ne descends pas au jardin des *juges* [3].

41. N'allonge pas tes paroles... des paroles de sottise et de folie.

59. Mon fils, enseigne à ton enfant la faim et la soif, pour qu'il dirige sa maison selon ce qu'il a vu.

47. Juge un *jugement droit* dans ta jeunesse, *afin que tu sois honoré dans ta vieillesse.*

69. Le vêtement de laine que tu portes est préférable

de se protéger contre l'injustice à venir [1].

Il convient de céder à la loi, au chef et au plus sage [2].

Il faut éviter de parler des mauvaises actions [4].

Il convient de ne pas dépenser beaucoup (pour élever les enfants) afin que cette éducation protège, comme le ferait un mur, leurs biens et leurs corps [5]... La modération du père est la meilleure éducation des enfants [6].

La splendeur de la justice confère la confiance de l'esprit et l'assurance [7].

Sage est celui qui ne s'afflige pas des biens qu'il n'a

1. Stobée, Sermo III, p. 40 ; *Fragments des philosophes*, p. 352. n. 201.

2. V, p. 65 ; *Fragments*, p. 352, n. 189.

3. Cf. 82-83.

4. V, p. 65 ; *Fragments*, p. 346, n. 97.

5. LXXXXI, p. 475 ; *Fragments*, p. 379, n. 5.

6. V, p. 66 ; *Fragments*, p. 345, n. 72.

7. VII, p. 88 ; *Fragments*, p. 347, n. 111.

au byssus et à la soie des autres

85. Mon fils, ne demeure pas près des gens querelleurs.

83. N'entre pas en jugement avec un homme au jour de sa puissance.

89. Mon fils, celui qui brille par son vêtement brille aussi par son langage.

26. La beauté de la femme c'est son bon sens, et sa parure c'est la parole de sa bouche.

68. Un passereau que tu tiens dans ta main vaut mieux que cent qui volent dans l'air.

pas, mais se réjouit de ceux qu'il a [1].

Toute dispute est insensée [2].

Il meurt avec mauvaise renommée, celui qui se mesure avec son supérieur [3].

Ceux qui ont une tournure décente, ont aussi de la decence dans leur vie [4].

Peu parler est un ornement pour la femme, la simplicité dans la parure lui sied aussi [5].

Le bien réalisé vaut mieux que le bien futur qui est incertain [6].

On trouvera dans les notes de notre traduction d'autres analogies (cf. III, 5, 11a, 16, 32, 49, 61, 65, 80, XXXIII, 114, Append., I, 141, 147a); celles-là suffisent pour montrer que Démocrite a cultivé le même genre qu'Ahikar et pour confirmer le témoignage apporté, trois cents ans avant Stobée, par Clément d'Alexandrie.

Plus nombreuses encore sont les analogies entre les sentences d'Ahikar et celles de Ménandre. Celles-ci nous sont conservées sous une double forme : 1° par des fragments

---

1. XVII, p. 157; *Fragments*, p. 342, n 29.
2. XV, p. 174; *Fragments*, p. 349, n. 147.
3. XXII. p. 189; *Fragments*, p. 352, n. 190.
4. XXXVII, p. 220; *Fragments*, p. 343, n. 45.
5. LXXII, p. 441; *Fragments*, p. 351, n. 176.
6. CVI, p 586. Τὸ τέλειον οὖν ἀγαθὸν τοῦ μέλλοντος, εἰ καὶ ἀδήλου, κρέσσον. Nous transcrivons cette maxime parce que nous ne l'avons pas encore retrouvée dans l'édition Didot.

grecs édités en particulier chez F. Didot, Paris, 1862,
*Aristophanis Comœdiæ, accedunt Menandri et Philemonis
fragmenta*. Nous n'aurons à renvoyer qu'aux sentences en
un vers (Γνῶμαι μονόστιχοι), p. 90-103 [1]. Nous indiquons le
numéro de la sentence. Cf. *infra*, Append. I.

2° Par un petit écrit syriaque conservé dans le manuscrit du British Museum *add*. 14658, du vii° siècle, fol 163
v-167 v Ce fragment, qui commence par : « Ménandre
a dit, » a été publié et traduit en latin par J. P. N. Land,
Anecdota syriaca, t. i, Leyde, 1862, p 156-164 [2]. Il est à
remarquer que les fragments grecs correspondent surtout
à la version grecque des sentences d'Ahikar et que le
fragment syriaque de Menandre correspond plutôt à la
version syriaque.

En voici quelques exemples :

AHIKAR	MÉNANDRE
142[b]. Au dehors, nous sommes tous sages, nous donnons des conseils aux autres, nous ne savons pas nous conduire nous-mêmes.	46. Nous sommes tous sages lorsque nous donnons des conseils, lorsque nous péchons nous-mêmes, nous ne le reconnaissons pas.
142$_c$. Puisque tu es homme, souviens-toi que tu es sujet aux fautes humaines.	8. Puisque tu es homme, souviens-toi du commun destin.
143[a] Puisque tu es hom-	1. Puisque tu es homme, il

1 Les fragments de Ménandre récemment découverts et édités par
M Gustave Lefebvre, Le Caire, 1907, ne comprennent qu'environ
douze cents vers des Comédies et n'ont donc aucun rapport avec les
maximes d Ahikar

2 Il est attribué par Frankenberg à un Juif de Palestine vivant sous
la domination romaine Le syriaque serait une traduction de l'hébreu *Zeitschrift fur d. alttest Wiss*, t. xv (1895), p. 226-277. Ici,
comme en bien d'autres endroits, nous ne croyons pas que la critique interne puisse conduire à un résultat définitif.

me, songe aux choses humaines ; car Dieu punit les injustes.

143ᶜ. Supporte les mauvais succès avec un esprit généreux.

151ᵃ. Ne confie jamais à ta femme des secrets importants

151ᵇ. Toujours ta femme épie l'occasion de te dominer.

146ᵇ L'homme mauvais, quand même il prospèrerait, n'en est pas moins malheureux.

147. Sache rester maître de ta langue.

157ᵃ. Sois hospitalier pour les étrangers et les voyageurs, afin, lorsque tu voyageras, qu'il s'en trouve pour te recevoir.

157ᶜ. Celui-là est vraiment bienheureux qui possède un véritable ami.

157ᵉ. Il n'y a rien de si caché que le temps enfin ne porte à la lumière.

te faut songer aux choses humaines. 14 La divinité conduit les méchants à la punition.

13 Un homme doit supporter courageusement ce qui lui arrive.

355. Ne prends jamais les femmes pour confidentes. 361 Ne communique jamais à (ta) femme quelque chose d'utile

129. La femme devient le tyran du mari qui l'épouse, 130, car les femmes sont expertes à trouver des ruses.

19. L'homme mauvais est malheureux, quand même il prospérerait.

80. Tâche surtout de tenir toujours ta langue.

400. Hospitalise les étrangers, (car) toi aussi tu seras peut-être étranger (si tu voyages dans un autre pays)

357. Bienheureux celui qui possède un excellent ami.

459. Dévoilant tout, le temps porte (tout) à la lumière.

III, 74. Mon fils, ne t'élève

Land, p 157, lign. 27-

pas contre celui qui est plus âgé que toi.

iii, 79. Mon fils, ne te réjouis pas sur ton ennemi quand il meurt. — App. I, 145 Souhaite à tes ennemis d'être malades et pauvres ..

iii, 73... Hâte-toi de fuir l'endroit où il y a dispute. . Si tu te trouves en ce lieu et que tu y demeures, ou bien tu seras tué, ou bien ils t'appelleront comme témoin. Cf. 85-86.

iii, 64. Un bon renom l'emporte sur la richesse du monde. .

iii, 79b. Mon fils, lorsque tu verras un homme plus âgé que toi, lève-toi devant lui.

iii, 9. Mon fils, ne pèche pas avec la femme de ton prochain, de crainte que d'autres ne pèchent avec ta femme

iii, 52... Ne blesse pas

28. Ne dispute pas et ne lève pas la main contre celui qui est plus âgé que toi.

P. 158, lign. 20-24. Quand un homme meurt, ne te réjouis pas de ce qu'il meurt .. Si c'est ton ennemi, ne prie pas pour qu'il meure, mais prie pour qu'il devienne pauvre. .

Land, p. 158, lign. 28-31. Ne passe pas par l'endroit où il y a dispute. de crainte, si tu y passes, qu'il ne t'en arrive mal : si tu prends parti, tu seras battu et tes vêtements seront souillés et, si tu t'arrêtes pour regarder, tu seras appelé en justice pour témoigner.

Land, p. 163, lign. 15-16 La vie et les biens peuvent être aimés, mais la bonne renommée est préférable

Land, p. 156, lign 7-8. Honore celui qui est plus âgé que toi

Land, p. 160, lign. 23-25 Prends bien garde, de même que tu ne veux pas que ta femme pèche avec un autre, de ne pas pécher toi-même avec la femme d'autrui

Land, p. 162, lign. 11 Ne

l'homme puissant.. Cf. 73, 83.

iii, 87. Si tu veux être sage, refuse ta main au vol.

iii, 55. Celui dont la main est pleine est appelé sage et honorable.

iii, 68. Un renard vivant vaut mieux qu'un lion mort.

iii, 41. N'allonge pas tes paroles devant ton seigneur, des paroles de sottise et de folie, (et) tu ne seras pas blâmable à ses yeux.

iii, 37. Ne réduis pas tes enfants à la misère.

iii, 13. Verse ton vin sur les tombeaux des justes et ne le bois pas avec les impies (ms C).

iii, 11. Incline la tête et regarde en bas. .Ne sois pas impudent et querelleur.

Append. II, 189. Ce qui te paraît mauvais, tu ne dois pas le faire à ton prochain

combats pas avec celui qui est plus fort que toi.

Land, p. 160, lign 25. Si tu ne veux pas périr, ne cherche pas à voler.

Land, p. 163, lign. 36. L'opulence est proche de l'honneur.

Land, p 162, lign. 35. Un jour sous le soleil l'emporte sur cent années passées dans l'enfer.

Land, p. 161, lign 27-28. Il n'est rien de plus beau que le silence. La taciturnité est toujours belle. Si le fol lui-même se tait, il passera pour sage.

Land, p. 161, lign. 19. Protège ton fils contre la misère.

Land, p. 162, lign. 5. Ne mange pas avec l'homme malhonnête.

Land, 160, lign. 27 Ne magnifie pas ta démarche de crainte qu'il ne t'en arrive du mal.

Land, p. 160, lign. 26. Tout ce qui t'est odieux, ne le fais pas à ton prochain.

Ces ressemblances ne paraîtront pas fortuites si l'on veut bien constater qu'on n'en trouvera aucune avec les sentences d'autres moralistes, par exemple avec celles de Philé-

mon qui suivent celles de Ménandre dans l'édition Didot
(p. 107-132) et que, pour Ménandre lui-même, les parallélismes sont limites aux sentences en un vers (p. 90-100),
car on n'en trouve pas dans les autres fragments du même
auteur (p. 1-89).

Si les parallélismes s'étaient trouvés limités à la version
grecque d Ahikar et aux sentences grecques en un vers de
Ménandre, on admettrait volontiers que l'auteur de la version grecque a remplace les maximes d'Ahikar par celles de
Ménandre qu'il trouvait plus belles, mais la concordance
de certaines maximes des deux versions syriaques d'Ahikar
et de Ménandre montre que la cause doit être recherchée
plus haut. Le plus simple est d'admettre que Ménandre a
utilisé les écrits de Démocrite c'est-à-dire, à travers lui,
ceux d'Ahikar, et que l'auteur de la version grecque d'Ahikar a pu de son côté prendre Ménandre pour modèle.

Vers la fin du second siècle de notre ère, Diogène Laerce
nous apprend, v, 30, que Théophraste (né en 371 avant
notre ère, mort en 264) a composé un ouvrage intitulé Ἀκί-
χαρος Faute d'autres détails, ce témoignage a peu d'importance pour notre thèse, il montre seulement que ce nom
d'Ahikar devait être assez familier aux anciens auteurs
grecs.

Plus important est le témoignage de Strabon (né vers 60
avant notre ère) [1]. Dans la description de la Judée, il cherche à qui il pourrait comparer Moïse et énumère donc les
sages des divers pays. Il écrit

« Les devins (sages) étaient honorés, au point qu'on les
jugeait dignes de la royauté comme s'ils nous apportaient,
et durant leur vie et après leur mort, les ordres et les aver-

---

1. XVI, ii, 39, éd. Meincke, Leipzig (Teubner). 1898, p. 1063 ;
éd. Didot, Paris, 1853, p. 648-649

tissements divins ; comme Tirésias. . Orphée et Musée. .
chez les Bosporéniens Achaïcaros, chez les Hindous les
gymnosophistes, chez les Perses les Mages, chez les Assyriens les Chaldéens. Tel était aussi Moïse et ceux qui le
suivirent [1]. »

Le mot « Bosporéniens » est assez inattendu, aussi
M. Théodore Reinach [2] a proposé de le remplacer par
« Borsippéniens » [3], ce qui nous reporte à Borsippa 'en
Babylonie. De plus ce nom a l'avantage de figurer dans
Strabon en un autre endroit [4] et d'y désigner précisément
un groupe de sages (de Chaldéens), ce qui conviendrait très
bien à l'idée que nous nous faisons d'Ahikar .

« Dans Babylone, une demeure particulière est réservée
aux philosophes du pays qui s'adonnent surtout à l'astro-
nomie et qui sont appelés Chaldéens.

« .. Il y a plusieurs écoles parmi les Chaldéens astronomes, car les uns sont nommés Orchéniens et les autres
Borsippéniens [5]. »

Si donc on admet cette correction : « Borsippéniens »
au lieu de « Bosporéniens », il s'ensuit que, d'après

---

1 Οἱ μάντεις ἐτιμῶντο, ὥστε καὶ βασιλείας ἀξιοῦσθαι, ὡς τὰ παρὰ τῶν θεῶν
ἡμῖν ἐκφέροντες παραγγέλματα καὶ ἐπανορθώματα καὶ ζῶντες καὶ ἀποθανόντες,
καθάπερ καὶ ὁ Τειρεσίας . καὶ ὁ Ὀρφεὺς καὶ ὁ Μουσαῖος . παρὰ δε τοῖς Βοσ-
πορηνοῖς Ἀχαίκαρος, παρὰ δε τοῖς Ἰνδοῖς οἱ γυμνοσοφισταί, παρὰ δὲ τοῖς Πέρ-
σαις οἱ Μάγοι . παρὰ δὲ τοῖς Ἀσσυρίοις οἱ Χαλδαῖοι . Τοιοῦτος δέ τις ἦν καὶ
ὁ Μωσῆς καὶ οἱ διαδεξάμενοι ἐκεῖνον.

2. *Revue des études juives*, t. xxxviii, 1899, p. 1-13

3. M. Halévy (*Revue sémitique*, 1900, page 44) propose — sous
toute réserve d'ailleurs — de lire « Bostrénien » et de revenir ainsi
à Bostra, en Syrie, mais ce nom semble inconnu à Strabon. Il se trouve
dans Étienne de Byzance aussi bien que Borsippa.

4. XVII, 1, 6 ; éd Didot, Paris. 1853, p. 629 , éd. Meineke, p. 1030.

5 Ἀφώριστο δ'ἐν τῇ Βαβυλωνίᾳ κατοικία τοῖς ἐπιχωρίοις φιλοσόφοις τοῖς Χαλ-
δαίοις προσαγορευομένοις, οἱ περὶ ἀστρονομίαν εἰσὶ τὸ πλέον . . ἔστι δὲ καὶ τῶν
Χαλδαίων τῶν ἀστρονομικῶν γένη πλείω καὶ γὰρ Ὀρχηνοί τινες προσαγορεύ-
ονται καὶ Βορσιππηνοὶ καὶ ἄλλοι πλείους

Strabon, Aḥikar était célèbre parmi les sages de la Babylonie, c'est un précieux témoignage, tiré sans doute de
Poseidonios (IIᵉ siècle avant notre ère), qui vient témoigner de la renommée d'Aḥikar.

Si l'on n'admet pas cette correction, il ne s'ensuit pas
que l'on doive renoncer à voir notre Aḥikar dans le texte
de Strabon, car ses « Bosporéniens » ne sont pas les rive-
rains du Bosphore de Thrace, mais des peuplades qui habi-
taient à l'est de la Crimée et de la mer Noire, *partie en
Europe et partie en Asie* [1]. Nous sommes donc ramenés au
nord de l'Arménie et il est fort possible que la renommée
d'Aḥikar soit parvenue par cette voie jusqu'à Poseidonios
et Strabon [2].

Origène mentionne Achiacar, mais il est difficile de
décider s'il le mentionne d'après le seul livre de Tobie, ou
d'après la présente histoire (cf. éd. de Cambridge, p. XLIV).

On peut enfin se demander si ce nom sous la forme Acicar, n'est pas parvenu de bonne heure en Occident, car
sur l'ancienne mosaïque de Monnus, à Trèves, se trouve
un homme assis, tenant un rouleau écrit, où M. Stude-
mund a lu le nom [Ac]icar(us), *Archäol. Iahrb.*, t. V
(1890), p. 4 sq. ; cf. Pauly et Wissowa, *Encycl. der class.
Altertumswiss.*, t. I, Stuttgart, 1894.

---

1. Strabon, XI, II, 10, éd. Didot, p. 424.
2. Flavius Josèphe (*De bello judaico*, II, XVI, 4, éd. Didot, Paris,
1865), fait dire à Agrippa : Τί δεῖ λέγειν Ἡνιόχους τε καὶ Κόλχους καὶ
τὸ τῶν Ταύρων φῦλον, Βοσπορανούς τε καὶ τὰ περίοικα τοῦ Πόντου καὶ τῆς
Μαιώτιδος ἔθνη, Les Bosporéniens sont donc, pour lui aussi, encadrés
parmi les peuples qui vivent vers l'est de la mer Noire, vers le Cau-
case, aux confins de l'Europe et de l'Asie.

III. Aḥikar et l'Ancien Testament.

1° *DÉPENDANCE HISTORIQUE*. — La Vulgate mentionne à peine Aḥikar[1]. Après avoir raconté le retour du fils de Tobie, elle ajoute, xi, 20 : « Achior[2] (Aḥikar) et Nabath, cousins de Tobie, vinrent trouver Tobie avec joie et le félicitèrent de tous les bienfaits de Dieu à son égard[3]. »

Par contre les textes grecs sont plus explicites. On sait qu'il existe plusieurs rédactions du livre de Tobie. Celle du *Codex Sinaiticus* est plus développée que celle du *Vaticanus* et ces manuscrits sont tous deux d'une belle antiquité, car on les fait remonter au iv° siècle. Nous avons reproduit ces deux rédactions dans la *Sainte Bible polyglotte* de M. Vigouroux et en avons ajouté une troisième aux variantes d'après le manuscrit de Paris, *supplément grec, n° 609*, complété par les manuscrits auxquels Holmes a donné les numéros *44, 106, 107*, car — au moins pour le livre de Tobie — ces quatre manuscrits représentent la même rédaction.

Il existe aussi trois anciennes versions latines du livre

---

1. Saint Jérôme nous apprend qu'il a traduit le livre de Tobie en un jour sur un texte chaldéen. Un interprète lui traduisait le chaldéen en hébreu et saint Jérôme dictait aussitôt la traduction latine à un scribe *Unius diei laborem arripui, et quidquid ille mihi hebraicis verbis expressit, hoc ego accito notario sermonibus latinis exposui.* Préface.

2. Nous avons dit (*supra,* page 7, note 2) que le syriaque porte aussi Achior et que M. Meissner en a conclu que le chaldéen de saint Jérôme était peut-être le syriaque.

3. Deux versions hébraïques omettent tout ce qui concerne Ahikar et Nadau (même le passage conservé par la Vulgate) ; cf. Dr M. Gaster, *Two unknown Hebrew versions of the Tobit legend,* dans les *Proceedings of the Society of biblical Archæology,* t. xviii, 1896, p. 208-222, 259-271 ; t. xix, 1897, p. 27-38.

de Tobie [1], qui diffèrent notablement entre elles. Nous allons reproduire la *Vetus Itala* telle qu'elle a été éditée par Sabatier [2], et traduire les textes du *Vaticanus* et du *Sinaiticus*. On trouvera les textes de ces deux manuscrits dans l'édition de Cambridge, p. XXVIII-XXIX, ou dans la *Sainte Bible polyglotte* de M. Vigouroux.

PREMIER PASSAGE, I, 21-22.

SITUATION D'AHIKAR SA PARENTE AVEC TOBIE

SINAITICUS	VATICANUS	VETUS ITALA
Sacherdonos [3], son fils (fils de Sennachérib), régna après lui et il établit Achcicharos [4], fils d'Anael, fils de mon frère [5], sur tous les	Sacherdonos, son fils, régna à sa place et il établit Achiacharos, fils d'Anael, fils de mon frère, sur tous les comptes de son	Et regnavit post eum (post Sennacherim) Archedonassar, filius ejus, pro illo. Et constituit Achicarum, filium fratris mei

1. A savoir : 1° celle qui a été publiée par P. Sabatier, *Bibliorum sacrorum latinæ versiones antiquæ*, 3 in-fol., Reims, t. I, 1743 , 2° celle qu'a éditée Bianchini, *Vindiciæ canonicarum Scripturarum*, in-fol., Rome, 1740 ; 3° celle dont Mai a publié des fragments, *Spicilegium romanum*, in-8, Rome, t. IX, 1843.

2. Voir la note précédente.

3. Asarhaddon (681-668), fils de Sennachérib (705-681) La forme Σαχχεδών que l'on trouve ailleurs est la meilleure. Elle est la transcription exacte de l'assyrien *Aśur-ah-iddin* On a ajouté ici la terminaison grecque ος.

4. On trouve les variantes Ἀχειάχαρος, Ἀχιάχαρος, Ἀχείχαρος, Ἀχιχάρ, Ἀχίχαρος, Ἀχιαχάρ (suppl. grec 609). Toutes ces formes dérivent de Achikar (Ahikar, Ahi-iaqar) par l'adjonction de la terminaison grecque ος et par quelques modifications internes. Cf. *supra*, p. 7

5. Le ms. suppl. 609 porte Ἀχιαχάρ τὸν υἱὸν Ἀνταὴλ τοῦ ἀδ μου. L'hébreu de Munster porte « Akikar, fils d Hananéel », et l'hébreu de

comptes de son royaume et il eut pouvoir sur toute l'administration.

Alors Acheich aros intercéda pour moi et j'allai à Ninive, car Acheicharos était grand échanson et garde du sceau royal et intendant et maître des comptes de Sennachérim, roi des Assyriens, et Sacherdonos l'établit en second lieu dans le même emploi. Or il était mon neveu et de ma parenté.

royaume et sur toute l'administration.

Et Achiacharos intercéda pour moi et j'allai à Ninive. Or Achiacharos était échanson et garde du sceau royal et intendant et maître des comptes, et Sacherdonos l'établit en second lieu (dans cet emploi) [1], et il était mon neveu.

Annanihel. super omnem curam regni; et ipse habebat potestatem super omnem regionem.

Tunc petiit Achicarus regem pro me, erat enim consobrinus meus; et descendi in Ninive in domum meam, et reddita est mihi uxor mea Anna et filius meus Thobias.

Fagius « Aaron, fils d'Hananéel » D'ailleurs ce texte hébreu édité par Fagius remplace l'Élymaïde par l'Alamanîyâ (Allemagne) et ne peut donc servir d'autorité pour la forme des noms propres. Cf. *Polyglotte de Walton.*

1. On traduit plus souvent : « et Sacherdonos lui donna la seconde place du royaume. » Quelques manuscrits grecs portent explicitement cette leçon (δεύτερος τοῦ βασιλέως); S et V prêtent un peu à ambiguité (ἐκ δευτέρας) Nous traduisons comme s'il y avait ἐκ δευτέρου ou τὸ δεύτερον.

DEUXIÈME PASSAGE, II, 10,

AJOUTE AU RÉCIT DE LA CÉCITÉ DE TOBIE

SINAITICUS	VATICANUS	VETUS ITALA
Et Achéiacharos me nourrit pendant deux ans avant qu'il allât en Élymaïde.	Or Achiacharos me nourrit jusqu'à ce que je partis pour l'Élymaïde.	Achicarus autem pascebat me annis duobus, priusquam iret in Limaïdam

TROISIÈME PASSAGE, XI, 17-18.

APRÈS LE RETOUR DU JEUNE TOBIE ET LA GUERISON
DE SON PÈRE AVEUGLE

En ce jour-là, il y eut joie pour tous les Juifs qui étaient à Ninive. Et Acheicar et Nabad [1] ses neveux vinrent se réjouir avec Tobie.	Et il y eut joie pour tous ses frères à Ninive. Et Achiacharos vint avec Nasbas [2] son neveu.	In illa die erat gaudium magnum omnibus Judæis qui erant in Ninive. Et venit Achicarus et Nabal avunculus illius gaudentes ad Thobin.

1. Le *Sinaiticus*, plus bas, porte toujours Nadab.

2. Le *Vaticanus*, plus bas, porte toujours *Adam* corrigé à tort en *Aman* par l'éditeur. Cette correction, sans valeur critique ni importance, n'en a pas moins fait son chemin, et quelques auteurs (en particulier M. Renan et M Th Reinach) ont cherché des rapports entre cette histoire et celle d'Aman et Mardochée, cf Renan, *Origines du christianisme*, t VI, 1879, p. 556. La véritable forme est *Adam*, qui se ramène très facilement à l'original Nadan, car il suffit de remplacer εποιησεν αδαμ par εποιησε ναδαμ. D'ailleurs β, μ, ν ont presque la même forme dans les mss. grecs et se permutent fréquemment. Nous pouvons donc affirmer que *Nadab* du *Sinaiticus* et *Adam* du *Vaticanus* représentent la forme originale Nadan. M. E. Schürer admet qu'il y a des rapports entre l'histoire d'Ahikar et celle de Mardochée, mais il regarde Adam et Aman comme des fautes introduites comme conséquence de cette ressemblance, cf. *Theolog. Literaturzeitung*, 1897, n. 12, p. 326.

QUATRIÈME PASSAGE, XIV, 10.

DANS LE DISCOURS DE TOBIE AVANT SA MORT

Sinaiticus	Vaticanus	Vetus Itala
Vois, enfant, ce que Nadab a fait à Acheicaros qui l'avait nourri ; ne l'avait il pas fait descendre vivant dans la terre ? Et Dieu l'a traité selon sa méchanceté devant lui [1] Et Achicaros est revenu à la lumière et Nadab est entré dans les ténebres éternelles, parce qu'il a cherché à tuer Acheicaros. Parce qu'il m'avait [1] fait l'aumône, il est sorti du piège mortel [2] que lui avait tendu Nadab, et Nadab est tombé dans le piège mortel [2], et il l'a perdu.	Enfant, vois ce qu'a fait Adam à Achiacharos, qui l'avait nourri, comme il l'a conduit de la lumière dans les ténèbres et comment il l'a rétribué. Et (Dieu) a sauvé Achiacharos et il lui a rendu ce qu'il méritait, et lui (Adam) est descendu dans les ténèbres. Manassé (lire . Ahikar) a fait l'aumône et il a été sauvé du piège de la mort qu'il lui avait tendu Et Adam est tombe dans le piège et a péri.	Ecce filius Nabad, quid fecit Achicaro qui cum nutrivit, quem vivum deduxit in terram deorsum ? Sed reddidit Deus malitiam illius ante faciem ipsius ; et Achicar exiit ad lucem, Nabad autem intravit in tenebras æternas, quia quæsivit Nabad Achicarum occidere.

Le *Codex Sinaiticus* renferme encore une fois le nom d'Ahikar, certainement à tort, mais ce passage a son im-

1 Lire ψοι au lieu de με.

2. Litt. « piège de la mort ».

portance pour montrer combien facilement se permutaient
les noms propres.

CINQUIÈME PASSAGE, XIV, 15.

FIN DU LIVRE DE TOBIE [1].

SINAITICUS	VATICANUS
Avant sa mort il vit et il entendit (raconter) la prise de Ninive, et il vit les prisonniers qui furent emmenés en Médie par Achiacaros [2], roi de Médie, et il loua Dieu de tout ce qu'il avait fait aux fils de Ninive et de l'Assyrie. Il se réjouit, avant de mourir, sur Ninive, et il loua le Seigneur Dieu dans les siècles des siecles. Amen [3].	Avant sa mort il entendit (raconter) la prise de Ninive, qui fut emmenée en captivité par Nabuchodonosor et Assuérus, et il se réjouit, avant de mourir, sur Ninive.

1. Cette fin manque dans les éditions hébraïques de Fagius et de
Munster. L'*Itala* est conforme au *Sinaiticus*.

2 Le *Sinaiticus* a été corrigé plus tard par un scribe qui l'a rendu
conforme au *Vaticanus* en remplaçant « Ahikar » par « Nabuchodonosor et Asouéros. »

3 M. Rendel Harris a comparé les deux textes grecs du *Vaticanus*
et du *Sinaiticus*. Il a noté leurs divergences, au sujet surtout d'Ahikar,
et a cherché à les expliquer. *V* précise les noms propres tandis que
S conserve leur véritable forme. *V* introduit à tort Manassé au lieu
d'Ahikar. *S* conserve (XIV, 4, 15) la locution « Assur et Ninive », qui

La version syriaque du livre de Tobie présente la même
variété d'orthographe pour les noms propres. Après Aḥia-
ḥour, ı, 21, 22 ; ıı, 10, on trouve ʻAkikar, xı, 18 ; xıv, 10.
De même Nadan est appelé Laban, xı, 18, et ʻAcab, xıv, 10.

Nous trouvons ainsi dans Tobie non seulement *les noms*
d'Aḥikar et de Nadan (Nadam, Nadab), mais leurs fonctions
à la cour, leur parenté et un résumé de l'*Histoire d'Aḥikar* :
celui-ci fut descendu vivant sous la terre, mais Dieu le ra-
mena à la lumière, et Nadan, qui avait voulu le tuer, fut
victime du piège qu'il lui avait tendu. Par contre, dans l'*Histoire d'Aḥikar* nous ne trouvons aucune mention de Tobie :
la rédaction syriaque du manuscrit de Berlin, tout comme
la version arménienne, nous apprend qu'Aḥikar était d'abord
idolâtre et elle est d'accord en cela avec le livre de Tobie,
mais elle ne fait aucune mention de sa parenté.

Il paraît donc impossible de supposer que l'*Histoire
d'Aḥikar* a été composée pour expliquer des passages obs-
curs du livre de Tobie, sinon son auteur aurait cherché à
établir plus de points de contact entre les deux livres. Mais
il semble bien que l'auteur des rédactions grecques du
livre de Tobie connaissait l'*Histoire d'Aḥikar*, puisqu'il y

se trouve aussi dans Ahikar, tandis que *V* la corrompt en « Ninive
[qu'emmenèrent en captivité Nabuchodonosor] et Assuérus. » *Assur*
est devenu Assuérus et les mots intermédiaires ont été interpolés.
Il s'ensuit que *S* l'emporte en général sur *V*, il représente mieux un
original sémite, ou il a été corrigé sur un original sémite. Cet écrit
original était d'ailleurs araméen et non hébreu, car les formes 'Αδῥρ
et 'Αδουρεʼα, propres à *S*, sont araméennes et non hébraïques — Cependant *V* a aussi grande importance, en particulier il nous a conservé (ıv, 4-19) le discours de Tobie que *S* a omis. Il est certain que ce
discours figurait dans l'original, car *S* lui-même, après l'avoir omis, conserve la finale « et maintenant enfant, *souviens-toi de ces préceptes,
et qu'ils ne quittent jamais ton cœur.* » De plus, une citation de saint
Polycarpe et une du pseudo-Clément se rapportent, dit M. Rendel Harris, à *V* et non à *S*. Cf. *The double text of Tobit*, dans *The american
journal of Theology*, t. ııı, 1899, p. 541-554.

revient en cinq endroits différents et nous en fournit en somme un résumé [1].

2° *DÉPENDANCE LITTÉRAIRE* — La Vulgate introduit toujours Tobie à la troisième personne comme la version arabe le fait pour Ahikar. Elle transforme « les discours » de Tobie surtout en une « histoire » de Tobie. C'est donc au texte grec que nous aurons recours pour faire la présente comparaison.

Tobie et Ahikar sont des livres « de paroles », c'est-à-dire « de maximes et de préceptes », plus encore que d'histoire.

C'est le titre des manuscrits grecs : « Livre des paroles de Tobie. » I, 1.

De plus, Tobie parle à la première personne jusqu'à l'endroit, III, 7, où l'incident de Sara, fille de Raguel, fait abandonner le discours direct pour prendre le style historique :

I, 3. « Moi, Tobie, je marchai dans les voies de la vérité et dans la justice tous les jours de ma vie..., I, 4, et lorsque j'étais dans mon pays, dans la terre d'Israël, durant ma jeunesse, toute la tribu de Nephtali mon père s'éloigna du temple de Jérusalem..., I, 5, tous mes frères et la maison de Nephtali mon père sacrifièrent au veau que le roi Jéroboam éleva à Dan sur les frontières de la Galilée, et moi seul j'allais souvent à Jérusalem aux jours de fêtes...., I, 8, comme l'ordonnait Debbora, mère de mon père, car j'avais perdu mon père... I, 20. Tout ce que j'avais (me) fut enlevé et il ne me resta qu'Anne ma femme, et Tobie mon fils... III, 1. Affligé, je pleurai et je priai avec larmes en disant : Tu es juste, Seigneur. »

---

1. Par conséquent nous ne pouvons admettre que l'Ahikar des textes grecs de Tobie et celui de la légende pourraient ne pas être identiques, comme semble le dire l'encyclopédie juive, *Jewish Encyclopedia*, éd. Isidor Singer, New-York, 1901, t. I, p 290

Enfin Tobie adresse aussi par deux fois des recommandations à son fils :

« Il dit : ɪv, 3. Mon fils, si je meurs, ensevelis-moi et (après ma mort) ne méprise pas ta mère, révère-la tous les jours de ta vie, fais ce qui lui plaît et ne la contriste pas . ɪv, 5. Tous les jours, mon fils, souviens-toi du Seigneur notre Dieu... ɪv, 12. Garde-toi, mon fils, de toute impureté et prends vite une femme de la race de tes pères ; ne prends pas une femme étrangère qui n'est pas de la tribu de ton père... donne de ton pain à celui qui a faim... xɪv, 3. Il appela son fils et ses enfants et il lui dit : Mon fils, prends tes enfants, voilà que j'ai vieilli et que je suis sur le point de quitter la vie... xɪv, 8. Et maintenant, mon fils, quitte Ninive, car ce qu'a dit le prophète Jonas va arriver ; pour toi, garde la loi et les préceptes, sois miséricordieux et juste, afin qu'il t'en arrive du bien... xɪv, 11. Et maintenant, mes enfants, voyez la puissance de l'aumône et que la justice sauve... »

De même la version arménienne du livre d'Aḥikar a pour titre : « Les maximes et la sagesse d'Aḥikar, » et le manuscrit syriaque C porte : « Proverbes, c'est-à-dire histoire, du sage Aḥikar. »

Aḥikar, comme Tobie, raconte lui-même son histoire : « ɪ, 1. Il dit : Lorsque je vivais à l'époque de Sennachérib, roi de Ninive, lorsque moi, Aḥikar, j'étais trésorier et scribe, et que j'étais jeune, les devins, les sages et les mages me dirent : Tu n'auras pas d'enfant, etc. » Cf. *infra*.

Cette fois le style direct est conservé jusqu'à la fin et, à ce point de vue, Aḥikar a plus d'unité que le livre de Tobie. L'auteur adresse encore, comme Tobie, deux séries d'exhortations à son fils adoptif Nadan, la première pour l'instruire et la seconde pour lui faire comprendre la grandeur de sa faute et de son ingratitude :

ɪɪɪ, 1. « O mon fils Nadan, écoute mes paroles, suis mes

sentences, et souviens-toi de mon discours, comme l'a dit le Seigneur, etc. » Cf. *infra*.

XXXIII, 96. « Mon fils, celui qui n'entend pas avec les oreilles, on le fait entendre par derrière le dos, etc. ». Cf. *infra*.

Ajoutons que Tobie et Ahikar adressent chacun deux prières à Dieu, bien que pour des motifs différents : Tobie, III, 2-6 ; XIII ; Ahikar, I, 4 ; XV, 3-5

Nous trouvons donc dans les deux livres même forme et mêmes procédés littéraires.

3° *DEPENDANCES TEXTUELLES*. — Elles sont peu nombreuses. On peut seulement citer :

AHIKAR	TOBIE
III, 1. O mon fils Nadan écoute mes paroles, suis mes conseils et souviens-toi de mes discours.	IV, 2. Ecoute, mon fils, les paroles de ma bouche et fais-en un fondement dans ton cœur (Vulgate).
9. Mon fils, ne pèche pas avec la femme de ton prochain.	13. Garde-toi, mon fils, de toute fornication [1].
App II, 198. Mon fils, ce qui te paraît mauvais, tu ne dois pas le faire à ton voisin.	16. Ce que tu ne voudrais pas qu'un autre te fasse, vois à ne jamais le faire à un autre.
III, 13 Mon fils, verse ton vin sur les tombeaux des justes et ne le bois pas avec les impies (ms. C).	18. Mets ton pain et ton vin sur la sépulture du juste et ne veuille pas en manger et en boire avec les pécheurs.
16. Joins-toi aux sages, aux hommes pieux	19. Demande toujours conseil au sage [2].

1. Ensuite Ahikar (III, 11) recommande l'humilité et Tobie (IV, 14) défend l'orgueil. L'idée est la même, mais il n'y a pas de ressemblances textuelles.

2. Les deux histoires se passent en Assyrie. Fréquentes mentions

Nous lisons dans Tobie, xiv, 10 : « *Parce qu'il* (Aḥikar) *m'avait fait l'aumône* (ἐλεημοσύνη), il est sorti du piège mortel. » De son côté, Aḥikar dit, xxxiii, 97 : « Mon fils, je t'ai fait asseoir sur un trône glorieux, et toi tu m'as précipité de mon trône. *Ma justice m'a sauvé,* » et, xxxiii, 138 : « De même que Dieu *m'a maintenu en vie à cause de ma justice,* il te perdra à cause de tes œuvres. » Il y a identité ici entre Tobie et Aḥikar, la différence apparente «aumône» et « justice » ne tient qu'à deux traductions différentes du même mot hébreu *ṣedaqah*, qui signifie à la fois « aumône » et « justice » [1]. Ici c'est Tobie qui nous fait comprendre Aḥikar car le sens « aumône » s'impose dans Tobie puisque « Aḥikar l'a nourri deux ans » (Tobie, ii, 10, grec), d'ailleurs le livre d'Aḥikar ne nous indiquait pas bien clairement qu'elle était cette « justice » particulière à Aḥikar qui l'avait sauvé et maintenu en vie. Il faut donc traduire : «Mes aumônes m'ont sauvé » et « Dieu m'a maintenu en vie à cause de mes aumônes » [2].

On peut enfin rapprocher l'importance attachée par Aḥikar à ses funérailles, ix, 6, et xiv, du soin que prend Tobie d'enterrer les morts, i, 20, ii, 3-9 ; iv, 3, 5 ; xiv, 12.

de Ninive dans les deux (Tobie i, 11, xiv, 2, 6, 14, Aḥikar i, 1 ; xii, 6 ; xvi, 2, xxx, 17 ; xxxi, etc).

1. Aussi il arrive qu'on traduit ce mot simultanément par les deux mots « aumône et justice », cf. Tobie xii, 9 οἱ ποιοῦντες ἐλεημοσύνας καὶ δικαιοσύνας, xiv, 11 ἴδετε τί ἐλεημοσύνη ποιεῖ καὶ δικαιοσύνη ῥύεται, ii, 14 . ποῦ εἰσιν αἱ ἐλεημοσύναι σου καὶ αἱ δικαιοσύναι σου Cf. Prov. x, 2 ; xi, 4, où la Vulgate traduit par *justitia*, tandis que le contexte, où il n'est question que de richesses, montre qu'il faut traduire par « aumônes ».

2 L'inverse n'est cependant pas impossible. Les passages d'Aḥikar devraient dans ce cas se traduire par « justice » et l'écrit original de Tobie visant ces passages aurait aussi porté *ṣedaqah* justice, mais le traducteur grec de Tobie — influencé par le commencement du livre — aurait égalé en xiv, 10, *ṣedaqah* à ἐλεημοσύνη. En toute hypothèse il y a identité.

B) ECCLÉSIASTIQUE

Ahikar s'est inspiré des Proverbes et un peu des Psaumes, comme on le verra dans les notes ; il cite d'ailleurs en quatre endroits des paroles plus anciennes qu'il utilise, III, 1 ; IV, 3, XXXIII, 96, note, et 140. Par contre, son livre semble être l'une des sources de l'Ecclésiastique Voici quelques passages parallèles. D'autres sont indiqués dans les notes de notre traduction.

AHIKAR	ECCLÉSIASTIQUE
III, 79^b. Lorsque tu verras un homme plus âgé que toi, lève-toi devant lui	IV, 7. Humilie ton âme devant un vieillard.
83. N'entre pas en jugement avec un homme au jour de sa (puissance) et ne résiste pas au fleuve lorsqu'il vient inonder	IV, 32. Ne résiste pas en face du puissant et ne fais pas effort contre le choc du fleuve.
5. Ne te hâte pas de donner une réponse.	IV, 34 Ne sois pas prompt de ta langue (à parler).
III, 87. Si tu veux être sage, refuse ta bouche au mensonge et ta main au vol, et tu seras sage.	V, 17. Au voleur s'attache la confusion, à celui qui a deux langues la plus mauvaise renommée.
17. Si tu aimes un camarade, éprouve-le d'abord et ensuite prends-le pour ami	VI, 7. Si tu as un ami, acquiers-le en l'éprouvant, et ne te fie pas facilement à lui.
App. I, 157^c. Celui-ci est certainement bienheureux qui possède un véritable ami	VI, 14 Un ami fidèle est une forte protection, celui qui l'a trouvé, a trouvé un trésor.
III, 1. O mon fils Nadan, écoute mes paroles, suis mes	VI, 24 O mon fils, écoute, reçois le conseil de l'intelli-

conseils et souviens-toi de mes discours.

33. Arrache ton fils au mal . instruis-le, et frappe-le tant qu'il est jeune.

52. Ne blesse pas l'homme puissant, de crainte qu'il ne resiste et ne (te) cause du mal

79 (Ar). Mon fils, ne te réjouis pas de la mort de ton ennemi, car bientôt tu seras son voisin. Cf. 25.

92ᵃ. Que tes yeux ne regardent pas la femme qui est belle, et ne regarde pas la beauté qui n'est pas tienne

92ᵇ. Car beaucoup ont péri a cause de la beauté d'une femme, et son amour (est) comme un feu qui brûle.

76. Ne t'éloigne pas de ton premier ami, de crainte qu'il n'y en ait aucun autre pour le remplacer

89. Celui qui brille par son vêtement brille aussi par son langage, et celui qui est

vii, 25. Si tu as des fils, instruis-les et courbe-les dès leur enfance.

viii, 1. N'entre pas en litige avec l'homme puissant, de crainte de tomber dans ses mains.

viii, 8 Ne te réjouis pas sur ton ennemi mort, sachant que tous nous mourrons

ix, 8. Détourne ta face d'une femme parée, et ne considère pas une beauté étrangère [1].

ix, 9 Beaucoup ont péri à cause de la beauté d'une femme, et ainsi la concupiscence [2] comme un feu s'embrase.

ix, 14. Ne quitte pas un ancien ami, car un nouveau ne lui sera pas semblable.

xix, 26-27. A la vue on connaît un homme... Le vêtement du corps... et la dé-

1. Le texte hébreu de l'Ecclésiastique est identique au syriaque et porte aussi « ne regarde pas la beauté qui n'est pas tienne » (âl tabit él ifi lâ loq)

2 L'hébreu porte « son amour » (áhabiha) aussi bien qu'Ahikar.

méprisable dans son vêtement l'est aussi dans sa parole.

70. Cache la parole dans ton cœur et ne révèle pas le secret de ton camarade, car, si tu le révèles, tu as repoussé (son) amitié loin de toi.

xxxiii, 100 (Ag). Un homme voulut un jour lancer une pierre contre le ciel, elle retomba sur lui et l'écrasa.

iii, 66 Pour l'homme qui n'a pas de repos durant la vie, la mort est préférable à la vie

6. Une bonne mémoire et un bon renom demeurent à jamais.

65. Un bon renom subsiste toujours.

9 Ne pèche pas avec la femme de ton prochain.

marche d'un homme le font connaître [1].

xxii, 26-27... on peut retrouver un ami, excepté quand il s'agit d'invectives.. de révélation de secret... en toutes ces choses un ami t'échappera

xxvii, 17. Celui qui dévoile les secrets d'un ami perd sa confiance, et il ne trouvera pas d'ami selon son cœur.

xxvii, 28. Si quelqu'un jette une pierre en haut, c'est sur sa tête qu'elle retombera.

xxx, 17 Mieux vaut la mort qu'une vie amère, et le repos éternel qu'une langueur persévérante. Cf xli, 3-4.

xli, 16. La bonne renommée demeurera pour toujours [2].

xli, 27. Ne regarde pas la femme d'un autre homme.

---

1. L'accord de l'Ecclésiastique avec Ahikar est ici assez remarquable, car cette pensée est un peu paradoxale et n'a pas de parallèle dans le reste de la Bible

2. Prov., xxii, 1, porte « Un bon renom vaut mieux que de grandes richesses, » cette pensée se retrouve dans Ahikar, iii, 64, et Ecclésiastique xii, 15, mais la durée de la bonne renommée est propre à Ahikar, iii, 6, 64, 65, et à Ecclésiatique, xii, 15-16.

3. Si tu entends une paro-   XLII, 1. Ne répète pas les
le ne la révèle à personne.   paroles que tu as entendues.

c) AHIKAR ET DANIEL

On trouve aussi quelques passages parallèles, mais ils ne
sont ni assez nombreux ni assez caractéristiques pour supposer un emprunt direct. Ces quelques parallélismes s'expliquent ici par le fait que les deux auteurs écrivaient dans
un milieu babylonien .

« Les devins, les mages et les sages » font une prédiction
à Ahikar, I, 1 ; le roi Sarhédom réunit tous les principaux :
« les sages, les mages et les savants de son royaume, » XVII, 1.
De même, dans Daniel, le roi Nabuchodonosor réunit
« les augures, les mages, les devins et les Chaldéens », II,
2 ; IV, 4, V, 7

Ahikar salue le roi par la formule . « O mon Seigneur le
roi, vis toujours dans les générations des générations, » II,
4; XXXII, 4 ; ou : « Seigneur roi, vis à jamais ! » IX, 6 ;
XXIV, 1.

De même dans Daniel : « Roi, vis à jamais ! » II, 4 ,
III, 9, V, 10 ; VI, 6, 21.

Ahikar revêt Nadan « de pourpre et d'écarlate », II, 1, et
Sarhédom, pour récompenser Nabousemak, lui promet
cent habits de pourpre, XIX, 2.

De même, Nabuchodonosor, pour récompenser Daniel,
lui promet « des habits de pourpre », V, 16.

Nadan, ne pouvant expliquer l'énigme, s'écrie : « Les
dieux ne pourraient pas faire de telles choses, comment les
hommes le pourraient-ils ! »

Les Chaldéens, dans des circonstances analogues, disent
au roi : « Ce que tu demandes, ô roi, est difficile, et on ne
trouvera personne qui le fasse en présence du roi, excepté
les dieux, qui n'ont pas de rapport avec les hommes, » Dan.,
II, 11.

Ahikar dit : « Mes cheveux descendaient sur mes épaules, ma barbe arrivait jusqu'à ma poitrine, mon corps était souillé de poussière et mes ongles étaient aussi longs que ceux de l'aigle, » XXI, 1.

De même, Nabuchodonosor, chassé d'entre les hommes, « mangea de l'herbe comme un bœuf, et son corps fut mouillé de la rosée du ciel, ses cheveux crurent comme (les plumes) des aigles[1] et ses ongles comme (ceux) des oiseaux, » Dan., IV, 30.

IV. Ahikar et le Nouveau Testament

M. James le premier (Apocrypha anecdota, Cambridge, 1893 ; t. II, p. 158, note 1 a signalé la grande ressemblance qui existe entre la conduite de Nadan et celle du mauvais serviteur, Matth., XXIV, 48-51 ; Luc, XII, 45-46.

« Nadan, mon fils, dissipa mon bien et n'épargna pas mes meilleurs serviteurs qu'il frappa devant moi, ni mes bêtes de somme et mes mules qu'il tua, IV, 2... il réunit des femmes débauchées et il les fit asseoir pour manger et boire au milieu des chants et de l'allégresse. Il tua, dépouilla et frappa mes serviteurs et mes servantes ; il ne respecta même pas ma femme, XIV, 2-3 » Plus tard, lorsque Ahikar, que l'on croyait mort, fut rentré en faveur auprès du roi de manière bien inespérée, il se fit livrer Nadan, puis « je lui mis, dit-il, des liens de fer aux pieds et aux mains..., et je commençai à le flageller de verges, XXXII, 10... je le mis sous le portique à la porte de mon vestibule, je lui donnai du pain et de l'eau avec mesure », ibid. C (note).

---

1. Litt. : « Ses cheveux crurent comme (ceux) des aigles, » ce qui ne se comprend guère. Si un texte dépend de l'autre, c'est certainement Daniel qui dépend d'Ahikar et qui — pour se conformer aux habitudes du parallélisme poétique des Hébreux — a donné une tournure plus poétique à « mes cheveux descendaient sur mes épaules, et mes ongles étaient aussi longs que ceux de l'aigle. »

D'après la rédaction *F*, qui précise ainsi le sens de *C*, Nadan est enfermé dans le caveau obscur où Aḥikar avait dû se cacher. Enfin, après les remontrances d'Aḥikar, le corps de Nadan « gonfla et devint comme une outre pleine et ses entrailles sortirent de ses lombes, xxxiv, 1[1]. »

Comparons maintenant à cette histoire de Nadan les deux rédactions de la parabole du mauvais serviteur.

MATTH., xxiv, 48-51.

Mais si ce méchant serviteur dit dans son cœur : Mon maître tarde (à venir), et qu'il se mette à battre ses compagnons de service et à manger et à boire avec des ivrognes, le maître de ce serviteur viendra le jour qu'il ne l'attend pas et à l'heure qu'il ne sait pas, et il le séparera (*litt.* : il le partagera en deux[2]) et il lui donnera sa portion avec les hypocrites ; c'est là qu'il y aura des pleurs et des grincements de dents.

Luc, xii, 45, 46.

Mais si ce serviteur dit en son cœur : Mon maître tarde à venir, et qu'il se mette à battre les serviteurs et les servantes, à manger, à boire et à s'enivrer, le maître de ce serviteur viendra le jour qu'il ne l'attend pas et à l'heure qu'il ne sait pas, et il le séparera (*litt.* : il le partagera en deux[2]) et il lui donnera sa portion avec les infidèles.

Les ressemblances entre l'histoire de Nadan et cette parabole du mauvais serviteur sont assez frappantes pour que M. James ait regardé la seconde comme une dépendance de la première et pour que M. Rendel Harris ait pu écrire, afin de faire image, qu'Aḥikar était l'un des livres de la bibliothèque de Notre-Seigneur Jésus-Christ, et qu'il lui

---

1. Le syriaque, l'arménien, l'arabe et le néo-syriaque portent tous que Nadan « gonfla et creva ».

2. διχοτομήσει.

avait emprunté le type du mauvais serviteur. M. Vetter,
avec raison, croit cette ressemblance fortuite, sinon on
trouverait d'autres points communs, ce qui n'a pas lieu [1].
Les paraboles du Nouveau Testament et celles d'Ahikar
n'ont pas d'autre point de contact et sont separées par
plusieurs siècles de *masal* juive.

V. Ahikar et le Talmud.

1° I, 4 (note) III. 84, supposent l'habitude de mettre
de la poussière sur les yeux des morts. Un passage du Talmud relatif à Alexandre le Grand parait supposer la même
coutume. Nous le citons aux variantes. III, 84 [2].

2° XV, XXX, 6-9, 29-30. On demande à Ahikar de
construire un palais en l'air et de coudre une meule.

Le Talmud de Babylone renferme des histoires analogues
(traité *Bechoroth*, 8) : « Les sages d'Athènes demandèrent à
Rabbi Josua ben Chanania [3] : Bâtis-nous une maison dans
l'air du monde. Il répondit : Il y en a un qui se tient entre
le ciel et la terre et qui crie : Donnez-moi des briques et
du mortier. Ils dirent : Qui peut lui en fournir si haut? Il
répondit : Qui peut donc bâtir une maison entre ciel et
terre ?... Ils lui dirent encore : Nous avons une meule brisée : peux-tu nous la recoudre? Il en prit un morceau, le
leur jeta et dit : Faites-moi des aiguilles avec cela et je
vous la coudrai. Comme ils dirent : Qui peut faire des

1 On trouvera quelques renvois au Nouveau Testament, XXXIII, 114,
et II Pierre, II, 22 (porc qui retourne au bourbier), avec XXXIII, 135,
et Luc, XIII, 6-9 (figuier qui ne porte pas de fruits) présentent seuls
quelque intérêt.

2. Nous n'avons pas trouvé ce passage dans le Talmud de Jérusalem, qui contient seulement, sur Alexandre, le voyage chez le roi de
Cassia pour voir comment il juge ; trad. de Moïse Schwab, Paris,
1871-1890 t. x, p. 94.

3 Cité par M. Vetter.

aiguilles avec une meule, il leur répondit : Qui peut coudre une meule ? »

Ces passages ont toute chance d'avoir été inspirés par Ahikar ou par l'un de ses dérivés [1].

3° M. Gaster cite une douzaine de traits [2] empruntés à la littérature juive et plus ou moins parallèles à l'*Histoire d'Ahikar*. Le plus frappant, qui est d'Éliézer le Grand, est le suivant : « Mon fils, ne révèle pas ton secret à ta femme, sois fidèle et dévoué en tout, ne révèle pas ton secret à ton ami quand tu es en dispute avec lui ni même quand tu es en paix avec lui » Cf. App I, 151; App II, 178. Les ressemblances sont donc trop faibles comme le conclut M. Gaster lui-même, pour que l'on songe à établir une dépendance directe entre les écrits.

VI. *Ahikar dans les littératures orientales.*

1° Dans les *Apophtegmes des Pères égyptiens* (IV° au VI° siècle) nous avons relevé quelques passages parallèles à Ahikar, mais leur nombre n'est pas assez grand pour que l'on puisse conclure à une dépendance directe, cf. III, 26 (et 85); III, 84; App. II, 198.

2° M. J. Daschian (dans *Kurze Bibliogr. Unters.*, 1901, t. II, p 123 sq), cité par M. Vetter, a relevé les passages parallèles à Ahikar qui se trouvent dans les anciens historiens arméniens. Le plus frappant se trouve dans l'*Apologie d'Eznik*, I, 15 (V° siècle) : « Vraiment ce n'est pas en vain que la parole du sage a été dite : Celui qui n'écoute pas avec

1. Ils ne figurent pas dans le Talmud de Jérusalem et appartiennent donc moins à la littérature juive qu'à la littérature babylonienne Le Talmud de Jérusalem ne mentionne pas Sarhédom ni le Tobie biblique Sennachérib lui-même n'y figure que deux fois et cela fort incidemment, trad. Moïse Schwab, t. V, p 139; t. VI, p. 42.

2. *Journal of the Royal Asiatic Society*, 1900, p 318-319

son oreille, on le fera écouter avec son dos. » Cf. Ahikar,
xxxIII, 96 · « Mon fils, il est dit dans les Proverbes : Celui
qui n'entend pas avec les oreilles, on le fait entendre par
derrière son dos [1]. » M Vetter croit que les coïncidences
entre les anciens auteurs arméniens et Ahikar sont fortuites
ou doivent s'expliquer par une source commune, car la version arménienne de l'*Histoire d'Ahikar* est assez récente
comme nous le dirons plus bas. Il n'est cependant pas impossible qu'il ait existé auparavant une compilation quel-
conque des Proverbes d'Ahikar traduite en Arménien, mais
son existence n'est pas encore démontrée.

3° M. Rendel Harris, éd. de Cambridge, p. LXXII à LXXIX,
a signalé aussi les ressemblances qui existent entre Ahikar
et le chapitre du Coran (sourate xxxI) consacré à Loqman.
Nous traiterons plus bas des identifications partielles qui
ont été faites d'Ahikar, Ésope et Loqman (cf. chap VI :
Ahikar et les fabulistes). Signalons seulement ici les
ressemblances textuelles :

« 11. Nous donnâmes la sagesse à Loqman et nous lui dî-
mes Rends grâces à Dieu. Celui qui chérit la reconnaissance
en a le mérite pour lui. L'ingrat l'est en pure perte Le
Très-Haut est riche, et sa louange est en lui-même.

« 12. Loqman exhortant son fils lui dit : O mon fils ! ne
donne point d'égal à Dieu. L'idolâtrie est le plus grand des
crimes.

« 13. Nous avons prescrit à l'homme des devoirs sacrés
envers les auteurs de ses jours..

« 15. O mon fils ! ce qui n'aurait que le poids d'un grain
de moutarde, fût-il caché dans l'antre d'un rocher, au ciel
ou sur la terre, sera produit par les mains de Dieu, parce
que rien n'échappe à sa pénétration.

---

1. M. Rendel Harris, p. LXXXI, cite aussi une parole de Lazare de
Pharbe, Ve siècle, apparentée à xxxIII, 114.

« 16. O mon fils ! fais la prière. Commande la justice. Empêche l'iniquité, souffre patiemment les maux qui t'arrivent. Ils sont une suite des décrets éternels.

« 17. Ne détourne point orgueilleusement tes regards des hommes Ne marche point avec faste sur la terre, Dieu hait le superbe et le glorieux.

« 18 Sois modeste dans ta conduite. Abaisse le son de ta voix ; la plus désagréable de toutes est celle de l'âne... »

Les ressemblances avec Ahikar sont assez nombreuses :

1. Loqman aussi est un sage (11).

2. La phrase sur la reconnaissance et l'ingratitude (11) peut avoir été inspirée par l'histoire de Nadan.

3. Loqman aussi donne des conseils moraux à son fils et il débute aussi par les mots O mon fils, 12, 15, 16.

4 Les maximes 12 à 15 peuvent être propres à Mahomet, qui voulait, sous le nom de Loqman, recommander le monothéisme et la Providence, cependant le culte de Dieu et le respect des parents sont aussi recommandés par Ahikar (app I, 143, et c. III, 37).

5. Les recommandations pour la justice et contre l'iniquité (16) se trouvent aussi en partie dans Ahikar, iii, 47, 78.

6. L'humilité (17) est recommandée par Ahikar, iii, 48.

7 Le verset 18 se retrouve dans Ahikar, iii, 11 . « N'élève pas ta voix avec jactance et tumulte, car s'il suffisait d'une voix puissante pour construire une maison, l'âne en bâtirait deux en un jour. »

Il ne doit pas paraître étonnant que Mahomet ait pu connaître les maximes d'Ahikar, car le Coran, dit M. Rendel Harris (p. lxvii), est plein de Haggada juive et de légendes chrétiennes [1]. Les concordances textuelles sont rares parce

1 Ceci s'explique par l'influence des puissantes tribus juives qui entouraient la Mecque. Une légende, conservée dans les littératures orientales veut qu'un moine chrétien, Bahira, ait instruit Mahomet (R Gottheil, A christian Bahira Legend, dans Zeits. f. Assyr. t. xiii, 1899. Ce-

que Mahomet ne connaissait sans doute et la Bible et les
légendes juives ou chrétiennes que par tradition orale
et, de plus, lorsqu'il les citait de mémoire, il les accommo-
dait à son imagination et aux exigences du moment où il
écrivait.

La légende Loqman-Aḥikar se développa après le Coran,
car dans un recueil de sentences qui remonterait à Honein
ibn Isḥak, mort en 873 (cf. *infra*, chap. VI, v), nous
trouvons une biographie de Loqman et surtout un long
recueil de maximes adressées à son fils. Nous en citons
quelques-unes d'après la traduction de Guillaume de
Tignonville, *Les dictz moraulx des Philosophes*, Paris, 1531,
fol. LXXXI sq.

L'auteur attribue d'abord à Loqman, né en Éthiopie, une
partie des faits qui se trouvent aussi dans la vie d'Ésope,
comme le pari de boire la mer ; il continue : « Yeelui juif,
qui était maître de Loqman [1], lui donna plusieurs trésors
lesquels il distribua en aumônes et prêta aux pauvres
souffreteux sans usures et, pour ce, Dieu lui multiplia ses
biens grandement. Et aussi dit-on qu'il laissa toutes ses
richesses et se fit reclus en un temple et demeura solitaire-

lui-ci d'ailleurs se réclamait des Juifs et des chrétiens, par exemple,
sourate LXI « Pourquoi m'affligez-vous ? disait Moïse aux Israélites.
Je suis l'interprète du ciel auprès de vous, vous ne l'ignorez pas.. Je
suis l'apôtre de Dieu, répétait aux Juifs Jésus, fils de Marie Je viens
confirmer la vérité du Pentateuque qui m'a précédé, et vous annoncer l'heureuse venue du prophète qui me suivra Ahmed est son nom.
Jésus prouva sa mission par des miracles, et les Hébreux s'écrièrent :
C'est un imposteur... ô croyants ! soyez les ministres de Dieu, comme
le disait Jésus, fils de Marie, aux apôtres, quand il leur demanda
Qui m'aidera à étendre la religion divine ? — Nous serons tes ministres, répondirent-ils »

1. Nous ne modifions l'orthographe du traducteur que dans les cas,
assez nombreux, où la clarté le demande.

ment jusques à sa mort et prêcha moult de belles choses à son fils en disant .

« Fils, aie abstinence et restreins ta volonté... Fils, parle toujours de Dieu [1] et Dieu mettra en ta bouche de bonnes paroles — Fils, mets toujours tes œuvres devant tes yeux et celles d'autrui derrière. — Fils, quand tu verras auleun pécher, ne lui reproche mye ses fautes mais pense aux tiennes, desquelles tu auras seulement à rendre compte [2]. — Fils, suffis-toi de peu de chose et ne convoite pas les biens d'autrui [3]. — Fils,... converse avec les sages et ainsi tu pourras acquérir la sagesse [4]. —... et il dit : Garde le silence, car je me suis plus souvent repenti d'avoir parlé que de m'être tu [5]. — ... fils, crains Dieu et te garde de vaine gloire — ... et sache, fils, que si un fol parle, il se fera moquer de lui par son mal gracieux parler [6]. .

« Fils, ne veuille mye perdre tes propres choses pour garder les estranges, car tes propres choses sont les biens que ton âme emportera avec elle et les autres richesses qui demeureront après ta mort seront à autruy — Fils, honore la sagesse, ne la refuse pas à ceux qui la désireront connaître et ne la montre pas à ceux qui la méprisent [7]. — Fils, fais ta société de ceux que Dieu aime — Fils, honore Dieu et le prie qu'il te veuille garder d'avoir mauvaise femme et qu'il la veuille enseigner, car il n'y a pas d'autre remède [8]. — Fils, montre à autrui les biens que tu as appris. Ne fais pas ta société des mauvais, de crainte que tu ne

1. Cf Ahikar, app I, 143 ; app. IV, 266
2. Cf. app I, 142 b
3. Cf app. I, 148.
4. Cf iii, 16
5. Cf. iii, 71 ; app IV, 269.
6. Il y a ici une page sur les marques caractéristiques de l'insensé, et une autre page sur celles du sage, opposées aux précédentes.
7. Cf app I, 147 a
8 Cf app. III, 251

deviennes l'un d'eux [1]... — Fils, habite continuellement
avec les sages...

« Et il dit : Fils, ne te veuilles mye asseoir au plus haut
lieu, car mieux vaut qu'on te fasse lever de plus bas pour
toi asseoir plus haut, que de recevoir si grande vilenie
comme toi ôter d'un haut lieu pour toi mettre plus bas [2]...
Et il dit . S'il te convient envoyer quelque messager en
légation, tâche d'y envoyer un sage [3] et, si tu ne le peux
pas, vas-y toi-même. — Et il dit . Ne crois point celui qui
ment à toi pour autrui, car il mentira légèrement et pareil-
lement à autrui de toi. — C'est plus légere chose de changer les montagnes d'une place en une autre, que de montrer
et de faire entendre quelque chose à celui qui n'a point
d'entendement [4]. — Il dit · Ne fais pas ce que tu aurais
honte de voir faire à autrui [5], et toutefois aie plus de ver-
gogne de Dieu que des hommes. — Il dit que, entre les
autres mœurs et conditions, les plus mauvaises sont : soupçonner son ami, découvrir ses choses secrètes, avoir confiance en chacun, trop parler des choses inutiles et s'exposer
en la compagnie des mauvais pour convoitise de leurs biens
temporels . »

Aucun autre sage cité dans ce recueil n'adresse ses maximes à son fils. Cette forme provient, croyons-nous, du
Coran, qui l'aurait emprunté lui-même à la légende écrite
ou orale d'Ahikar.

4° Au xe siècle, Bar Bahloul a connu l'*Histoire d'Ahikar*.
Nous avons déjà montré, à propos du mot *ôrhé*, qu'il cite
ce livre sous le nom de *Proverbes araméens*, cf. *Journal asiatique*, X[e] série, t. ix (1907), p. 149 (*infra*, xxv, 4).

1. Cf. iii, 16.
2 Cf. app IV, 276.
3 Cf. iii, 51.
4. Cf iii, 80.
5 Cf app. II, 198, et app. IV, 284

De plus, dans son lexique syro-arabe (éd. Rub. Duval), sous le mot Aḥikar, il écrit : « C'était un homme célèbre, qui fut vizir au temps des rois, il était sage et d'esprit très pénétrant, son histoire est mentionnée dans le livre des rois (?) des fils d'Israel. »

5º Un recueil de contes que nous analysons plus loin (ch. VI, note), intitule *Syntipas* [1], qui a synthétisé, d'après leur traduction syrienne, un certain nombre de fables, a aussi utilisé Aḥikar. Citons ici le conte 117 intitulé *Galruk* : Un roi qui aime le fils de son vizir le voit un jour jouer avec un page ; comme il est ivre, il s'irrite au point d'ordonner de le décapiter. Le vizir obtient du bourreau qu'il profite de l'ivresse du roi pour lui porter la tête d'un criminel à la place de celle de son fils ; car, s'il le tue, le roi, revenu à la raison, le mettra à mort. Quand le roi s'éveille, il déplore son crime et, pendant de longs mois, se livre au desespoir. Le vizir croit enfin le moment venu de lui dire la vérité et de lui amener son fils. Le roi est consolé, reprend l'exercice du pouvoir et comble le vizir de largesses.

Il y a un parallélisme évident avec l'histoire d'Aḥikar, cher au roi, condamné à être décapité et rentrant en grâces après qu'on a décapité un criminel à sa place.

Il est possible que l'on trouve d'autres citations d'Aḥikar ou du moins des parallélismes frappants. Citons en ce genre, pour terminer, le passage en vieux français relevé par

---

1 Une rédaction grecque qui dérive du syriaque a été publiée en particulier par Eberhard, *Fabulæ Romanenses græce conscriptæ*, Leipzig, 1872, éd Teubner. Voir aussi *Mischle Sindbad, Secundus, Syntipas, edut, emendirt und erklärt...* par P. Cassel, 3º edit , Berlin, 1891. Le résumé complet du Syntipas et toute la bibliographie ont été publiés par M. Victor Chauvin, *Bibliographie des ouvrages arabes*, Liege, 1907. t. viii,

M. Rendel Harris (p. LXXX), dans les *Poésies de Marie de France* [1].

AHIKAR, XXX, 137. (*néo-syriaque*)	MARIE DE FRANCE
Mon fils, on a conduit le loup à l'école pour l'y instruire.	Un Prestre vult jadis apprendre.
	Un Leu, et faire letre entendre.
Le maître lui dit alors : Dis A.	A, dit li Prestres ; A, dist li Leux ;
	Qi mult es fel et engingneux.
Alors le loup répondit et dit : Agneau.	B, dist li Prestres, di od mei ;
	B, dist li Leus, la lettre vei.
Ensuite le maître lui dit : Dis B.	C, dit li Prestres, di avant;
	C, dist li Lox, a-t-il dune tant ?
Alors le loup dit : Brebis.	Li Prestres feit : O di par toi ;
	Li Loz respunt jeo ne sai quoi.
Il dit ce qui était dans ses pensées	Di ke t'en samble et si espel ;
	Respunt li Lox : Aignel, Aignel.
	Li Prestres dist : Que verté tuche ;
	Tel en penssé, tel en la buche.

CHAPITRE IV

Les versions de l'Histoire d'Aḥikar.

I. Traducteurs et copistes.

1° TRADUCTEURS. — Le texte original est perdu ; seule, l'étude des versions nous permettra de faire quelques hypothèses sur ce qu'il pouvait être : son contenu, sa forme, sa langue.

Ces versions renferment toutes des remaniements dus à leurs auteurs. Voici en effet ce qu'écrivait J. Agoub

---

1. Éditées par B. de Roquefort, Paris, 1820, t. II, p. 345-346. Cette pièce est intitulée « D'un prestre qui mist un Leu (loup) à lettre. »

lorsqu'il faisait sa *traduction* (?) française sur deux manuscrits arabes :

« Ces maximes, qui ne seraient pas indignes, pour la plupart, des beaux temps de la philosophie grecque, *appartiennent toutes au texte arabe*, je n'ai fait que *les disposer dans un ordre plus méthodique. J'ai dû aussi en supprimer quelques-unes*, soit parce qu'elles n'offraient que des préceptes d'une morale banale, soit que, traduites en français, elles eussent pu paraître bizarres à des lecteurs européens » *Mélanges de litt. orientale et française*, Paris, 1835, p. 75.

L'auteur nous apprend d'abord qu'il n'interpole pas et — puisqu'il juge bon de nous en avertir — c'est qu'il croit, avec raison, que les traducteurs sont fort capables d'interpoler leurs ouvrages. Il se borne à changer l'ordre et à faire des suppressions. Ainsi ont travaillé tous les traducteurs, comme on le constatera sur les tableaux de concordance : ils ont changé l'ordre, ils ont supprimé et parfois même ils ont ajouté.

D'autres ne retranchent ni n'ajoutent, mais condensent ou paraphrasent — ce qui est plus facile que de viser à faire une traduction fidèle. Ainsi La Fontaine, dans sa traduction, condense le texte grec, lequel n'est déjà qu'un résumé trop condensé du texte original. Ces traducteurs ressemblent un peu aux chimistes qui traitent des quintaux de matière pour en extraire quelques grammes d'un corps plus rare. En voici un exemple :

Traduction du grec.	*Traduction de La Fontaine* [1].
Ésope, emmenant Ennos, ne lui causa aucun désagrément, mais, se conduisant à nouveau envers lui comme envers un fils, il lui mit	Ésope le reçut (Ennus) comme son enfant, et, pour toute punition, lui recommanda d'honorer les dieux et son prince, se rendre ter-

1. *Fables de La Fontaine*, éd. Parmantier, Paris, 1825, p. LXXXIII.

encore dans l'esprit ces autres paroles : Mon fils, avant
toutes choses, honore la divinité, respecte le roi. —
Rends-toi redoutable à tes
ennemis pour qu'ils ne te
méprisent pas. Sois facile et
indulgent pour tes amis,
afin qu'ils t'affectionnent de
plus en plus. Souhaite à tes
ennemis d'être malades et
pauvres, afin qu'ils ne soient
pas en état de te molester
Souhaite que tout réussisse
à tes amis. — Agis toujours
bien avec ta femme, de crainte
qu'elle ne cherche à faire
l'essai d'un autre homme.
Car les femmes sont natu-
rellement volages et légères,
elles pensent moins au mal
quand on les traite avec
égard.

rible à ses ennemis, facile et
commode aux autres, bien
traiter sa femme.

Lorsque nous aborderons la comparaison des versions,
les différences qu'elles présentent ne surprendront plus le
lecteur qui se sera pénétré des procédés d'Agoub et de
La Fontaine. Il aura le plaisir de constater que ces procédés ont été suivis de tout temps.

2° COPISTES. — Mais il y a plus : ce ne sont pas seulement
les traducteurs qui en ont pris parfois à leur aise vis-à-vis
de l'original, certains copistes eux-mêmes, par paresse ou
par inadvertance, ont aussi omis des maximes ou des épisodes, tandis que d'autres, plus zélés, en ont ajouté, de

sorte qu'il y a des lacunes d'un manuscrit à un autre manuscrit d'une même version.

Par exemple, l'édition du texte arabe publiée par Mme Agnès Smith Lewis, éd. de Cambridge, p. 1-30, est basée sur un manuscrit carchouni de Cambridge, mais on constatera que l'éditeur ajoute au texte de ce manuscrit dix passages, dont trois sont empruntés à l'édition de Salhani, p. 3, 4, 8, et sept à un manuscrit du British Museum, p. 4, 5, 7, 8, 26, 28.

De même, dans la traduction du texte slave, éd. de Cambridge, p. 9-12, les maximes 97 à 123 manquent dans les anciens manuscrits et ne se trouvent que dans deux manuscrits sud-slaves du xve siècle [1]. Nous avons toute chance ici d'être en présence d'une addition, car ces maximes, qui manquent dans les anciens manuscrits slaves, manquent aussi dans les autres versions.

Enfin les nombreuses notes critiques que M. F. C. Conybeare a ajoutées à la traduction de la version arménienne, nous apprennent encore que les manuscrits de cette version présentent de nombreuses omissions, additions, transpositions et répétitions. Vers la fin, p. 36-46, un manuscrit, qui ressemble davantage au syriaque, diffère assez des autres pour que M. F. C. Conybeare ait dû ajouter sa traduction au bas des pages.

Nous pouvons donc conclure que l'*Histoire d'Ahikar* a été très maltraitée par les traducteurs et les scribes. Sa reconstitution, pour être fidèle, exigerait d'abord une édition soignée de chaque version basée sur le plus grand nombre possible de manuscrits et ensuite une comparaison des versions ainsi établies.

---

1. On remarquera aussi que ces maximes, inconnues des autres versions et que nous traduisons plus loin (app. III, 237-260), commencent toutes par « mon fils Anadan », tandis que les autres maximes slaves portent seulement « mon fils », comme le syriaque et l'arabe.

II. La version syriaque.

MANUSCRITS. — Cette version est contenue dans de nombreux manuscrits dont un seul a été édité ; tous semblent de provenance nestorienne : l'*Histoire d'Ahikar* s'est propagée surtout vers la Perse et l'Arménie et peu vers l'Occident.

I. (*I*) Une seule feuille d'un manuscrit nestorien du XII° au XIII. siècle, *add.* 7200, fol. 114, conservée au British Mus. r. C'est cette feuille qui a permis à Hoffmann d'identifier le Haïkar des contes arabes avec l'Ahikar du livre de Tobie. Elle a été publiée et traduite en anglais dans l'édition de Cambridge, texte p. 33 à 36, traduction p. 56-58 [1].

II. (*C*) Cambridge, *add.* 2020. Manuscrit syriaque nestorien sur papier, terminé le mardi 18 octobre 1697. Il comprend :

1° L'histoire de Rabban Hormizd, anachorète persan, fol. 1°, éditée et traduite en anglais par W. Budge, Londres, 1902.

2° Sur la résurrection des morts, fol. 42°.

3° Histoire de Jean Bar Malké, fol. 52°, éditée par le R. P. Bedjan, *Acta martyrum et sanctorum*, t. I, p. 344.

4° Martyre de l'évêque Milès, du prêtre Aborsam et du diacre Sinaï, fol. 61, édité par le R. P. Bedjan, *loc. cit.*, t. II, p. 260.

5° Les Proverbes, c'est-à-dire l'histoire d'Ahikar le Sage, fol. 66, texte édité et traduit en anglais dans l'édition de Cambridge, texte, p. 37-72, traduction, p. 58-86.

---

1. Le texte est le même, à peu de chose près, que celui du ms. *C* ; c'est donc une même traduction, mais il y a des omissions et surtout des interversions dans les maximes. Voici leur concordance avec notre édition : 1, 2, 3, 4, 5 (= 48), 6 (= 84), 7 (= 8), 8 (= 85-86), 9 (= 11 b), 10 (= 12), 11 (= 15), 12 (= 16), 13 (= 19), 14 (= 22), 15 (= 23), 16 (= 24), 17 (= 25a), 18 (= 25b), 19 (= 26), 20 (= 28), 21 (= 79).

6° Extrait des maximes de Salomon, fol. 78, Eccli. xviii, 30 31 , xix, 10 ; xv, 16.

7° Proverbes (fables) du sage Iosipos (Esope) Cf *infra*, chap VI *Ahikar et les fabulistes*

8° Histoire de Mar Iareth d'Alexandrie.

9° Martyre de saint Georges, d'Antonin et de la reine Alexandra, au temps du roi impie Dadiana, fol. 97, édité par le R. P. Bedjan, *loc. cit.*, t. i, p. 277.

10° Autre extrait des Proverbes (fables) de Iosipos, fol. 105ᵛ. Cf 7°.

11° Histoire de Jean de Dailam, en vers de douze syllabes, fol. 109

12° Histoire des huit enfants d'Éphèse, fol. 121, éditée en particulier par le R. P. Bedjan, *loc. cit.*, t. i, p. 301.

13. Histoire de Christophore, fol. 131.

14° Histoire de Daniel, disciple de Mar Eugène, fol. 141ᵛ, éditée par le R. P. Bedjan, *loc. cit.*, t. iii, p. 481.

15° Histoire de la bienheureuse vierge Marie, fol. 153ᵛ ; éditée et traduite en anglais par W. Budge, Londres, 1899. Cf. *A catalogue of the Syriac manuscripts preserved in the library of the University of Cambridge*, by the late W. Wright, Cambridge, 1901, p. 583-589.

Cette analyse un peu longue a l'avantage de montrer au milieu de quels récits est encadrée *l'Histoire d'Ahikar*. Les manuscrits suivants n'ont encore été utilisés pour aucune édition.

III. (*B*) Le manuscrit de Berlin, Sachau *336*, décrit et résumé en allemand par M. Sachau sous le n° *134* dans son catalogue des manuscrits syriaques de Berlin, p. 437-442. C'est un manuscrit récent écrit en 1883 ou 1884 à Tell Kêf. Il a été utilisé par M. B. Meissner et par M. Lidzbarski, mais jamais édité ni collationné. M. Lidzbarski le déclare même très corrompu. La Bibliothèque de Berlin nous a rendu le service, il y a plusieurs années, de nous prêter ce manuscrit en même temps que le n° 167 (Sachau

315) [1]. Nous l'avons alors transcrit et nous en publions ici la première traduction.

Ce manuscrit ajoute de nombreux titres ; quelques-uns sont en évidence, mais la plupart ont été fondus par les scribes avec l'histoire et la rendent par endroits inintelligible, si on ne remarque pas l'existence du titre. On trouve par exemple en *scriptio continua* (c. XII-XIII) :

« Et le bruit se répandit dans l'Assyrie et à Ninive que Ahikar était tué. Ahikar le scribe fut caché. Alors Nabousemak, avec ma femme Esfagni, alla me faire dans la terre une cachette de trois coudées de large. »

Les mots « Ahikar le scribe fut caché » nous ont fourni le titre du c. XIII. Nous avons divisé les chapitres en paragraphes pour faciliter les renvois.

La rédaction du manuscrit *B* [2] est souvent plus allongée que celle de *C* , quelquefois c'est une interpolation, mais d'autres fois c'est la rédaction originale, car elle se retrouve dans d'autres versions, tandis que, dans ces passages, *C* n'est qu'un abrégé. Nous avons donc complété ces deux manus-

---

1. Nous avions demandé ce dernier ms. pour y relever un fragment relatif au monastère de Qennesré, fondé par Jean Bar Aphthonia. Nous avons analysé ce fragment dans *Vie de Jean Bar Aphthonia*, Paris, 1902, p. 13-14, et nous l'avons fait connaître au congrès des orientalistes d'Alger (avril 1905), cf. *Compte rendu du XIV⁰ congrès international des orientalistes*, t. II *Note sur le monastère de Qennesré*. Par contre, depuis 1901, nous n'avions fait aucun usage de notre transcription d'Ahikar.

2 La rédaction de ce ms. renferme quelques mots grecs que nous avons mis entre parenthèses dans notre traduction Ces mots peuvent ne pas appartenir à la rédaction primitive, à moins qu'ils n'aient été usités alors On trouve aussi des formes araméennes comme I, 2, *ápadnó* (cf. Dan., II, I, 3 , III, 10 , XI, 45), lorsque les autres mss. syriaques portent le mot syriaque *bîron* et l'arabe *qasr* , II, 1, *mîlotô* ; II, 3, *fannéq* , XXX, 26, *hîcal*, au sens, non de temple, mais de palais comme en assyrien, cf Daniel, IV, 4 , VI, 18 Ce mot est étudié par Rendel Harris, p. LXXXIII.

crits l'un par l'autre [1], en attendant que l'étude des manuscrits suivants non encore utilisés permette d'arriver à une
édition définitive.

IV. Le manuscrit *165* (Sachau *162*) de Berlin renferme,
fol. 86-92, un fragment en syriaque sur Aḥikar. Ce fragment
est du xvᵉ siècle Cf. *Verzeichniss der syrischen Handschriften (der kœnigl. Bibl. zu Berlin)*, Berlin, 1899,
p. 518-519.

V. *Or. 2313*, au Brit. Museum, manuscrit nestorien sur
papier, écrit du xvıᵉ au xvııᵉ siècle, tronqué au commencement et à la fin. Bien des pièces aussi sont incomplètes.
Après d'autres histoires, on trouve, fol. 172 à 180, un
fragment de l'*Histoire d'Aḥikar* écrit en syriaque. Cf. *Descriptive list of syriac and karshuni mss. in the British
Museum acquired since 1873*, by G. Margoliouth, Londres,
1899, p. 8. M. E. W. Brooks nous a appris que ce fragment commence au moment où Aḥikar révèle son nom au
roi d'Égypte et se termine avec la comparaison 117
(c. xxxiii).

VI. Au couvent des Chaldéens de Notre-Dame des Semen-
ces, à neuf heures au nord de Mossoul, dans la montagne
de Beit 'Edri se trouve un manuscrit syriaque de l'*Histoire d'Aḥikar, le scribe du roi d'Assyrie Sennachérib, et
de son neveu Nadan*; cod. *100*, écrit en 1883. Cf. *Journal asiatique*, Xᵉ série, t. viii (juillet-août, 1906), p. 62.

VII-IX. Trois manuscrits syriaques de l'*Histoire d'Aḥikar*
sont conservés à Ourmiah. M. Rendel Harris a reçu, trop
tard pour l'utiliser, la collation de deux d'entre eux. Il dit
(p. 163) que les variantes sont moins nombreuses dans le
cours de l'histoire que dans les maximes, dont l'ordre est
aussi modifié.

1. Ils sont de même famille, parce que les maximes y sont disposées
exactement dans le même ordre, mais tous deux ont des lacunes et
des modifications propres. Chacun d'eux ne représente donc qu'im-
parfaitement l'original.

IMPORTANCE DE CETTE VERSION. — On s'accorde à reconnaître que la version syriaque provient directement de l'original araméen ou de sa traduction en hébreu moderne De plus. elle semble la source immédiate ou médiate de toutes les versions qui nous restent. Voir p 29.

Nous ajoutons ici la concordance des maximes et des comparaisons de la version syriaque avec celles des autres versions : arabe, éthiopien, arménien, slave et néo-syriaque (ou édition Salhani) Dans la colonne du syriaque, les nombres entre parenthèses sont ceux de l'edition de Cambridge ; ils sont écrits à la suite de ceux de la présente édition [1]. Dans les autres colonnes, les nombres renvoient à l'édition de Cambridge, hors *N S* ou Salh qui renvoient à l'édition de M. Lidzbarski [2] (traduction du *Néo-Syriaque*, complétée à l'aide de l'édition *Salhani*.

SYRIAQUE	ARABE	LTH	ARM	SI.	SALH	
1 (1)	1	1	2	1	1	Arm. à la fin.
2 (2)	2	1ᵇ	1ᵃ	2	2	
3 (3)	3, 5		1ᶜ	3ᵃ	3	
4 (4)	6		1ᵇ	3ᵇ		
5					4	
6					5	
7					6	
8 (5)	9		2	4, 15	7	Cf 19, 72
9 (6)			3ᶜ			
10 (7)	10		3		8	
	11ᵃ		45ᵃ	6ᵃ		
11 (8)	11ᵇ	4	45ᵇ	6ᵇ	9	
	11ᶜ					
12 (9)	12	5	4	7ᵃ	10	

1 Nous avons numéroté toutes les maximes (III, XXXIII, et app) à la suite les unes des autres.

2. Editeur du ms. Sachau *339* (néo-syriaque), cf *Verzeichniss der syrischen Handschriften*, Berlin, 1899, p. 815 — Ces tableaux ont déjà été publiés par M. P. Vetter (cf. *supra*, III, I, 15). Pour donner une vue d'ensemble du fond commun des diverses versions, nous les reproduisons en les complétant par endroits.

SYRIAQUE	ARABE	ÍTH.	ARM	SL.	SAHI.	
13, 14 (10)	13		7		11	
15 (11)			5	7[b]	12	
16 (12)	14		6		13	Cf. 18.
17			59 (?)	75 (?)	14	
18			10[e] (?)	13 (?)		Cf. 16.
19 (13)	16	6	9		15[a]	
20					15[b]	
21						
22 (14)	17	7	10[a]	10	16	
23 (15)	18		10[b]	12	17	Cf. Arm 27.
24 (16)	19[a]		10[d]	13[b]	18[a]	
25 (17)	58		11, 97	11, 14	18[b]	
26 (18)	8		13			
27 (19)						Cf. 5, 72.
28 (20)	19[b]58[b]					
29 (21)	21	9	12	17	20[a]	
30					20[b]	
31	22	8			21	
32 (22)	23	10	14	18, 19	22	
33 (23)	24	11	14		23	
34, 35 (24)	25					
36 (25)			17	23		
37 (26)	26		10, 78	24, 25		
38 (27)	27		19	27		
39 (28)	28, 29		20, 21			
40[a] (29)	31[a]		22[a]	29		
40[b] (30)			22[b]			
41						
42[a] (31)	31[b]		23	31		Cf. Sl. 30.
42[b] (32)						
43 (33)			41	45		
44 (34)	33		42			
45 (35)			85	92		
46 (36)	30		43			
47 (37)			44[a]	46		Cf 56
48 (38)	35[a]	2	26[c]			Grec, 11.
49 (39)	35[b]		47			
50 (40)	36		64 ?	49		
51 (41)	37		65	50		
52						

SYRIAQUE	ARABE	ÉTH.	ARM.	SL.	SALH.	
53 (42)	39		66			Cf. 47 et Arm.
54 (43)			67	52, 91.		15
55 (44)			68	112		
56			69ᵃ	54ᵃ		
57 (45)			69ᵇ	54ᵇ		
58 (46)			69ᶜ	55		
59 (47)			66			Cf 42
60						Hébreu, p. 19
61			70			
62 (48)	44		51	59		
63						Cf. 71.
64, 65 {(49ᵃ)	46		73ᶜ	62		
(49ᵇ)	7, 47	12	50	63		
66, 67 {(50ᵃ)	48ᵃ			64		
(50ᵇ)	48ᵇ		25	34		
68, 69 (51)	49 à 52		52	65		
70 (52)	53					
71 (53)	45	13		72		Cf. 63.
72 (54)			56		24ᵃ	
73ᵃ (55)	54ᵇ	3	57	73	24ᵇ	Cf. 85, 86.
73ᵇ						
74, 75 (56)			91		25	
76 (57)	56		77	123		
77 (58)						
78 (59)			60	77		
79ᵃ (60)	58ᵃ			79	26ᵃ	
79ᵇ (61)	38, 55		80ᵇ	80	26ᵇ	
80 (62)	59	14	83	82	27	
81 (63)						
82 (64)	20		80ᵃ	84	19	
83 (65)	38, 62		28,81ᵃ	37	30ᵃ	
84 (66)			81ᵇ	86		
85						
86						
87 (67)	60	15	38	42, 43	28	
88 (68)	63		82		30ᵇ	
89 (69)	64					
90 (70)	65					
91 (71)	66				31	
92 (72)						Cf. 5, 19.

SYRIAQUE	ARABE	ÉTH.	ARM	SL.	SAI H.
93 (73)	61[a]			96	29
94 (74)			84		
95 (75)			26, 27	35	

COMPARAISONS SYRIAQUES

SIR.	AR.	ÉTH	ARM.	SL.	NS.	
96 (1)	2		1		1	
97 { (2[a])	1,25-18		2, 3, 5.	1,12 13	2	Cf 23, 30-32
{ (2[b])	3		7			
98 (3)	4		8			
99 (4)	5		9	2		
100 (5)	7		10	3	3	
101 (6)	6		18	4	4	
102 { (7[a])	{ 8, 10		12[b]			Cf. 8,
{ (7[b])	{ 9		12[c]			
103, 104 (8)			12[a]not		6	Cf. 7[a].
105 (9)			17	5		
106 (10)	12		15	6		
107 (11)	11					
108 (12)	13		12[d]			
109 (13)				8		Cf. 115.
110 (14)	14		11			
111 (15)	15				7	
112 (16)	18					
113 (17)	16		19		8	
114 (18)	17		24			
115						Cf. 108.
116						Cf. 129[b].
117 (19)			6			
118 (20[a])	19		14[a]			
119 (20[b])	20		14[c]			
120 (20[c])	21		14[b]			
121 (21)						
122						Cf. 126[a].
123						Cf. 126[b]
124 (22)						
125 (23)					9	Cf 2[a], 30-32.
126 (24)	22		12[a]			
127 (25)			13			

SYR	AR.	LTH	ARM.	SL.	NS	
128 (26)	23		20	10	10	
129ᵃ (27)	24		21			
129ᵇ (28)						Cf. 116.
130 (29)				11		
131ᵃ (30)	25				11ᵃ	Cf. 2ᵃ, 23.
131ᵇ (31)	26				11ᵇ	
132 (32)	28				12	
133 (33)	29		4		13	
134 (34)			22	14	14	
135 (35)	31		25	9		
136	32					
137 {(36ᵃ)	33		16	15	15	
{(36ᵇ)	34		23	16		
138 (37)						Cf. arm 7, 26ᵃ
139 (38)	35			18		
140 (39)	36			19	16	
141 (40)					17	
142 (41)	38		26			

III. La version néo-syriaque.

Le manuscrit syriaque de Berlin 290 (Sachau 339) renferme un texte arabe de l'*Histoire d'Ahikar* et, en face, sa traduction en néo-syriaque ou torani (dialecte du Tour Abdin).

M. Mark Lidzbarski a édité ces deux textes sur pages parallèles : *Die neuaramäischen Handschriften der königlichen Bibliothek zu Berlin*, 1ʳᵉ partie, Weimar, 1894, et a traduit le néo-syriaque en allemand, *ibidem*, Weimar, 1895, p. 1-41, 2ᵉ partie. Enfin il a ajouté un glossaire lithographié, *ibidem*, 3ᵉ partie, Weimar, 1895. Cf. p. 18-19.

Cette version présente de nombreuses lacunes : M. Lidzbarski en a comblé un certain nombre (toutes les maximes et, en plus, les comparaisons qui correspondent aux numéros 98, 106, 114, 116, 119, 122, 123, 129, 135, 136, 139, 142), à l'aide du texte arabe édité par Salhani. L'arabe sur lequel a été traduit le néo-syriaque est donc d'importance secondaire à cause de toutes ces lacunes, mais il porte le discours direct comme le syriaque et se sépare nettement de tous les autres textes arabes. Il est, sans doute possible, un abrégé arabe de la version syriaque. Nous donnerons à l'occasion ses principales différences.

IV. Les versions arabes.

Il existe en arabe au moins deux versions et un remaniement :

1 L'une de ces versions, base du néo-syriaque, éditée par M. Lidzbarski, vient d'être mentionnée. Elle provient certainement du syriaque.

2. La seconde est conservée dans de nombreux manuscrits arabes ou carchounis (arabes, écrits en caractères syriaques) :

1º Cambridge, *add. 2886*, ms. carchouni, écrit en 1783. Il contient des miracles de la sainte Vierge (traduits du grec par Macaire, patriarche d'Antioche), et des histoires de saints (saint Georges, Jean Bar Malké, Suzanne, Job). On y trouve, fol 81 à 106, l'histoire de Ḥikar, vizir de Sanchérib, et de son neveu Nadan. C'est ce texte qui a servi de base à l'édition de la version arabe de Cambridge que nous désignons par la lettre *A* ou par *Ar*. Cf *A catalogue of the syriac manuscripts preserved in the library of the University of Cambridge*, Cambridge, 1901, p. 732-739.

2º Londres, *add. 7209*, manuscrit carchouni, qui renferme l'*Histoire d'Ahikar*, fol. 182ᵛ au fol. 213ᵛ. Ce manuscrit a été utilisé dans l'édition de Cambridge, pour compléter en quelques endroits le précédent

3º Gotha, *n. 2652*, manuscrit carchouni, utilisé par Cornill, qui lui a emprunté les maximes parallèles aux fragments éthiopiens et les a imprimées en caractères syriaques (cf. *infra*, version éthiopienne).

4° Un manuscrit carchouni (de Beyrouth ?), édité par Salhani (*Contes arabes*, Beyrouth, 1890).

5° Paris, *Ar. 3637*, traduit par Caussin de Perceval.

Les manuscrits suivants ne semblent pas avoir été utilisés :

6° Vatican, manuscrit carchouni, *n. 22*, d'Alep (cité dans l'édition de Cambridge, p. xxiii).

7°-9° Trois manuscrits arabes de Copenhague et du Vatican, *ibid.*

10° *Or. 2326*, au Brit. Museum, ms. sur papier du xvi° siècle, contient, fol. 65 à 105, un fragment de l'histoire de Ḥaikar, écrit en carchouni. Cf. *Descriptive list of Syriac and Karshuni mss. in the British Museum acquired since 1873*, by G. Margoliouth, Londres, 1899, p. 12.

11° Manuscrit carchouni *146* de l'archevêché chaldéen de Diarbékir (xviiᵉ siècle). Cf. *Journal asiatique*, Xᵉ série, t. x (1907), p. 421.

12° Paris, *Ar. 3656*, fol. 32-46. Nous en avons collationné la première page, les trois premières maximes et les deux dernières lignes, et l'avons trouvé conforme au texte de l'édition de Cambridge.

3. Le texte traduit dans les éditions des *Mille et une nuits* est un remaniement. On y trouve deux textes bien différents : d'abord la traduction d'Agoub faite, dit-il, sur deux manuscrits — ces deux manuscrits devaient ressembler beaucoup à ceux de la seconde version — en second lieu la traduction publiée par Chavis et Cazotte, que nous citons sous la lettre *F*. La traduction de Caussin de Perceval, sans être littérale, est plus fidèle que celle d'Agoub. Nous la citons d'après l'édition Pourrat (*supra*, p. 15, note 1) des *Mille et une nuits*.

La version arabe provient d'un texte syriaque, car il en est presque toujours ainsi : tout texte ecclésiastique syriaque est traduit en carchouni ; de plus, dans l'édition Salhani, traduite par M. Lidzbarski, l'ordre des maximes est presque identique à l'ordre du syriaque (voir ci-dessus la concordance de la version syriaque avec les autres versions). Dans l'édition de Cambridge elle-même, la concordance est encore frappante (*ibidem,* colonne de l'arabe).

M. Vetter tient que l'arabe édité à Cambridge est un remaniement d'un texte arabe perdu qui aurait été traduit directement sur l'hébreu. Car, dit-il, la version arménienne donne au bourreau l'épithète de « *nayib* » qui est un mot arabe et doit donc s'être trouvé dans la version arabe sur laquelle on a traduit l'arménien. Cette version arabe n'est pas l'actuelle qui porte *sayyaf* au lieu de *nayib.* C'est une version perdue, et cette version perdue ne venait pas du syriaque, qui ne porte pas de mot ressemblant à *nayib.* Elle provenait de l'hébreu original, qui portait sans doute *nesib,* lequel mot pouvait se traduire par *nayib.* Les raisonnements de ce genre reposent sur une base bien fragile, car ils supposent que le traducteur se croit tenu de rendre fidèlement un mot par un mot correspondant. Or ceci a lieu assez rarement chez les Arabes et même ailleurs. Un traducteur pouvait très bien introduire *nayib* dans sa traduction sans avoir un mot absolument correspondant sous les yeux.

Nous n'ajoutons pas la concordance de l'arabe avec les autres versions, parce que l'ordre est à peu près le même que dans le syriaque et que les maximes et allégories sont moins nombreuses. La table donnée ci-dessus pour le syriaque suffit donc pour la version arabe.

V. La version éthiopienne.

On n'a pas trouvé de version éthiopienne de l'*Histoire d'Ahikar,* mais de nombreux manuscrits renferment une collection d'apophthegmes, le *Livre des sages philosophes,* parmi lesquels se trouvent quinze maximes de « Haikar ».

L'ouvrage a été étudié par M. C. H. Cornill, *Das Buch*

der weisen Philosophen nach dem Æthiopischen untersucht und zur Erlangung des Doctorgrades bei der phil. Fac. zu Leipzig eingereicht, Leipzig 1875. in-8, 58 pages. Dillmann en donne un court extrait dans sa *Chrestomathie,* p. 40-45 ; il provient de l arabe, comme nous l'apprend le traducteur : « Ce livre a été traduit de l'arabe en langue gheez par Mikael, fils de l'évêque Abba Mikael, avec le secours du Saint-Esprit. » Cette collection arabe-éthiopienne comprend des maximes de Socrate, Diogène, Platon, Aristote Pythagore Galien, Hippocrate, Alexandre, Démocrite Ptolémée, Héraclus, Thémistius, Simonide, Hermès, Buzurgimihr, Arestûlâ, Sôles. Kersis, Kasri, Cicéron, Sextus. saint Grégoire, saint Basile, David, Salomon, Ḥaikar. M. Cornill croit qu'elle a été compilée par un moine. Elle montre du moins que les maximes de Ḥeykar ont eu cours chez les Arabes indépendamment de son histoire. M. Cornill traduit les quinze maximes d'Aḥikar (p. 19-21), et donne la version éthiopienne d'après deux manuscrits (l'un de Francfort et l'autre de Tubingue' [1], avec le texte carchouni du manuscrit de Gotha (p. 40-44).

M Moritz Steinschneider [2] a rattaché la version éthiopienne du *Livre des sages philosophes* à une compilation arabe faite par le médecin chrétien Abou Zaid Honein ibn Ishaq al-Ibadi [3], dont il reste au moins une traduction espagnole complétée par Abul-wafa ibn Fatik et traduite sous cette dernière forme en espagnol, en latin et en français. Voici la filiation proposée par M Moritz Steinschneider :

---

1 Autres manuscrits du *Maṣhafa Falasfâ Tabibân (Livre des sages philosophes* à Paris, coll d'Abbadie, n. 26, 73, 81, 122, et à Vienne, n. XVI et XIX

2 *Die Hebraeischen Uebersetzungen des Mittelalters,* Berlin, 1893.

3 Cette collection fut sans doute traduite directement sur le grec, en majeure partie du moins, car Honein (mort en 873) est surtout célèbre par ses traductions de livres grecs en syriaque et en arabe Cf R Duval, *La littérature syriaque,* 3e ed , Paris, 1907, p. 386

Honein ibn Ishak (✝ 873) a compilé un recueil de sentences et d'anecdotes. Il y a en effet à l'Escurial deux manuscrits intitulés : *El libro de los buenos proverbios que dixeron los philosophos et sabios antiguos... e translado este libro Joanicio fijo de Isaac* (Honein ibn Ishaq) *de griego en Aravigo et transladamo lo nos de aravigo en latin.*

L'éthiopien a utilisé l'arabe de Honein ; il y a deux recensions de cet éthiopien, l'une étudiée par C H Cornill et l'autre conservée dans le ms. éth. de Paris, n. *159* (Catal. Zotenberg, p 259)

Abul-Wafa Mubaschir ibn Fatik, vers 1053, a complété le recueil précédent par des notices sur les auteurs. On trouve cette rédaction traduite dans de nombreux manuscrits latins Renzi a édité cette traduction latine dans sa *Collectio Salernitana*, Naples, 1854, t. III, 69-150 d'après le mauvais manuscrit *6069* de Paris, où cette collection est attribuée à tort au fameux médecin Jean Procida. Elle a même été traduite en français par Guil de Tignonville [1].

La version française, intitulée *Les dietz moraulx des Philosophes translatez de latin* [2] *en francoys par noble homme messire Guillaume de Tignonville chevalier, conseiller et chambellan du Roi*, Paris, 1531 [3], ne renferme plus aucune maxime d'Ahikar [4], mais contient par contre un long

---

1 Écrit aussi Tignoville et Thignoville. Il vivait dans la seconde moitié du XIVe siècle et au commencement du XVe

2 D'après Gildemeister, cette traduction latine aurait été faite sur une ancienne version espagnole intitulée *Bocados d'oro* (paroles d'or) et éditée en dernier lieu par la société littéraire de Stuttgart (par Knunst, en 1880) Cf Steinschneider, *loc cit.*

3 L'ouvrage a été imprimé d'abord à Bruges, sans date puis à Paris en 1486, 1531, 1560, etc

4 Elle contient des maximes d'Alexandre et des philosophes : Aristote, Assaron, Bath, Diogène, Galien, Hermès, Hippocrate, Logman, Magdarge, Omer, Oneze, Platon, Pythagore, Ptolémé, Sédéchias, Socrate, Thésille, Hippocrate, Zabion, Zalon, Zaqualquin. Presque tous ces noms figurent dans le recueil étudié par M. Cornill.

chapitre intitulé : *Ci-après s'ensuyvent les dictz moraulx de Logman philosophe,* différents de ceux d'Ahikar contenus dans l'autre recueil. Il nous faut donc admettre, si nous acceptons la filiation proposée par M. Steinschneider, que si Honein a inséré des maximes d'Ahikar (sans doute d'après la version syriaque) dans sa compilation, celles-ci ont été remplacées dans la rédaction d'Abul-Wafa par des maximes différentes attribuées à Loqman (cf. *supra,* ch III, vi, 3°).

Voici la concordance des maximes conservées dans la version éthiopienne.

ÉTH	SYR.		AR.	ARM.	SL.	
1ᵃ	1	(1)	1	fin	1	
1ᵇ	2	(2)	2	1ᵃ	2	
2	18	(38)	35ᵃ	26ᶜ		Grec 11.
3	73ᵃ	(55)	54ᵇ	57	73	
4	11	(8ᵇ)	11ᵇ	45ᵇ	6ᵇ	
5	12	(9)	12	4	7ᵃ	
6	19	(13)	16	9		
7	22	(14)	17	10ᵃ	10	
8	31		22			
9	29	(21)	21	12	17	
10	32	(22)	23	14	18, 19	
11	33	(23)	24	14		
12	64	(49ᵇ)	7, 47	50	63	
13	71	(53)	45		72	
14	80	(62)	59	83	82	
15	87	(67)	60	38	42,43	

VI. La version arménienne.

Cette version a été éditée et traduite par M. F. Conybeare d'après huit manuscrits d'Edjmiatzin, d'Oxford, de Paris et de Venise (éd. de Cambridge, p. xxiv-xxvi, 24-55, 125-162). C'est la seule qui ait un apparat critique

suffisant et qui n'exige pas une nouvelle édition [1]. M. Vetter
en a donné une traduction allemande et a voulu établir
qu'elle provient d'une version arabe, car les noms propres
ont la forme arabe : Khikar, Abousmaq. De plus, l'arménien
appelle Abousmaq le « nayip » du roi, qui n'est autre
que l'arabe « nayib », le « gouverneur ». Cette traduction
n'aurait donc été faite qu'au moment où l'on introduisait
l'arabe dans l'arménien, c'est-à-dire après le xe siècle [2]. En
fait, les manuscrits arméniens utilisés sont assez récents
(du xve au xixe siècle), cependant M. J. Daschian a relevé
dans l'ancienne littérature arménienne (v[e]-viie siècle) un
certain nombre de passages parallèles à Ahikar. Ces passages, d'après M. Vetter, proviendraient non d'Ahikar mais
de sources parallèles. Il n'est pas impossible pourtant
qu'il y ait eu plusieurs versions arméniennes. Du moins, la
version actuelle peut n'être qu'un remaniement, fait sous
une influence arabe, d'une version plus ancienne. Cette
hypothèse permettrait de regarder les formes arabes comme
des corrections ou des interpolations et d'admettre la pos-
sibilité d'une ancienne version arménienne faite sur le
syriaque [3].

1. Cette version abrège « l'histoire ». Après avoir mentionné, comme
le manuscrit syriaque *B*, le recours d'Ahikar aux idoles, elle omet,
par une sorte d'homoiotéleutie, le recours au vrai Dieu. Plus loin
(c. V à VIII), elle omet les lettres prétendues d'Ahikar aux rois
d'Égypte et de Perse (un seul manuscrit arménien contient la lettre au
roi d'Égypte, il omet d'ailleurs, comme tous les autres manuscrits arméniens, la lettre au roi de Perse). Ses particularités, par rapport au
syriaque *B*, sont donc plutôt des fautes que des qualités.

2. C'est aussi l'avis de M. F. C. Conybeare (éd. de Cambridge,
p. LXXXI). Le plus ancien manuscrit est à peu près de l'an 1500. Cependant les différences des manuscrits montrent que la version est
plus ancienne, ses caractères linguistiques la reporteraient au xii[e]
ou au xiiie siècle.

3. Dans la première partie de son étude (1904, p. 330) M. Vetter
admettait d'ailleurs que l'arménien venait du syriaque ; de plus un

Un bon nombre des maximes arméniennes ne figurent ni dans le syriaque actuel, ni dans l'arabe. Nous les traduirons plus loin (appendice II, n 158-209). Nous ajoutons donc ici la table de concordance de la version arménienne avec les autres versions pour fixer l'ordre relatif des maximes et l'endroit où l'on trouvera leur équivalent ou leur traduction [1].

ARM.	SYR. [2]	AR.	SL.	ÉTH.
1ᵃ	(2) 2	2	2	1ᵇ
1ᵇ	(4) 4	6	3ᵇ	
1ᶜ	(3) 3	3, 5	3ᵃ	
2	(5, 19, 72) 8, 27, 92	9	4, 15	
3	(7) 10	10		
4	(9) 12	12	7ᵃ	5
5	(11) 15		7ᵇ	
6	(12) 16, 18	14		
7	(10) 13, 14	13		
8	11 (?)		8	
9	(13) 19	16		6
10ᵃ	(14) 22	17	10	7
10ᵇ	(15) 23	18	12	
10ᶜ			13ᵃ	
10ᵈ	16) 24	19ᵃ	13ᵇ	
11	(17) 25	58	11, 14	Cf. 61, 97
12	(21) 29	21	17	9
13	(18) 26	8		

manuscrit arménien (Oxford. canon. oriental *131*) se rapproche du syriaque plus que les autres et nous oblige de choisir entre l'hypothèse d'une version faite sur l'arabe et influencée ensuite par le syriaque et celle d'une version faite sur le syriaque et influencée ensuite par l'arabe. Nous préférons la seconde.

1. Par exemple 16 = 158 signifie que la seizième maxime arménienne a été traduite par nous sous le n. 158 (cf. app. II).

2. Nous mettons encore entre parenthèses les numéros de l'édition de Cambridge et donnons ensuite les numéros de la présente édition (III, XXXIII et app.). Les numéros des autres colonnes se rapportent à l'édition de Cambridge (et à la numérotation de M. P. Vetter).

ARM.	SYR.	AR.	SL.	ÉTH
14	(22, 23) 32, 33	23, 24	18, 19	10, 11
15	(42, 44) 53, 55	41		Cf. 66
16 = 158			21	Cf grec 13.
17	(25) 36		23	
18	(26) 37	26	24, 25	Cf. 78.
19	(27) 38	27	27	
20, 21	(28) 39	28, 29		
22ᵃ	(29) 40ᵃ	31ᵛ	29	
22ᵇ	(30) 40ᵇ			
23	(31) 42ᵃ	31ᵇ	31	Cf. Sl. 30.
24 = 159		34 (?)	33	
25	(50ᵇ) 67	48ʰ	34	Cf. 27
26	(75) 95		35	
27 = 160				Cf. 26
28	(61) 79ᵇ	38, 55	37	
29 = 161				
30 = 162			38 (?)	
31 = 163			39	
32 = 164			40	
33 = 165				
34 = 166				
35 = 167				
36 = 168		57	41	
37 = 169				
38	(67) 87	60	42, 43, 45 119	
39	(6) 9			
40 = 170				
41	(33) 43		45	
42	(34) 44	33		
43	(36)	30		
44ᵃ	(37, 56) 47, 74-75		46	
44ᵇ			80	
45ᵃ	(8ᵃ) 11ᵃ	11ᵃ	6ᵃ	
45ᵇ	(8ᵇ) 11ᵇ	11ᵇ	6ᵇ	4
46 = 171				
47	(39) 49	35ᵇ		
48 = 172				
49 = 173				
50	(49ᵇ) 65	7, 47	63	12

ARM.	SYR.	AR.	SL.	ÉTH.	
51	(48) 62	44	59		
52	(51) 68, 69	49	65		
53 = 174		50			
54 = 175	44 (?)		67 (?)		
55 = 176		4, 54ᵃ	22, 67, 72		
56	72		54		
57	(55) 73ᵃ, 85, 86	54ᵇ	73	8	
58 = 177			74		
59 = 178	53 (?)		75		
60 = 179	(59) 78		77		
61 = 180	25				Cf 11, 97.
62 = 181					
63 = 182					
64	[40 (?)] 50	36	49		
65	(41) 51	37	50		
66 = 183					Cf. 15.
67	(43) 54		52, 91		
68	(44) 55		112		
69ᵃ = 184		40	54ᵃ		
69ᵇ	(45) 57		54ᵇ		
69ᶜ	(46) 58		55		
70 = 185	61				
71 = 186			56		
72 = 187					
73ᵃ = 188ᵃ			58		
73ᵇ = 188ᵇ			61		
73ᶜ = 188ᶜ	(40) 64	46	62		
74 = 189			68		Cf. grec 9.
75 = 190			69		
76 = 191					
77 = 192		56	123		
78 = 193					Cf. 18.
79 = 194			76		
80ᵃ = 195ᵃ	(64) 82	20	84		
80ᵇ = 195ᵇ	(61) 79ᵇ		80		
81ᵃ	(65) 83	62			
81ᵇ	(66) 84		86		
82	(68) 88	63			
83	(62) 80	59	82	14	
84	(74) 94				

ARM.	SYR.	AR.	SL.	...
85	(35) 45		92	
86 à 90 $=\}$ 186 à 200				
91	(56) 74-75			
92 à 96 $=\}$ 201 à 205				
97 = 206				Cf. 11, 61.
98 à 100 $=\}$ 207 à 209				

COMPARAISONS ARMÉNIENNES

ARM.	SYR.	AR.	SL.	
1	96 (1)	1		
2	97[a] 131-132 (2[a], 30-32)	1, 3[a] 25-28	1, 12 13	Cf. 3, 5.
3				Cf 2, 5.
4	133 (33)	29		
5				Cf 2, 3.
6	117 (19)			
7	138 (37)			Cf 26[a]
8	98 (3)	4		
9	99 (4)	5	2	
10	100 (5)	7	3	
11	110 (14)	14		
12[a]	126 (24)	22		
12[b]	102[a] (7[a])	8, 10		
12[c]	102[b] (7[b])	9		
13	127 (25)			
14[a]	118 (20[a])	19		
14[b]	120 (20[c])	21		
14[c]	119 (20[b])	20		
15	106 (10)	12	6	
16	137[a] (36[a])	33	15	
17	105 (9)		5	
18	101 (6)	6	4	
19	113 (17)	16		
20	128 (26)	23	10	
21	129[a] (27)	24		
22	134 (34)	14		

ARM.	SYR.		AR.	SL.
23	137ᵇ	(36ᵇ)	34	16
24		(18)	17	
25	135	(35)	31	9

Les deux derniers paragraphes arméniens (26-27) sont traduits aux variantes sous le r. 142.

VII. La version slave.

La traduction allemande de cette version (*Der weise Aky-rios*) publiée par V. Iagic dans la *Byzantinische Zeit-schrift*, t. ι (1892), p. 107-126, a été traduite en anglais dans l'édition de Cambridge (p. xxvi et 1-23).

M. V. Iagic écrit que la diffusion de l'histoire d'Ahikar dans les littératures slave, serbe, roumaine, fait conclure à un original grec. Il n'en apporte d'ailleurs aucune preuve directe. La forme grecque *Akyrios* n'est pas un argument en faveur de l'origine grecque du slave, car elle semble due à M. Iagic, puisqu'il nous avertit que tous les manuscrits slaves portent *Akir* (le serbe seul porte *Akyrie* d'où le tra-ducteur a fait *Akyrios*). Or *Akir* peut dériver directement d'Ahikar avec suppression de l'aspiration ḥ [1]. De plus, lorsque le syriaque porte par quatre fois : « la plaine des Aigles (Nešrin) » (ch. v, vi, viii), le slave porte autant de fois (p. 12, lig. 26 ; p. 13, lig. 1, 20, 22) : « la plaine d'É-gypte » ce qui n'offre aucun sens puisqu'il s'agit d'une plaine de Babylonie. Nous pensons donc que le traducteur slave a lu *mešrin* (Égypte) au lieu de *nešrin* (aigles), ce qui supposerait encore un original sémite. De même la forme slave « Nalon » du nom du roi de Perse ne nous rait pouvoir s'expliquer que par une mauvaise lecture du syriaque 'Elam (noun pour aïn). Cf. *supra*, p. 13, note 2.

La version slave a donc toute chance de provenir aussi

1. Ou même du Hikar arabe.

du syriaque. Si elle provient d'un texte grec non retrouvé, celui-ci du moins se rattache au syriaque, comme le grec du *Syntipas* et une partie de la biographie d'Ésope [1].

Comme le slave renferme lui aussi un bon nombre de maximes qui lui sont propres et que nous traduisons plus loin (app. III, n. 210-261) nous ajoutons encore la table de concordance des maximes de la version slave avec celles des autres versions et les renvois aux numéros de l'appendice où nous traduisons celles qui ne se trouvent pas dans les précédentes versions.

SL.	SYR.		AR.	ARM.	ÉTH.	
1	(1)	1	1		1	
2	(2)	2	2	1^a	1^b	
3^a	(3)	3	3, 5	1^c		
3^b	(4)	4	6	1^b		
4	(5)	8	9	2		Cf. 15, 72.
5 = 210						
6^a	(8^a)	11^a	11^a	45^a		Cf. 47.
6^b	(8^b)	11^b	11^b	45^b	4	
7^a	(9)	12	12	4	5	
7^b	(11)	15		5		
8	11 (?)			8		
9	[13 (?)] 19		16	10^a	6	
10	(14)	22	17	10^a	7	
11	(17)	25	58	11, 97		Cf. 14.
12	(15)	23	18	10^b		
13^a				10^c		
13^b	(16)	24	19^a	10^d		
14						Cf. 11.
15						Cf. 4.
16 = 211						
17	(21)	29	21	12	9	

1. M. Iagic nous apprend encore que dans une recension roumaine (Gaster, *Chrestomathie roumaine*, t. II, p. 133) le roi se nomme Siuagud et le vizir Arkiri (cf. *infra*, IX, une autre recension roumaine). De plus, des sentences tirées de Ahikar avaient été publiées par le professeur Buchomlinov dans le tome IV des *Isvestija* académiques, Saint-Pétersbourg, 1855, p. 151-153.

SL.	SYR.		AR.	ARM.	ÉTH.	
18, 19	(22, 23)	32, 33	23, 24	14	10, 11	
20 = 212						
21				16		
22			4, 54ᵃ	55		Cf. 67, 72
23	(25)	36		17		
24, 25	(26)	37	26	18, 78		
26 = 213						
27	(27)	38	27	19		
28 = 214						
29	(29)	40ᵃ	31ᵃ	22ᵃ		
30	[30 (?)]	40ᵇ		22ᵇ		
31	(31)	42ᵃ	31ᵇ	23		Cf. 30.
32			32			
33			34 (?)	24		
34	(50ᵇ)	67	48ᵇ	25		
35	(75)	95		26, 27		
36 = 215						
37	(65)	83	38, 55	28		
38				30 (?)		
39				31		
40				32		
41			57	36		
42	(67)	87	60	38	15	Cf. 43, 119.
43						Cf. 42.
44 = 216						
45				41		
46	(37, 56)	47, 74, 75		44ᵃ		
47	(8²)	11ᵃ	11ᵃ	45ᵃ		Cf. 6
48 = 217						
49	(10)	50	36	64 (?)		
50	(41)	51	37	65		
51	(12, 47)	53, 59	39	15, 66		
52	(43)	54		67		Cf. 91.
53 = 218						
54ᵃ		72	40	69ᵃ		
54ᵇ	(45)	57		69ᵇ		
55	(46)	58		69ᶜ		
56				71		
57 = 219						
58				73ᵃ		

SL.	SYR.	AR.	ARM.	ETH.	
59	(48) 62	44	51		
60 = 220			73[b]		
61					
62	(49[a]) 64	46	73[c]		
63	(49[b]) 65	7, 47	50	12	
64	(50[a]) 66	48[a]			
65	(51) 68, 69	49	52		
66 = 221					Cf. 22, 72.
67	44 (?)		54 (?)		
68			74 (?)		Cf. grec 9.
69			75		
70 = 222					
71 = 223					
72	(53) 63, 71	45		13	Cf. 22, 72
73	(55) 73[a], 85, 86	54[b]	57	3	
74			58		
75	53 (?)		59		
76			79		
77	(59) 78		60		
78 = 224					
79	(60) 79[a]	58[a]			
80 = 195[b]	(61) 79[b]		80[b]		
81 = 225					
82	(62) 80	59	83	14	
83 = 226					
84	(64) 82	20	80[a]		
85 = 227					
86	(66) 84		81[b]		
87 } = { 228 à 90 } = { à 231					
91					Cf. 52
92	(35) 45		85		
93 } = { 232 à 95 } = { à 234					
96	(73) 93	61[a]			
97 } { 235 à 111 } { à 249					
112 = 250	(44) 55		68		
113 } = { 251 à 118 } = { à 256					

SL.	SYR.	AR.	ARM.	ÉTH.	
119 = 257					Cf. 42, 43.
120 à 122 } = { 258 à 260					
123		56	77		
124 = 261					Cf. 1.

COMPARAISONS SLAVES

SL.	SYR.		AR.	ARM.	
1	97ª·131-132 (2ª·30-32)		1, 3ª, 25-28	2, 3, 5	Cf. 12, 13.
2	99	(4)	5	9	
3	100	(5)	7	10	
4	101	(6)	6	18	
5	105	(9)		17	
6	106	(10)	12	15	
7					
8	109	(13)			
9	135	(35)	31	25	
10	128	(26)	23	20	
11	130	(29)			
12					Cf. 1.
13					Cf. 1
14	134	(34)		22	
15	137ª	(36ª)	33	16	
16	137ᵇ	(36ᵇ)	34	23	
17					
18	139	(38)	35		
19	140	(39)	36		

La fin du slave (20) est traduite aux variantes sous le n. 140.

VIII. La version grecque.

Une partie de l'histoire d'Ahikar et quelques-unes de ses maximes sont résumées en grec dans la vie « d'Ésope le fabuliste ».

Il en existe au moins deux recensions. La plus connue

est celle qui figure dans la rédaction de la vie d'Ésope composée par Maxime Planude, éditée déjà au xv⁰ siècle, sans date ni indication de lieu. par *Bonus Accursus Pisanus*, rééditée souvent, et récemment encore par A. Eberhard, *Fabulæ Romanenses græce conscriptæ* (éd. Teubner, Leipzig, 1872), souvent traduite, en particulier par La Fontaine.

Maxime (ou Manuel) Planude, moine de Constantinople, né à Nicomédie vers 1260 et mort vers 1310, était un grand traducteur [1] et un collectionneur de bons mots et d'épigrammes [2].

Il semble être certainement l'auteur de la recension qui porte son nom, car elle lui est attribuée par les manuscrits, et elle n'a pas encore été signalée dans des manuscrits antérieurs au xv⁰ siècle. Le manuscrit de Paris, suppl. grec 690, du xiie siècle, renferme une vie d'Ésope, mais elle est l'œuvre d'Aphtonius, auteur du iiie siècle [3], et ne renferme point le passage emprunté à Ahikar. Le manuscrit grec de Paris, n. 2894, du xiiie siècle, contient bien un folio de la vie de Planude, mais ce folio relié en tête n'appartient pas à ce manuscrit et semble aussi lui être postérieur de deux siècles.

On peut seulement se demander si Planude a utilisé directement des sources orientales ou s'il s'est borné à remanier une vie d'Ésope déjà compilée en grec

La seconde recension grecque de la vie d'Ésope, plus développée que celle de Planude, vient donner une assez

---

1. Il traduisit du latin en grec les sentences de Caton (*De moribus ad filium*, cf. *Phædri fabulæ*, Strasbourg, 1810, p. cvi, 197-216), les métamorphoses d'Ovide, quelques écrits de Boèce etc. Cf. K. Krumbacher, dans *Byzantinische Litteratur*, 2⁰ éd, Munich, 1897, p 543-546, 99-100

2. *Anthologia Planudea* Cf. K. Krumbacher, *loc. cit.*, p 727-728.

3. Cette vie a été rééditée aussi par A Eberhard, *loc. cit.*, p 306-308.

grande probabilité à la seconde hypothèse Cette seconde
rédaction a déjà été traduite en latin par Rynucius [1] Thet-
talus, au xve siècle [2], et a été éditée par Ant. Westermann,
*Vita Esopi ei Vratislaviensi et partim Monacensi et Vindo-
bonensi codicibus*, Brunswig et Londres, 1845. Nous la
désignerons par la lettre *IV*.

Souvent Planude et *IV* se correspondent phrase par
phrase avec des mots différents, comme le font deux traductions différentes d'un même texte, d'autres fois Planude
abrège et remplace le discours direct par le discours indirect.

Par exemple où *IV* porte · « Le roi dit à Ésope . Prends
cette lettre du roi d'Égypte et lis-la, » Planude écrit : « Le
roi donna à lire à Ésope la lettre du roi d'Égypte. »

De même, *IV* · « J'ai fait venir des chevaux de Grece
pour les accoupler avec les chevaux d'ici, mais lorsque
les cavales entendent hennir les chevaux de Babylone, elles
avortent. »

Planude · « J'ai ici des cavales qui conçoivent dès qu'elles
entendent hennir les chevaux de Babylone »

IV : « Tu as mal agi, Ésope, car (le chat) est l'idole de
la déesse de Bybaste, que les Égyptiens vénèrent sur tout. »

---

1. Ou Rinucius (d'où Rinicius), ou Rinuccio d'Arezzo.

2 *Vita Esopi fabulatoris clarissimi, e græco latina per Rynucium
facta, ad Reverendissimum Patrem Dominum Antonium tituli sancti
Chrysogoni Presbyterum Cardinalem , et primo prohæmium* — L'édition de cette version latine (xve siècle) est donc antérieure aux plus
anciens *manuscrits* des versions slave et arménienne d'Ahikar —
Rynucius ne prend pas parti pour ou contre les incidents fabuleux de
l'histoire d'Esope Il prend le lecteur pour juge *In hac vita (Æ-
sopi) duo tempora præcipue notanda sunt. Primum tempus est : quo
servitutem servivit ; alterum vero est quo se in libertatem vindicavit.
In utraque quædam scribuntur quæ fabularum habent effigiem.
Verum enim sive sint ficta sive vera : hoc ego legentium arbitrio
relinquo.*

Planude : « Ne sais-tu pas, Ésope, que le chat est vénéré chez nous comme un dieu ? »

IV : « Nectanébo lui envoya par lettre les questions suivantes . Nectanébo, roi des Égyptiens, à Lycurgue roi des Babyloniens, salut ! — Comme je veux bâtir une tour qui ne touche ni la terre ni le ciel, envoie-moi ceux qui bâtiront la tour et celui qui répondra à tout ce que je demanderai, et tu recevras, de tout l'empire qui dépend de moi, les tributs de dix ans. Mais, si tu recules, envoie-moi les tributs de dix ans de toute la terre qui dépend de toi. »

Planude : « Nectanébo envoya aussitôt une lettre à Lycéros, lui demandant de lui adresser des architectes pour lui bâtir une tour qui ne toucherait ni le ciel ni la terre, et quelqu'un pour répondre à ce qu'il lui demanderait ; s'il le faisait, il percevrait des tributs, sinon il les paierait. »

De même les trente-cinq maximes de IV sont réduites à quinze chez Planude.

Les deux écrits dépendent certainement l'un de l'autre, car, par exemple, toutes les maximes données par Planude figurent, *dans le même ordre*, chez IV. La question est donc de savoir si IV interpole ou si Planude abrège. La seconde hypothèse nous paraît la plus vraisemblable. Nous croyons donc que Planude n'a pas composé la vie d'Ésope publiée sous son nom. Il a résumé un texte grec préexistant, peut-être IV[1], qui nous restitue ainsi un état intermédiaire entre les versions orientales et Planude.

Nous traduisons aux variantes la version de Planude (édition Eberhard), qui est la plus répandue, mais nous

---

1. Il a pu y avoir plusieurs rédactions grecques en plus des deux qui sont éditées. M. A. Westermann indique dans sa préface des titres de manuscrits grecs aujourd'hui perdus qui semblent correspondre à des rédactions différentes, et publie les maximes conservées dans un manuscrit de Vienne qui ne concordent entièrement ni avec celles qu'il édite plus loin ni avec celles de Planude.

ajoutons en note les maximes propres a *IV*, d'après la traduction de Rynucius [1].

Il resterait à montrer comment on a pu assez facilement
assimiler Ésope à Aḥikar et attribuer au premier la biographie du second, nous tâcherons de le faire au chapitre :
« Aḥikar et les fabulistes. »

IX La version roumaine

Cette version a été popularisée et mise en relief par
M. Gaster. Dans son histoire de la littérature roumaine
populaire (Bucharest, 1883), il avait déjà consacré un chapitre (p. 104-114) aux versions roumaines de l'*Histoire d'A-
ḥikar* et noté leur ressemblance avec les versions slaves, le
conte des *Mille et une nuits* et l'histoire d'Ésope [2]. Dans le
Journal of the Royal Asiatic Society, 1900. p 304-319, sous
le titre de *Contributions to the History of Ahikar and Nadan*, il traduit en anglais un manuscrit roumain [3]. En voici
le début :

« Histoire d'Arkirie, le très sage, qui instruisit son neveu
Nadan dans la sagesse et la science, pour qu'il eût prudence,
philosophie et saine connaissance.

« Dans les jours du roi Sanagriptu, vivait dans le pays de
Rodu (Daru), un homme nommé Arkirie. Ce grand sage

1 Nous avons transcrit Rynucius sur l'édition déjà citée de « Bonus
Accursus Pisanus », dédiée à Jean-François Torrès. Sur cette édition
du grec et de la traduction latine, voir Fabricius, *Bibl. græca*, éd.
Harles, t. i, p 631 (cette édition aurait été donnée à Milan vers 1489),
S F G Hoffmann, *Lexicon bibliographicum*, Leipzig, 1832, t i,
Brunet, *Manuel du libraire*.

2. D'après M Lagie (*supra*, vii). M Gaster aurait publié le texte
de la version roumaine dans *Chrestomathie roumaine*, t. ii, p 133.

3 Écrit en 1777, et signalé par lui sous le no 90 dans son histoire
de la littérature roumaine (*Grundriss der Romanischen Philologie*. éd
Groeber), t ii, 3, p. 387

Arkirie adopta un neveu, le fils de sa sœur, nomme Anadan
(parce qu'il n'avait pas d'enfants). Il le nourrit avec du pain
blanc, du miel et du bon vin et lui enseigna la philosophie ;
et il lui dit. »

Le roumain porte trente six maximes, M. Gaster donne
les concordances suivantes de douze de ces maximes avec
le slave.

2 (= 25) ; 5 (= 33) ; 6 (= 41) ; 8 (=97) ; 10 (= 119) ;
11 (= 119) ; 14 (=49) ; 15 (=53) ; 16 (= 61) , 17
(=68) ; 21 (= 74) ; 31 (= 78).

Nous traduirons toutes les autres, pour lesquelles M. Gaster n'indique pas de concordance, dans l'appendice IV, mais
nous verrons que presque toutes ont des maximes parallèles
dans les autres versions et se rattachent donc bien à la
même source. Après les maximes on lit :

« Quand il l'eut instruit dans toute la philosophie, la sagesse et la science, Arkirie conduisit son neveu au roi Sanagriptu. En le présentant à la cour, Arkirie dit : « Hono-
« rable roi, je vous présente mon neveu Anadan pour qu'il
« serve Votre Majesté, car je deviens vieux et ne pourrai plus
« la servir longtemps. » Et le roi Sanagriptu lui répondit :
« Je le ferai très volontiers, Arkirie. » Et Arkirie dit au roi :
« Votre gracieuse volonté pourrait-elle être de faire mon
« neveu grand Logothète ? » Et il fut nommé à ce poste... »

Il n'y a plus de noms de rois ni de noms géographiques ;
on trouve une seule lettre, écrite par Nadan : « Moi Anadan,
au nom de l'illustre roi Sanagriptu, rassemble les troupes
et viens en hâte. » Le roi est étonné, lorsqu'il apprend qu'A-
hikar rassemble des troupes. Anadan lui dit que son
oncle se révolte. Il n'est pas question non plus de l'adoption
du frère de Nadan. Le roi demande comment il doit punir
Ahikar et c'est Nadan qui propose de lui faire couper la
tête et de la faire porter à cent pieds de son corps [1]. L'exé-

1. Il en est de même dans le slave (p 14)

cuteur n'est pas nommé, ni l'esclave immolé en place
d'Ahikar.

Arkirie vécut neuf ans caché.

« Anadan demanda au roi la maison et les propriétés
qui appartenaient à son oncle Arkirie, et le roi les lui donna. Il alla à la maison de son oncle et il commença à frapper les serviteurs et les esclaves, et il fit de grandes fêtes
et des danses sur le tombeau de son oncle et beaucoup
d'autres choses semblables. Arkirie entendait tout cela et
en souffrait. »

Pharaon écrit ensuite au roi d'Assyrie, mais le voyage en
Égypte est très abrégé. La version roumaine mentionne
seulement la construction du château dans les airs (xxx, 6-
10) et la confection des câbles de sable (xxx, 22-27), puis
Ahikar retourne en Assyrie et demande que Nadan lui soit
livré. 1º Il le frappe et Nadan lui demande de garder ses
pourceaux. Arkirie répond par la parabole du loup auquel
on voulait faire dire A, B, C, D (xxxiii, 137). 2º Il le frappe
de nouveau et Nadan lui demande à être pâtre. Arkirie cite
la parabole du loup qui suivait le troupeau et prétendait
que la poussière était bonne à ses yeux (xxxiii, 137ᵃ). 3º Il
le frappe encore, Nadan dit   Je soignerai tes chevaux.
Arkirie lui cite la parabole de l'âne qui avait cassé sa longe et qui était tombé sur le loup (xxxiii, 105), « et Arkirie continua à le frapper jusqu'à ce qu'il mourût. » *Sic erit.*

La version roumaine présente donc aussi le même fond
que les versions orientales mais elle abrège davantage [1].

_____

1. Il en existe un grand nombre de manuscrits qui diffèrent les
uns des autres, dit M Gaster, mais qui sont tous modernes. Le
même savant fait remarquer que les éditeurs contemporains prennent, vis-à-vis des maximes d'Ahikar, les mêmes libertés que les
scribes qui transcrivaient les manuscrits Il cite Negrutsi, qui publiait
en 1852 une collection de proverbes *roumains* et qui y incorporait
mot à mot presque toutes les maximes d'Arkyrie, et Anton Paun qui
introduisait arbitrairement par contre des proverbes populaires

Sa ressemblance avec ces versions est assez grande pour
qu'elle puisse servir à démontrer que le texte d'où elle procède (slave ou grec [1]) provient directement d'une version
orientale.

X. La version hébraïque de Joseph Massel [2].

Cette version a été faite sur la traduction anglaise de
E. J. Dillon basée sur les manuscrits syriaques *L* et *C*
(Londres et Cambridge). L'ordre des sentences est celui
de *L*. La version arabe a aussi été mise à contribution (cf.
supra, p. 19, n. 7). D'après MM. E. J. Dillon et Joseph
Massel, l'original des versions d'Aḥikar est un écrit hébreu :
c'est la thèse de M. Vetter, mais il se trouve que les hébraïsmes signalés par M. Vetter dans la version syriaque,
comme preuve de sa filiation néo-hébraïque, ne se retrouvent pas dans la traduction hébraïque de M. J. Massel
(cf. *infra* chap. V, III). On peut donc en conclure que ces
hébraïsmes ne s'imposent pas. C'est le principal résultat
que l'on tirera de la lecture de ce petit livre ; on trouvera
en notes des renvois à un certain nombre de passages du
Talmud.

---

roumains dans sa seconde édition d'Arkyrie (sa première édition
est de 1842).

1. Il ne s'agit ici ni du slave traduit par M. Iagic, ni du grec inséré
dans la vie d'Ésope, car le roumain ne provient *directement* ni de
l'un ni de l'autre.

2. *Kirjath sepher* (collection de textes hébreux anciens et nouveaux
publiés par N. S. Libowitz), n. 1 : *The story of Ahikar*, translated
into Hebrew by Joseph Massel, with introductions and notes by
lector M. Fridmann and explanatory notes by N. S. Libowitz, New-
York, 1904, 44 pages.

CHAPITRE V

Le texte original de l'*Histoire d'Aḥikar*.

I. Langue du premier écrit.

Ce premier écrit, auquel Clément d'Alexandrie et Strabon font sans doute allusion, qui a été utilisé lors de la rédaction grecque du livre de Tobie, qui aurait été mis à contribution par Démocrite (né vers 460 ou 496 avant notre ère)[1] et peut être par Ménandre (342-290 avant notre ère)[2], sans doute par l'intermédiaire de Démocrite, aurait donc été composé en Assyrie antérieurement au ve siècle avant notre ère[3]. La langue originale ne pouvait être que l'araméen. M. Renan l'a écrit avec raison[4] :

« On ne peut douter que l'immense majorité de la population de l'Assyrie ne parlât habituellement l'araméen. Cette langue, en effet, représente partout la conquête assyrienne. L'araméen était employé par les hauts fonctionnaires de la cour d'Assyrie envoyés par Sanhérib pour parlementer avec Ézéchias[5]... Lorsque la domination des Perses eut remplacé celle des Assyriens, l'araméen garda toute son importance. »

Comme spécimen de cette langue (peut-être un peu hébraisée) on peut citer les fragments iv, 8-vi, 18, et vii, 12-vii, 26, du livre d'Esdras, presque contemporain d'Aḥikar.

1. Fabricius, *Bibl. græca*, éd. Harles, Hambourg, 1790, t. ii, p. 628-629.

2. Fabricius, *ibid.*, p. 455.

3. Puisque Démocrite vivait au ve siècle.

4. *Histoire générale et système comparé des langues sémitiques*, Paris, 1863, p. 215-216.

5. II Rois, xviii, 26 ; Isaïe, xxxvi, 11.

Une rédaction de l'écrit araméen original a pu être traduite directement en syriaque au commencement de notre ère, c'est-à-dire six à sept cents ans après la composition du premier écrit.

II. Contenu du premier écrit.

Il a pu comprendre à la fois : 1o l'*Histoire d'Ahikar* qui en est la partie la plus frappante et dont l'existence est attestée par le livre de Tobie, et 2o les proverbes ou la *Sagesse*, composés sur le modèle des Proverbes de Salomon et dont l'existence, antérieure à Démocrite, est attestée par Clément d'Alexandrie

Ainsi Ahikar, qui a pris modèle sur les Proverbes, a été imité par Jésus, fils de Sirach, dans l'Ecclésiastique, et les ressemblances textuelles des deux livres proviennent, non pas, comme l'a écrit M. Vetter, de ce qu'un auteur juif, rédacteur d'Ahikar, a utilisé le texte hébreu de l'Ecclésiastique, mais de ce que Jésus, fils de Sirach, qui rédigeait l'Ecclésiastique, connaissait par ailleurs les maximes d'Ahikar. Il les connaissait sans doute d'après le texte araméen original, bien qu'une version hébraïque, non rencontrée jusqu'ici, ait pu en être faite.

Les maximes et les comparaisons du premier écrit, portées par Démocrite à la connaissance des Grecs, ont servi aussi de modèle aux moralistes et aux fabulistes grecs [1].

1. On ne peut faire que des hypothèses sur *la forme* du premier écrit. M. Rendel Harris (p LXXIV-LXXXVI) suppose que les maximes étaient en vers et même rangées par ordre alphabétique, comme *les sentences en un vers* de Ménandre ; cette hypothèse plaît beaucoup aussi à M. Vetter. Il est certain que l'auteur d'Ahikar, qui avait les Proverbes pour modèle, pouvait songer à écrire en vers, mais il est possible aussi que le premier recueil ait été en prose, comme les premiers recueils des fables d'Ésope, et que Jésus fils de Sirach l'ait mis en vers, de même que Socrate dans sa prison et plus tard Babrius ont mis en vers les fables d'Ésope.

III. Les prétendus néo-hébraïsmes
de la version syriaque

M. Vetter, pour démontrer que la version syriaque provient d'un écrit néo-hébreu [1], rédigé de 100 avant Jésus-
Christ à 100 ou 200 après Jesus-Christ, a dû y chercher
des traces de cet écrit [2].

1° xxxiii, 110 Un homme sème dix mesures de blé et ne
récolte que dix mesures, il se fâche contre ce champ. — Le
ms. *C*, pour le mot blé, porte *se'ortá*. M. Vetter suppose que
cela provient d'un texte hébreu qui portait *se'orá*, lequel
mot signifie à la fois blé (se'orâ) et tempête (se'arâ), d'où
le jeu de mot hébreu : « J'ai semé du blé et la tempête est
venue, » ou encore : « Aussitôt semé aussitôt enlevé. » Des
reconstructions de ce genre seraient à peine permises s'il
était certain que le syriaque provient d'un texte hébreu,
elles ne peuvent donc pas conduire à la découverte de ce
texte. De plus, le ms. *B* porte ici *ḥéṭé* et non *se'ortá*. Il ne
se prête donc plus au jeu de mots supposé. Ce jeu de mots
n'a pas d'ailleurs été soupçonné par le traducteur hébreu
Joseph Massel [3].

2° xxxiii, 106. Un piège à oiseau se trouvait (*ṣalá*) sur
un fumier... Il dit : Je prie (*meṣalá*) Dieu. — Dans la langue
du Targum, dit M Vetter, le peal de *ṣalá* est la propre ex-

1 On comprend peu qu'un rédacteur juif ait fait dire à Nadan
(xxxiii, 134ᵇ) : « Je paîtrai *les porcs*. »

2. L'*Histoire* d'*Ahikar*, rédigée en araméen, par un auteur qui connaissait l'Ancien Testament, devait évidemment contenir des hébraïsmes Nous tenons seulement qu'on ne peut lui attribuer aucun neo-
hébraïsme qui nous contraigne à placer sa composition à une basse
époque D'ailleurs l'évolution de la langue hébraïque est mal connue
faute de points de comparaison — M. Gaster estime aussi qu'il est
prématuré de rechercher un texte hebreu original, *Journal of the
Royal Asiatic Society*, 1900, p. 315.

3 *The story of Ahikar*, New-York, 1904, p. 36.

pression pour la place du piège et au paël la même racine
signifie prier, J. Lévy, *Chald. Worterbuch über die Tar-
gumim*, t. ii (1868), p. 324, 325. Cela prouverait tout au
plus qu'on trouve la même chose dans la langue du Targum et en syriaque, où *ṣelá* comporte aussi ces deux sens,
mais il y a plus, le ms. *B*, qui ressemble ici à l'arabe et à
l'arménien plus que le ms. *C*, porte : « Un piège à oiseau
était caché (*meṭṭemar*) sur un fumier. » Il ne permet donc
pas d'imaginer un jeu de mot (hébreu ou syriaque) sur la
racine *ṣelô*. Le traducteur hébreu n'emploie d'ailleurs ici
aucun mot dérivé de *ṣelô* [1].

3º iii, 84. M. Vetter propose de voir ici un jeu de mots
roulant sur *aïn*, « œil » ou « source », et *'oṡer*, « richesse »,
ou *'afar*, « poussière ». Le texte original aurait porté :
« L'œil de l'homme est comme l'œil de l'eau, il ne se rassasie pas de richesses (*'oṡer*) avant d'être plein de poussière
(*'afar*). » Cette reconstruction, pour ingénieuse qu'elle
soit, est purement hypothétique et n'aurait quelque valeur
que s'il était certain par ailleurs que le texte original
était hébreu, mais elle ne peut servir à le démontrer. De
plus, le mot « richesses » manque dans *B*, dans le slave et
dans tous les mss. arméniens (hors un) ; il a donc chance
de n'avoir même pas appartenu à la rédaction primitive :
toute cette maxime manque même en arabe.

4º Les tournures hébraïques que relèvent M. Vetter,
p. 349, et M. Rendel Harris (éd. de Cambridge, p. lxxxiii)
comme : « en trouvant, j'ai trouvé », « rappelant, j'ai rappelé », se rencontrent dans la Bible et en général dans
toutes les littératures sémitiques. Elles peuvent donc provenir de l'écrit araméen original, car son auteur connaissait et utilisait la Bible ; il n'est pas nécessaire, pour les ex-

---

1. Joseph Massel, *The story of Ahikar*, New-York, 1904, p. 36 Il
rend « se trouvait » par *hitah mazórah*, et « je prie Dieu » par
étfalal leél.

pliquer, d'imaginer un écrit néo-hébreu du commencement
de notre ère, intermédiaire entre l'écrit original et les versions qui nous sont conservées.

5° xxxiii, 105. Un lion (ou : un loup) rencontre un âne
errant et lui dit . Salut, *mar kyrios*. L'autre, se doutant
bien que le lion, malgré tant de politesse, le mangera,
maudit le maître qui ne l'a pas attaché ce matin-là.

M. Vetter a trouvé une explication fort ingénieuse de la
répétition : *mar kyrios*. « monsieur, seigneur ». Il fait remarquer qu'on trouve deux fois dans le Talmud la locution *kiri qiri* : une première fois (traité Erubin, 53 ᵇ) on
donne des exemples de la manière comique dont les Gali-
léens prononçaient l'hébreu. En particulier, on cite
l'exemple d'une femme qui devait dire : « mon seigneur »
et qui prononça comme si elle disait κύριε χείριε, « mon
seigneur serviteur ». J. Lévy, *Neuhebr Worterbuch*, 1879,
t. ii, p. 324. Une seconde fois (traité Chullin 139 ᵇ), le
roi Hérode est appelé aussi par dérision par une colombe *kiri qiri* (κύριε χείριε, seigneur serviteur) parce que
les ascendants d'Hérode étaient, sous les Macchabees, des
serviteurs et des valets. Le lion aurait donc appelé également
l'âne, par sarcasme, κύριε χείριε, « mon seigneur valet »,
comme on le trouve dans le Targum, et le syriaque,
comprenant mal ce jeu de mots, l'aurait rendu par *mar
kyrios*. Cette explication n'est qu'ingénieuse, car ces mots,
soi-disant néo-hébreux, ne sont que des mots grecs. Par
suite, au lieu d'expliquer le syriaque *mar kyrios* par le
néo-hébreu *kiri qiri*, qui s'explique lui-même par le
grec κύριε χείριε, il est beaucoup plus simple d'expliquer
immédiatement le syriaque par le grec *mar* κύριος ·
mar étant un titre qui se met en syriaque devant le nom de
tous les personnages que l'on veut honorer, l'auteur syrien
l'a encore mis devant le grec κύριος, qu'il utilisait sans
le regarder comme identique à *mar*. C'est ce qu'a compris
B qui remplace *mar* κύριος par « mon frère et mon

ami ». Le slave et l'arménien n'ont rien conservé non plus
qui ressemble à *mar* κύριος. Cette locution est propre
à *C* et peut donc être un remaniement moderne.

J'ajoute que prêter ici un sarcasme au lion est aller contre l'idée de la fable qui demande un lion très poli pour
nous montrer un âne qui n'est pas dupe de toutes ces poli-
tesses. C'est là le cadre des fables xiv et clvii d'Ésope,
« L'oiseau et le chat, » reprises par Babrius (n. cvii). Voici
cette dernière qui est très courte :

Un oiseau tomba malade. Un chat le trouva et dit : Comment vas-tu ? De quoi as-tu besoin ? Je t'apporterai tout,
seulement guéris-toi. — Et l'autre : Si tu t'en allais, dit-il,
ma vie serait sauve

On ne conçoit pas que, dans cette fable, le chat adresse
quelque sarcasme à l'oiseau, nous ne concevons pas non
plus que l'on place un sarcasme dans la bouche du lion, surtout pour expliquer une locution aussi simple que *mar* κύριος.

Le traducteur hébreu n'a d'ailleurs vu ici aucun jeu de
mots et a traduit par *šalóm lok, Adónai hašar* [1].

6° Les relations entre Aḥikar et le texte hébreu de l'Ecclésiastique et les Targums doivent s'expliquer en supposant, non pas que le premier dépend des derniers, mais bien
que les derniers dépendent du premier, car nous n'avons
aucune raison, ni a priori ni textuelle, pour supposer qu'A-
ḥikar a été imaginé vers le commencement de notre ère. Au
contraire, les témoignages des auteurs grecs Strabon et
Clément d'Alexandrie, confirmés par les parallélismes relevés avec les restes de Démocrite et de Ménandre, nous con-
duisent à placer l'écrit primitif de l'*Histoire et sagesse d'A-
ḥikar* vers le vi° ou le vii° siècle avant notre ère, tandis
que l'Ecclésiastique date certainement de deux à trois siècles avant notre ère et que les Targums sont encore beaucoup plus récents.

---

1. Joseph Massel, *The story of Aḥikar*, New-York, 1904, p. 35.

IV. *Transmission du texte original.*

Nous ne trouvons pas trace d'un intermédiaire néo-hébreu. Il n'y a donc pas de motif pour faire état de cet intermédiaire, dont nous ne pouvons pas prouver l'existence.

Nous savons seulement que toutes les versions conservées paraissent se ramener à une version syriaque primitive, qui n'est pas identique aux manuscrits modernes
B, C, mais qui avait des traits de l'un et de l'autre
l'arménien provient d'une source apparentée à *B* plutôt
qu'à *C* , l'arabe provient plutôt de *C* mais a des traits
propres à *B*. Le slave et le roumain eux-mêmes proviennent
d'une source orientale ou immédiatement ou par l'intermédiaire d'un texte grec non retrouvé. L'éthiopien provient
de l'arabe [1].

Ces versions, par leurs points communs, nous donnent
une connaissance suffisante de la version syriaque qui a dû
être leur prototype. Mais ce prototype syriaque, qui est déjà
non pas connu mais reconstitué, ne nous fait pas connaître
avec la netteté désirable l'original araméen dont il dérive
immédiatement ou médiatement.

Toute question sur l'authenticité et l'historicité de l'*Histoire d'Ahikar* doit donc être envisagée à ces deux points de
vue

1º HISTORICITÉ DES VERSIONS CONSERVÉES

La comparaison des versions, surtout dans les maximes,
nous a montré qu'elles ont certainement un fond commun.
Il faut se garder d'attacher trop d'importance à quelques
mots ou à quelques détails, car les manuscrits sont tous ré-

1. Voir (ch. IV) les paragraphes consacrés aux diverses versions

cents ; le plus ancien est du xiie au xiiie siècle, mais ne comprend qu'une feuille (*L*), les manuscrits syriaques *B* et *C* ont été écrits en 1883 et 1697. Voici cependant quelques observations générales ·

Le voyage en Égypte est certainement fabuleux.

La mention du roi de Perse, v, 5, et des Parthes, xi, 2, 3, 4 ; xii, 4, 5, est aussi un anachronisme. Il ne pouvait guère en être question — des seconds surtout — que près de deux siècles après Sarhédom.

L'onomastique, où Nabû et Bêl jouent un grand rôle, est plutôt babylonienne qu'assyrienne. D'ailleurs les mentions des soixante femmes pour lesquelles Aḥikar construit soixante palais, i, 2, et des mille jeunes suivantes de Zéfagnie, x, 1, ont toute l'allure d'un conte.

Le ton de l'ouvrage est surtout païen, les idoles y sont mentionnées i, 3 ; iii, 90 ; le vrai Dieu l'est fort peu.

Les versions conservées nous représentent donc un faux littéraire composé sous le nom d'Aḥikar en Babylonie plusieurs siècles après Sarhédom.

Les critiques supposent en général que l'auteur était païen et que son ouvrage a été légèrement rapproché du monothéisme par un Juif qui aurait ainsi constitué le prototype de nos versions. D'autres pensent qu'un auteur juif a intentionnellement donné un caractère polythéiste à sa rédaction d'une légende populaire, pour en faire un moyen de prosélytisme chez les Gentils. Ce sont des hypothèses. En fait le syriaque, qui semble le prototype de nos versions, ne peut remonter au delà du commencement de notre ère, et les manuscrits utilisés ne remontent pas plus haut que le xve siècle (hors un feuillet syriaque). Nous avons donc peut-être assez de champ pour expliquer bien des invraisemblances et bien des anachronismes. En d'autres termes, les versions conservées constituent un faux littéraire, mais ce caractère de faux a pu être donné à l'écrit original par le traducteur (?)

syrien des premiers siècles ou par les transcripteurs [1]
qui se sont succédé depuis les premiers siècles jusqu'au
xve où commencent nos manuscrits. Il nous est heureusement possible de remonter plus haut.

2° HISTORICITÉ DE L'ÉCRIT ARAMÉEN ORIGINAL

Cet écrit n'est pas connu et ne peut qu'être entrevu à
travers les mauvaises versions qui en dérivent, mais il a du
moins le grand avantage de percer sous sa forme historique dans les manuscrits grecs de Tobie du ive siècle (et de
remonter sans doute à l'original même de Tobie) et, sous
sa forme gnomique, dans Clément d'Alexandrie, Strabon et
Démocrite. Il contenait les maximes d'un sage nommé
Aḥikar et sans doute le récit de la puissance et de la disgrâce subite du même personnage. Le voyage en Égypte,
dont on ne trouve trace ni dans Tobie ni dans les anciens
auteurs grecs, a été ajouté plus tard pour motiver la ren-
trée en grâce.

Nous ne sommes pas d'avis, comme nous l'avons déjà dit,
de séparer les maximes de l'histoire qui leur sert de cadre,
car on serait ainsi conduit à supprimer la seconde série de
maximes qui présuppose la trahison de Nadan, et peut-être
à changer la forme des premières, c'est-à-dire à volatiliser
les maximes elles-mêmes et à les réduire à rien [2].

Quel est le premier rédacteur? Aḥikar lui-même? —
Nous n'en savons rien, mais nous ne voyons pas d'inconvé-
nient à admettre que ce peut être lui : car, puisque sa
famille avait abandonné le Dieu d'Israel, il était paien, il
était peut-être même, comme semble l'indiquer le texte de

---

1. Par exemple dans la substitution de Sennachérib à Sarhédom.

2. Cette raison seule nous empêche d'admettre que l'ouvrage ne
comprenait d'abord que des maximes.

Strabon, l'un des sages chaldéens de Borsippa, et cela nous expliquerait la forme païenne du récit conservé par les versions ; cela nous expliquerait aussi l'onomastique toute babylonienne.

Pour notre part, il nous plairait de supposer que l'écrit araméen, original immédiat ou médiat de la version syriaque, était une rédaction babylonienne populaire basée à la fois sur l'histoire et sur la légende d'Aḥikar. Nous la placerions au ve siècle ou au commencement du ive avant notre ère, puisqu'elle mentionnait sans doute les Perses et les Parthes sans faire allusion aux Grecs. Cette rédaction aurait été précédée par un recueil de maximes (connu de Démocrite) et par une histoire transmise et embellie par la légende. Ces maximes et cette histoire peuvent avoir été synthétisées, sinon par Aḥikar lui-même, du moins dès le vi[e] siècle.

CHAPITRE VI

Aḥikar et les fabulistes.

Aḥikar se rattache très étroitement aux anciens fabulistes car les fables étaient alors des « moralités », c'est-à-dire des exemples choisis parmi les animaux ou les êtres inanimés pour mettre en évidence une idée morale ou une vertu. Le principal était donc l'idée morale ou la vertu qu'il s'agissait d'inculquer ; la fable proprement dite n'était ajoutée que pour donner du relief[1]. Dans cet ordre d'idées, toutes

---

1. Tout autre est l'idéal des Arabes qui aiment la fable pour elle-même. Aussi ces parleurs infatigables allongent-ils leurs fables en les chargeant d'incidents : la pensée morale constitutive des apologues juifs et grecs n'y joue plus aucun rôle. Ils ont même imaginé quelques cadres élastiques pour synthétiser un nombre indéfini de fables. Telles sont les *Mille et une nuits* et la collection du Syntipas. On connaît la trame des *Mille et une nuits*. Certains traits du Synti-

les maximes d'Aḥikar, qui sont les moralités, devaient passer pour contenir l'essentiel des meilleurs recueils de fables.
Il n'en a pas toujours été de même : La Fontaine, dit-on,
adaptait la morale tant bien que mal à ses fables — souvent plus mal que bien — et certains éditeurs de Babrius
supprimaient même les moralités, aussi nous oublions facilement que le moraliste est le point d'appui, le support
du fabuliste.

Mais nous pouvons encore aller plus loin et montrer que
bien des passages d'Aḥikar sont de véritables fables ; il suf-
firait d'en modifier un peu la forme pour en tirer du Babrius, du Loqman, de l'Ésope [1].

pas sont aussi empruntés à Ahikar : il y avait un roi nommé Cyrus
*qui avait sept femmes et n'avait pas d'enfant, il pria la divinité de
lui donner un fils* (Ahikar, 1, 2, 3). Il fut exaucé et eut un fils *qu'il
nourrit, qu'il éduqua royalement et qui crût en taille comme un bel
arbre* (Ahikar, 11, 1, 2). *Il le fit instruire par l'homme le plus sage
de son royaume* (Ahikar, 11, 2, 8, 111), nommé Sindbad. Celui-ci,
tirant un jour l'horoscope du prince, vit qu'il serait en danger de
mort durant sept jours. En effet, une femme du roi accusa à tort le
jeune prince d'avoir voulu la séduire et le roi ordonna de le mettre
à mort. Mais ses sept vizirs obtinrent de jour en jour la remise de
l'exécution en lui racontant des fables pour lui conseiller la patience
et le pardon. Chaque jour aussi, la femme qui avait accusé le jeune
prince racontait d'autres histoires pour montrer au roi qu'il devait
le mettre à mort. — Ce cadre est très élastique, il a suffi à d'autres
rédactions de mettre quarante vizirs au lieu de sept pour augmenter
en proportion le nombre des fables du recueil. — Au bout de
sept jours, le prince et Sindbad paraissent devant le roi et se justi-
fient. La fin donne encore place à quelques anecdotes. L'une de ces
fables (*supra*, page 73, 5°) a sans doute été inspirée par l'*Histoire
d'Ahikar*, cf. Victor Chauvin, *Bibliographie des ouvrages arabes ou
relatifs aux Arabes*, Liège, 1907, t. vIII.

1. Surtout dans la seconde série de sentences (ou : les comparaisons), xxxIII, 96-142, J. Agoub a déjà écrit que cette seconde série
« pourrait fournir le sujet de plusieurs fables, » *Mélanges de litt.
orient. et française*, Paris, 1835, p. 75. — Nous n'avons pas modifié ce
chapitre depuis la récente publication de M. Rudolf Smend, cf. *supra*,

AHIKAR (126)

Mon fils, tu m'as été comme un arbre qui dit à ceux qui le coupent : « Si vous n'aviez pas (une partie) de moi dans vos mains, vous ne seriez pas tombés sur moi. »

AHIKAR (127)

Mon fils, tu m'as été comme les petits de l'hirondelle qui tombèrent de leur nid. Un chat les attrapa et leur dit : « Si ce n'était pas moi, il vous arriverait un grand mal. » Ils prirent la parole et lui dirent « C'est pour cela que tu nous as mis dans ta gueule ! »

BABRIUS (I, 34)

Des bûcherons fendaient un pin et lui enfonçaient des coins pour qu'il se fendît et que leur travail devint ensuite plus facile. Celui-ci dit en gémissant : « Comment me plaindrais-je de la hache, qui n'appartient pas à ma lignée, autant que de ces coins très méchants dont je suis le père et qui, s'ajoutant l'un à l'autre, me déchirent ! »

LOQMAN (XXIII)

Les fouines, ayant appris que les poules étaient malades, se revêtirent de peaux de paons et vinrent les visiter en leur disant : « Que la vie soit sur vous, ô poules, comment vous trouvez-vous et comment va votre santé ? » Celles-ci leur répondirent. « Notre santé sera parfaite le jour où nous ne vous verrons point. »

Cette fable se rapporte à celui qui montre une amitié

p 29-35. Nous prouvons surtout qu'Ahikar est l'un des pères de la fable (ce qu'on n'avait pas fait auparavant) et qu'il avait été visé par Mahomet sous le nom de Loqman M R S prouve que des fables ésopiques proviennent d'Ahikar ; on trouvera ses renvois sous notre traduction.

feinte et qui porte la haine dans son cœur.

Cf. Ésope, xiv (*Le chat et les oiseaux*).

Une autre fable, après avoir commencé de la même manière dans Aḥikar et Loqman, finit tout autrement dans ce dernier :

AHIKAR (135)	LOQMAN (XXII)
Mon fils, tu m'as été comme un palmier qui se trouvait le long du chemin et on n'y cueillait pas de fruit Son maître vint et voulut l'arracher , ce palmier lui dit « Laisse-moi une année et je te donnerai du carthame[1]. » [L'arabe porte, comme Loqman : « Mets-moi à une autre place et, si je ne porte pas de fruit, coupe-moi. »] Son maître lui dit : « Malheureux, tu n'as pas réussi à produire ton fruit, comment réussirais-tu à en produire un autre ! »	Le buisson dit un jour au jardinier : « Si j'avais quelqu'un qui prît soin de moi et qui, me plantant au milieu du jardin, m'arrosât et me cultivât, on regarderait avec admiration mes fleurs et mes fruits et je serais un objet d'envie pour les rois eux-mêmes. » Le jardinier le prit, le planta dans la meilleure terre au milieu du jardin et, chaque jour, il l'arrosait deux fois ; alors les épines du buisson se fortifièrent et se multiplièrent, ses branches et ses racines s'allongèrent, elles couvrirent et étouffèrent tous les arbres qui étaient autour de lui...

---

1 Sic *B* Le manuscrit *C* porte «comme un palmier qui était près du fleuve et jetait tout son fruit dans le fleuve » Il ressemble donc à Loqman plus que le manuscrit *B*, car il supporte aussi le sens « si l'on me changeait de place tout en irait bien mieux. »

Une autre fable de Loqman peut servir de commentaire à une pensée assez obscure d'Aḥikar :

AḤIKAR (129)

Tu m'as été, ô mon fils, comme un serpent monté sur un buisson et qui flottait sur le fleuve. Un lion (un loup, *C*) le vit et dit : « Le mauvais est monté sur le mauvais et un plus mauvais qu'eux deux les emporte. »

LOQMAN (XXXVIII)

Un homme vit un jour deux serpents qui se querellaient et se battaient avec fureur. Un autre serpent, qui survint, rétablit entre eux la paix et la bonne intelligence.

L'homme lui dit alors : « Certes, si tu n'étais pas encore plus méchant qu'eux, tu ne les aurais pas abordés et ne les aurais pas conciliés. »

Cette fable signifie que les méchants et les scélérats ne peuvent être abordés et réunis entre eux que par un plus méchant qu'eux-mêmes.

AḤIKAR (98)

Tu as été pour moi, mon fils, comme un scorpion qui frappe une roche. Celle-ci lui dit : « Tu as frappé un cœur insensible. »

Il a frappé une aiguille et on lui dit : « Tu as frappé un aiguillon plus redoutable que le tien. »

LA FONTAINE (V, 16)

On conte qu'un serpent, voisin d'un horloger

Entra dans sa boutique, et, cherchant à manger

N'y rencontra pour tout potage

Qu'une lime d'acier qu'il se mit à ronger.

Cette lime lui dit, sans se mettre en colère :

— Pauvre ignorant, eh ! que prétends-tu faire ?

Tu te prends à plus dur que toi.

Cf. Loqman, xxviii, qui traduit, plus fidèlement que La Fontaine, la fable xlix d'Ésope (*La belette*).

Ces exemples pourraient être multipliés. Par exemple : le chien qui va se réchauffer chez des boulangers puis cherche à les mordre et est tué par eux, Ahikar, 113, semble bien être proche parent du serpent qui est réchauffé par un villageois, puis cherche à le piquer et est tué par lui, Ésope, cxxx ; La Fontaine, VI, xiii.

La taupe qui monte à la surface de la terre pour accuser Dieu et qui est enlevée par un aigle, Ahikar, 134, ressemble au coq qui monte sur un fumier pour chanter victoire et qui est emporté par l'aigle, Ésope, cxix ; La Fontaine, VII, xiii ; Babrius, v. Le dialogue du piège et du passereau, Ahikar, 107, ressemble à celui du loup et du petit chaperon rouge etc.

D'autres ressemblances, assez nombreuses, peuvent être relevées entre les maximes d'Ahikar et les morales de diverses fables :

AHIKAR (52)

Ne blesse pas l'homme puissant, de crainte qu'il ne te résiste et ne (te) cause du mal sans que tu le prévoies [1].

ÉSOPE (cviii) ; LOQMAN (x)

Les lièvres et les renards. Cette fable montre « que l'homme ne doit point attaquer celui qui est plus fort et plus puissant que lui. »

AHIKAR (80)

Mon fils... lorsque le corbeau sera blanc comme la

LOQMAN (xxiii) ; ÉSOPE (cciv).

Le nègre. Cette fable montre « que le méchant

1. Cf. iii, 83.

neige, lorsque l'amer deviendra doux comme le miel, alors l'insensé deviendra sage [1].

AHIKAR (68)

Une chèvre proche vaut mieux qu'un taureau qui est loin, et un passereau que tu tiens dans ta main l'emporte sur cent qui volent dans l'air.

AHIKAR (166)

Mon fils, ne te réjouis pas du nombre de tes enfants et ne te trouble pas s'il t'en manque.

AHIKAR (181)

Mon fils, si l'on ne t'a pas appelé, ne va à aucune réunion, et, si l'on ne t'interroge pas, ne donne aucune réponse.

AHIKAR (49)

Mon fils, ne laisse pas ton

peut corrompre le bon, mais que nul ne peut améliorer le méchant ».

LOQMAN (XXXIX)[2]; ÉSOPE (CCXIX) BABRIUS (I, 69) ; PHÈDRE (I, 4) LA FONTAINE (VI, 17)

Le chien qui abandonne la proie pour l'ombre. Cette fable s'adresse à ceux qui laissent un petit bien présent et sûr, pour un plus grand dont l'espérance est éloignée et incertaine,

LOQMAN (XI) ; ÉSOPE (CVI)
Le lièvre et la lionne. Qu'un seul enfant d'un bon naturel est préférable à un grand nombre d'enfants vicieux.

LOQMAN (XLI)[3]; ÉSOPE (XXII) BABRIUS (I, 35)

Les deux chiens. Cette fable signifie que beaucoup de gens viennent souvent sans être invités, mais qu'on les chasse et qu'ils s'en retournent avec le mépris et la honte.

ÉSOPE (LX) ; cf. BABRIUS (II, 3)

L'homme mordu par un

---

1. Cf. III, 50, 60.
2. XLI (page 33) dans l'édition Cherbonneau.
3. XXXIX (page 32) dans l'édition Cherbonneau.

prochain te marcher sur le
pied, de crainte qu'il ne te
marche sur la poitrine.

chien. Cette fable signifie
que ceux des hommes qui
sont alléchés par un (petit)
méfait sont excités à com-
mettre de plus grandes in-
justices.

On s'est déjà préoccupé plusieurs fois de rendre compte
de ces ressemblances et, si l'on ne peut pas affirmer qu'Ésope est un personnage oriental importe en Grèce [1], il est
du moins certain que l'histoire d'Ahikar fut mise à contribution pour compléter celle d'Ésope et que Loqman n'est
qu'une combinaison d'Ésope et d'Ahikar.

1° Ésope. — Son nom est attesté par de très anciens témoignages. Platon par exemple nous apprend que Socrate,
dans sa prison, mettait en vers des fables d'Ésope dès la
fin du v° siècle avant notre ère [2]. Mais on s'est demande,
depuis le xviii° siècle, si Ésope n'aurait pas une origine
orientale et ne serait donc pas une personnification grecque
d'un auteur oriental antérieur au v° siècle avant notre
ère. D'après Fabricius [3], Heumann aurait écrit, dans
les *Acta philosophorum*, t. i, part. 6°, p. 944 sq. qu'Ésope
n'était autre qu'Asaph [4], ami de Salomon et poète, ses
maximes auraient été appelées chez les orientaux *Carmina
Asaphim*, ce que les Grecs auraient traduit par λόγους

---

1. A noter que les biographes dE'sope (dès Herodote et Plutarque) le font vivre à la cour de Crésus où il aurait connu Solon,
OEuvres de La Fontaine, ed. Lefèvre, Paris, 1838, page 37 On prête
aussi à Ésope une série de trente-quatre maximes, rangées par ordre
alphabétique, qui n'ont d'ailleurs rien de commun avec celles d'Ahikar.
Ἄσπορος ἀγρός, ἀμέριμνος οἰκονόμος 'Αργῷ μαγείρῳ πάντα ἐλξετά (ἔκξεστα)
etc, cf *Rheinisches Museum fur Philol*, t. v. (1837),p. 331-332.

2. D'après Maurice Croiset, *Babrius*, *Fables*, p. 7-8

3. *Bibl. græca*, éd Harles, Hambourg, 1790, t. i, p 620-621

4. Les deux noms Ésope et Asaph s'écrivent en hébreu exactement
de la même manière.

Αἰσωπείους, quitte à imaginer plus tard qu'elles provenaient d'un homme nommé Ésope.

Un autre auteur [1], sans doute pour retrouver une autre partie des trois mille paraboles et des cinq mille vers composés par Salomon [2], supposait que ce roi était l'auteur des fables attribuées à Ésope. Il les aurait récitées à table et Asaph les aurait mises par écrit, d'où leur attribution à Ésope après qu'un voyageur grec (par exemple Démocrite) les eut introduites en Grèce.

Harles, qui résume l'opinion de Heumann (p 620, note *k*), ne trouve pas sa démonstration suffisamment rigoureuse, mais M. Rendel Harris nous proposera du moins tout à l'heure d'identifier Asaph avec Loqman.

Pour en finir avec Ésope, il faut distinguer soigneusement entre les traits fixés par les anciens auteurs grecs et ceux qu'a ajoutés Planude [3]. Les derniers ne peuvent être attribués à Ésope, comme l'ont déjà écrit Bachet de Méziriac [4] et, après bien d'autres, Fabricius [5] ; or c'est parmi ceux-ci que figurent les traits communs à Ésope et à Aḥikar. Il est donc reconnu par tous qu'ils n'appartiennent pas à Ésope et personne n'en conteste plus la propriété à Aḥikar.

Ajoutons qu'une fausse étymologie du nom d'Esope allait

1. Cf. Fabricius, *ibid*

2. I Rois, IV, 30-33. Cf. Eccli., XLVII, 16-18

3 En réalité, Planude semble n'avoir fait que remanier (surtout qu'abréger) une rédaction antérieure, cf. *supra*, ch IV, VIII.

4 *Les fables d'Ésope*, traduites du grec par M. Pierre Millot, *ensemble la vie d'Ésope* composée par M. de Méziriac, Bourg-en-Bresse, 1646 : « Certes je rejette comme faux et controuvé à plaisir tout ce que Planude rapporte des voyages qu'Esope fit en Babylonie et en Egypte .. qui ouit jamais parler de Lycerus . Il n'y a pas non plus d'apparence de croire qu'Esope soit allé en Egypte du temps du roi Nectanébo, comme dit Planude, attendu que ce roi ne commença point à régner que deux cents ans après la mort d'Esope, » p. 298-301.

5. *Bibl. græca*, t. I, p. 619.

conduire les Orientaux à modifier sa personnalité. Chez les
anciens auteurs grecs, Ésope est un esclave, mais personne
ne dit qu'il ait été nègre et difforme. D'après Eustathius [1],
le nom d'Ésope se dérivait alors du verbe *Ætho*, *Æso*, qui
signifie « luire » aussi bien que « brûler », et du nom *ops*,
écrit avec un *o* long, qui signifie « œil », de sorte que le
nom du fabuliste signifiait : « (l'homme) aux yeux bril-
lants ». Mais plus tard, du moins en Orient, on supposa
qu' « Ésope » était le mot « Éthiopien » et qu'on lui avait
donné ce nom parce qu'il était un esclave nègre, aux gros-
ses lèvres, bossu et difforme, issu de ce pays [2]. C'est sous
cette forme que sa personnalité allait être transportée à
Loqman

2° Loqman — Ce sage apparaît pour la première fois dans
le Coran (viie siècle), à la sourate xxxi citée plus haut. Depuis
lors tous les commentateurs de cette sourate ont dû s'occuper de lui. Les uns [3] font de Loqman le neveu ou le cousin
germain de Job [4] D'autres en font le fils de Bâour ou Béar,
fils de Nachor, fils de Thareh, et par conséquent petit neveu
d'Abraham. Dans les deux cas, il serait prophète par droit
de succession.

Remarquons ici que Balaam etant aussi fils de Béor [5], il

1. Cité par Bachet de Méziriac.

2. « Je ne sais d'ou Planude a tiré ce qu'il assure pour véritable
qu'Esope etait le plus difforme et le plus contrefait de tous les
hommes de son temps et qu'il ressemblait tout à fait au Thersite
d'Homère, car je ne trouve aucun auteur ancien qui le dépeigne de
la sorte, » Bachet de Méziriac, p. 275. Nous croyons que tous ces
traits découlent d'une mauvaise étymologie du nom d'Ésope, avec
peut-être le désir d'opposer davantage encore la laideur physique à
la beauté intellectuelle et morale

3 Cf d'Herbelot, *Bibl. orient.*, au mot Loqman, et surtout René
Basset, *Loqman Berbère* ., Paris, 1890

4. Comme Ahikar, c'est aussi un ἐξάδελφος, fait remarquer M. Rendel Harris.

5 Nombres, xxii, 5 ; xxiv, 3.

est tout naturel que certains auteurs aient identifié Loqman avec Balaam [1].

D'autres auteurs le font vivre au temps de David et en font non un prophète mais un sage. Tous s'accordent à dire qu'il était de servile condition, natif d'Éthiopie ou de Nubie et l'un des esclaves noirs qu'on tire de ces pays-là. Il se trouva vendu parmi les Israélites, sous les règnes de David et de Salomon Les anges lui dirent que Dieu voulait faire de lui un monarque. Il répondit qu'il préférait garder sa condition. Cette réponse parut si admirable à Dieu qu'il lui donna aussitôt le don de sagesse et le rendit capable d'instruire tous les hommes par un très grand nombre de maximes, de sentences et de paraboles, que l'on fait monter jusqu'à dix mille.

Un auteur musulman écrit que le sépulcre de Loqman se voyait encore de son temps à Ramlah ou Ramah, petite ville qui n'est pas éloignée de Jérusalem, qu'il était Abyssin de nation, juif de religion, et qu'il fut enterré avec les soixante-dix prophètes que les Juifs firent mourir de faim et qui perdirent tous la vie en un seul jour auprès de Jérusalem. Ce même auteur le fait vivre trois cents ans, pour qu'il ait pu être aussi contemporain de David, et suppose qu'un autre Loqman vivait au temps du prophète Houd ou Héber. Mais d'autres prétendent que le même Loqman était

---

1. Par exemple Petrus Alphonsus, vers 1110, écrit dans sa *Disciplina clericalis* (*P. L.*, t. CLVII) « Et Balaam, qui est appelé en arabe Lucaman (Roth écrit Lucnin), dit à son fils. » Cité par K. L. Roth, dans *Philologus*, Gœttingue, 8ᵉ année, 1853, p. 130-141, et par Rendel Harris, p. LXXV. Cependant il paraît certain que Mahomet n'a pas identifié Loqman avec Balaam, s'il est vrai, comme le disent les commentateurs, que les versets 174 et 175 du chap. VII (sourate Elaraf) doivent être rapportés à ce dernier, car il y est dit que le diable l'a fait tomber dans ses pièges, qu'il n'a pas été élevé à la sagesse et qu'il n'écoutait que ses passions. Il est donc bien différent de Loqman.

contemporain d'Abraham et de David et le font vivre jusqu'à mille années»[1].

Quelques orientalistes ont ajouté foi à ces commentaires : d'Herbelot écrivait : « L'on pourrait dire avec beaucoup de vraisemblance que Loqman est le même que celui
que les Grecs, qui ont ignoré son nom, nous ont fait connaître sous celui de sa nation, en l'appelant Ésope, qui
signifie la même chose en grec que le mot d'Éthiopien En
effet, on trouve dans les Paraboles, Proverbes, ou Apologues de Loqman en arabe des choses que nous lisons dans
les fables d'Ésope, en sorte qu'il serait assez malaisé de
décider si les Arabes les ont empruntées des Grecs, ou si
les Grecs les ont prises des Arabes Il est cependant certain que cette manière d'instruire par les fables est plus
conforme au génie des Orientaux qu'à celui des Occidentaux [2]. »

M. J.-J. Marcel, éditeur et traducteur des fables de
Loqman, était encore plus affirmatif: « ...ces fables qui seules peut-être, avec celles de Bidpai, ont droit de porter le
titre d'originales, les fables d'Ésope, un grand nombre de
celles de Phèdre et même de notre La Fontaine n'en étant
presque que des traductions et des copies [3]. »

Par contre, le monde grec semble avoir toujours regardé
Loqman comme un personnage inventé par Mahomet.
Cela résulte au moins d'un rituel de l'Église grecque pour
l'abjuration des musulmans [4] ; on y lit ·

1. D'Herbelot, *Bibl orient.*, Loqman aurait eu un fils nommé
Anam et, selon d'autres, Mathan Puisqu'il est censé instruire son
fils, il fallait lui en trouver un qui fût le parallèle de Nadan, nommé
Enos dans le grec Anam = Enos, Mathan = Nathan (qui, dans
l'arménien, remplace Nadan).

2 *Bibliothèque orientale.*

3. Loqman (Fables de), trad. par J.-J Marcel, 2e éd., Paris, an XI
(1803, p 10

4 Cf *Revue de l'histoire des religions,* t. LIII, n. 2 (1906), p. 150,
150

πρὸς τούτοις δὲ καὶ τοὺς μυθευομένους ὑπ' αὐτοῦ προφήτας καὶ
ἀποστόλους, εἶτ' οὖν τὸν Χοὺδ καὶ Τζάλετ ἢ Σάλεχ καὶ τὸν Σώαιπ
καὶ τὸν Ἐδρῆς καὶ τὸν Δουαλκιφὶλ καὶ τὸν Λοκμᾶν.

« J'anathématise en outre *les prophètes* et apôtres *fabuleux inventés par lui*, à savoir Khoud (sourate ii, 105, 129,
134 ; vii, 63; xi, 52, 64) et Tzalet ou Salekh (sour. vii, 71 ;
xi, 64, 69 ; xxvii, 46), et Sôaip (sour vii, 83, 88, 90 ; xi, 85,
97 ; xxix, 35) et Edrès (sour. xix, 57 ; xxi, 85, identifié
souvent avec Hénoch, cf. Gen , v, 24, et sour. xix, 58), et
Doualikifil (sour. xxi, 85 ; xxxviii, 48, identifié à Élie, Za-
charie. Josué, Isaïe, Ézéchiel, etc) *et Loqman* (sour. xxxi,
11-12). »

Ce manuel d'abjuration remonte sans doute au ix° siècle [1] et nous fait connaître, au sujet de Loqman en particulier, l'opinion officielle de l'Église grecque à cette époque.

Les opinions des commentateurs musulmans sont en
effet de peu d'importance, puisque leur rôle consistait souvent à trouver un sens aux passages qui en avaient peu.
Leurs divergences montrent que Loqman leur était totale-
ment inconnu en dehors du Coran, et qu'ils lui ont cherché, chacun à sa manière, une généalogie dans l'Ancien
Testament [2].

---

1. *Revue de l'histoire des religions*, t. liii, p. 147.
2. Personne, croyons-nous, ne nous contredira, car d Herbelot
lui-même, après avoir paru dire que les Grecs ont emprunté aux
Arabes les apologues d'Ésope, ajoute à la fin de son article « Les
Arabes qui ont copié et traduit nos fables d'Ésope en leur langue
sous le nom de Locman... il est fort vraisemblable qu'ils (les Arabes)
n'ont donné à Ésope le nom de Locman qu'à cause qu'il y a un chapitre de l'alcoran qui porte son nom, dans lequel Dieu dit qu'il lui
a donné la sagesse. » De même dans la *Biographie générale* de Michaud, article Lokman : « Rien dans ses fables ne porte le caractère
d'une invention arabe et le style dans lequel elles sont écrites ne permet même pas de les faire remonter au 1er siècle de l'hégire ; si elles
ont été mises sous le nom de Lokman, c'est donc uniquement parce

Le seul problème ici est de chercher qui Mahomet avait en vue. Pour lui les noms ont peu d'importance, il les modifie ou même les imagine à son gré ou selon les besoins de son vers ; reste donc le texte, or ce texte (traduit plus haut, chap. III, vɪ, 3°) n'est en aucune manière apparenté à Ésope et à ses fables, mais il est apparenté de très près, comme nous l'avons montré, aux maximes d'Aḥikar. C'est donc Aḥikar seul qui semble avoir fourni à Mahomet le type de Loqman ; ensuite les commentateurs l'ont rattaché à l'Ancien Testament et au sage grec Ésope, entendu au sens d'Éthiopien, c'est-à-dire esclave noir, lippu et contrefait ; enfin, comme conséquence, ils ont attribué à Loqman un choix de fables ésopiques qui leur sont sans doute arrivées à travers une traduction syriaque [1].

que Lokman était renommé pour sa sagesse. » Il est fort probable que les fables de Loqman ne proviennent pas directement du grec mais bien d'une traduction syriaque, car les fables d'Ésope ont été traduites en syriaque sous le nom de Josippos (Josephos = Joseph, c'est en effet le nom employé en syriaque pour désigner par exemple l'historien Josèphe). La traduction syriaque a été éditée (en caractères hébreux) par B. Goldberg dans *Chofes matmonim sive Anecdota rabbinica*, Berlin, 1845, sans qu'il ait reconnu qu'elle provenait du grec, puis par Landsberger, *Fabulæ aliquot arameæ*, Berlin, 1846. Elle a été étudiée par K. L. Roth, dans *Philologus*, Gœttingue, vɪɪɪe année (1853), p. 130-141, *Die Æsopische Fabel in Asien* (il attribue le recueil des fables de Loqman à un chrétien syrien ou égyptien), et par Samson Hochfeld, *Beitrage zur syrischen Fabelliteratur*, Halle, 1893. Le syriaque provient du grec, mais c'est la traduction syriaque des fables d'Ésope qui a fourni les matériaux du Syntipas.

1. M. Rendel Harris (p. ʟxxvɪ-ʟxxvɪɪɪ) se demande si Loqman ne pourrait pas être une personnification d'Asaph. Beaucoup de musulmans en font un prophète et le placent au temps de David, or la chronique d'Eusèbe, source de toutes les chronographies anciennes orientales, porte sous la huitième année de David : « Prophétisaient Gad, Nathan et Asaph. » Ces recherches n'auraient d'intérêt que si Loqman était le représentant d'une ancienne tradition, mais nous croyons pour l'instant que son nom a été inventé par Mahomet qui

Pour conclure ce chapitre, nous avons trouvé deux sages presque contemporains, du VIe et VIIe siècle avant notre ère, Ésope chez les Grecs et Aḥıkar en Babylonie. On a tenté de les réduire à un : les Grecs en introduisant la biographie d'Aḥikar dans celle d'Ésope, les modernes en rattachant Ésope à Asaph, c'est à-dire aux sages orientaux. Ces tentatives n'ont rien de concluant. Du moins il est certain que l'histoire d'Aḥikar a servi à constituer l'histoire d'Ésope, que ses fables ont été introduites parmi les fables ésopiques, et enfin qu'un troisième sage, Loqman, n'était à l'origine (dans le Coran) qu'un pseudonyme d'Aḥikar, auquel on a prêté par la suite les traits et quelques fables d'Ésope éthiopien.

CHAPITRE VII

But du présent travail.

Il ne pouvait être question de traduire sur la meilleure édition connue. Car la version syriaque, qui représente le mieux l'original et qui est sans doute la source immédiate ou médiate des autres versions conservées, n'est pas éditée. M. Rendel Harris s'est borné à en reproduire un manuscrit, avec un feuillet d'un second manuscrit ; notre traduction, si elle avait été faite sur ce texte, aurait été aussi incomplète que la sienne.

Nous avons donc traduit le manuscrit syriaque de Berlin, Sachau *336*, qui ne l'avait pas encore été ; les titres des chapitres figurent, sauf avis contraire, dans le manuscrit ; nous

a mis sous son patronage ses réminiscences d'Ahikar et ses idées personnelles. Il n'y a donc pas lieu de le chercher plus haut.

avons ajouté la numérotation des chapitres et des versets
pour faciliter les renvois. Nous signalons aux variantes toutes les différences du manuscrit syriaque de Cambridge
édité par M. R. Harris Nous donnons donc une connaissance de la version syriaque plus exacte qu'on ne l'avait
encore fait, puisque nous traduisons deux manuscrits syriaques (*l'un dans le texte et l'autre dans les variantes*
numérotées en chiffres arabes) au lieu d'un seul.

Mais nous ne nous sommes pas borné à donner une traduction annotée [1], plus complète qu'on n'avait pu le faire,
de la version syriaque, nous avons pris la peine de relever,
rarement dans les variantes proprement dites, mais *le plus*
souvent dans une seconde série de variantes numérotées en
lettres et placées sous les précédentes, les principales
différences des autres versions   arabe [2], arménien, grec [3],
néo-syriaque, slave. Il est possible parfois que la bonne
leçon se trouve dans l'une de ces versions et non dans nos
manuscrits syriaques, qui sont modernes et qui diffèrent
chacun plus ou moins de leur prototype. En tout cas, les
différences des versions montreront aux lecteurs comment se
transmet et s'altère un texte qui n'est pas protégé, comme
la Bible, par le respect des scribes et des lecteurs.

Au bas des pages se trouvent les quelques notes philolo-
giques et exégétiques (renvois à l'Écriture et aux écrits
parallèles) que comporte ce travail.

Enfin nous avons ajouté, en appendice, les maximes
et les comparaisons qui sont propres aux versions grecque,

---

1. La traduction syriaque donnée dans l'édition du Cambridge contient fort peu de notes.

2. Nous faisons connaître quatre rédactions de la version arabe
A ou *Ar* édition de Cambridge, Ag traduction Agoub, *F* traduction des *Mille et une nuits*, *NS* néo-syriaque

3. Nous traduisons toute la rédaction de Maxime Planude et ajoutons, App I, les maximes propres à la rédaction utilisée par Ryuu-
cius et éditée par Westermann.

arménienne, slave et roumaine [1], afin de donner au lecteur, par notre seule édition, une connaissance suffisamment complète de toutes les versions.

D'ailleurs, dans l'introduction, nous avons retracé, de manière aussi complète que nous l'avons pu, l'histoire du livre et de ses versions ainsi que des divers travaux qui lui ont été consacrés, et nous avons mis en relief, de notre mieux, ses relations avec divers livres de la Bible (Tobie, l'Ecclésiastique, Daniel) et avec quelques ouvrages d'autres littératures (Ésope, Démocrite, Ménandre, Loqman, le Coran).

Nous avons aussi proposé nos hypothèses sur le contenu, la forme et la date de l'écrit prototype de la version syriaque — rédaction araméenne, babylonienne, populaire, basée sur l'histoire et la légende d'Aḥikar écrite au ve siècle ou au commencement du ive siècle avant notre ère — ce n'est qu'une opinion ; chacun de nos lecteurs pourra la contrôler à l'aide des documents que nous allons lui mettre sous les yeux.

François NAU.

Paris, 15 février 1908.

1. Pour ne pas faire, autant que possible, double emploi, nous avons signalé dans le corps de l'édition les additions ou omissions de l'arabe et du néo-syriaque, qui sont les textes les plus apparentés au syriaque et dont le futur éditeur de la version syriaque devra tenir compte. Nous avons donc ajouté seulement les maximes arméniennes *qui n'ont leurs parallèles ni dans le syriaque ni dans l'arabe* et les maximes slaves *qui n'ont leurs parallèles ni dans le syriaque ni dans l'arabe ni dans l'arménien.* Enfin nous avons traduit toutes les maximes roumaines que M. Gaster regardait comme nouvelles.

BIBLIOGRAPHIE

I. ÉDITIONS

a) Version syriaque.

F. C. Conybeare, J. Rendel Harris and Agnes Smith Lewis, *The Story of Ahikar from the syriac, arabic, armenian, ethiopic, greek and slavonic versions*, Londres, Cambridge et Glasgow, 1898. Pour abréger, nous désignerons cette édition par : *Éd. de Cambridge*. Le ms. syriaque *C* et le feuillet conservé dans le manuscrit syriaque *L* ont été édités par J. Rendel Harris.

b) Version néo-syriaque-arabe.

M. Lidzbarski, *Die neuaramaischen Handschriften der Koniglichen Bibl. zu Berlin*, I, Weimar, 1894. Le texte néo-syriaque et le texte arabe correspondant figurent en face l'un de l'autre et sont publiés d'après le ms. de Berlin : *Sachau 339*.

c) Version arabe

Salhani, *Contes arabes*, Beyrouth, 1890.
Agnes Smith Lewis, dans l'*Éd. de Cambridge*, p. 1-30, d'après le ms. 2886 de Cambridge avec des compléments tirés de l'édition de Salhani et d'un ms du British Museum, à Londres.

d) Version arménienne.

F. C. Conybeare, dans l'*Éd. de Cambridge*, p. 125-162, d'après huit manuscrits.
Trois éditions avaient été données auparavant à Constantinople dans un recueil de contes : 1° *Le livre de l'histoire de la cité d'airain... et l'histoire de Khikar ..*, Constantinople, 1708, édité par Sergis. — 2° *Le livre de l'histoire de la cité d'airain et*

les maximes instructives et utiles du saint homme Khikar avec d'autres maximes utiles, Constantinople, 1731, édité par Asto-natsatour. — 3º Même ouvrage, Constantinople, 1862, édité par R. J. Qurqdshean.

e) Version éthiopienne.

C. H. CORNILL, *Das Buch der weisen Philosophen nach dem Æthio-pischen untersucht und zur Erlangung des Doctorgrades bei der Phil. Fac. zu Leipzig eingereicht*, Leipzig, 1875, d'après deux manuscrits, l'un de Tubingue et l'autre de Francfort. M. C. H. Cornill ajoute le texte arabe correspondant, d'après un manuscrit de Gotha.

f) Version grecque.

Publiée avec la vie d'Ésope. Relevons, parmi les anciennes édi-tions de la vie d'Ésope attribuée à Maxime Planude :

Edition princeps du texte grec avec la traduction latine de Rynu-cius, *Vita Æsopi fabulatoris*, Milan, 1476, in-4. Presque toutes les éditions postérieures, jusqu'à 1550, proviennent de celle-ci.

Æsopi Fabulæ et Vita græce cum Aldi Manucii interpretatione, Louvain, 1503, in-4.

Vita et Fabellæ Æsopi.., Venise (imprimerie Alde Manuce), 1505.

Æsopi Phrygis vita et Fabulæ.. Bâle, 1518; autres éditions, Bâle, 1524, 1530, Lyon, 1535; Paris, 1546 (éd. Robert Estienne); Paris, 1549; Anvers, 1565, 1567, 1574; Leipzig, 1741; Venise, 1747.

Nous avons utilisé l'ancienne édition (sans date ni lieu d'ori-gine) donnée par « Bonus Accursus Pisanus », Bibl. nationale de Paris, Réserve, Inv. Yb, 426, et surtout :

A. EBERHARD, *Fabulæ Romanenses græce conscriptæ*, Leipzig, 1872, éd. Teubner.

La partie de la vie d'Ésope qui concerne Aḥikar a été reproduite d'après cette dernière édition dans *Ed. de Cambridge*, p. 119-124.

Antonius WESTERMANN, *Vita Æsopi, ex Vratislaviensi, ac partim Monacensi et Vindobonensi codicibus nunc primum edidit*, Brunswig et Londres, 1845 Cette vie diffère de la précédente.

g) Version slave

Suchomlinov a publié des sentences tirées d'Ahikar dans le
t. iv des *Isvestya* académiques de Saint-Pétersbourg, 1855,
p. 151-153.

h) Version roumaine

Gaster. *Chrestomathie roumaine*, t. ii, p. 133, *The journal of
the Royal Asiatic Society*, 1900.

II. TRADUCTIONS MODERNES

a) de la Version syriaque.

E. J. Dillon, *Contemporary Review*, mars 1898, traduction anglaise du manuscrit *C*.

J. Rendel Harris, *The Legend of Ahikar*, Ed. de Cambridge,
p. 56-84 ; traduction anglaise du feuillet du manuscrit *L* et du
manuscrit *C*.

F. Vigouroux, *Les Livres saints et la critique rationaliste*,
5ᵉ édit., Paris, 1901, traduit toute la partie historique d'après
le manuscrit *C*.

b) de la Version néo-syriaque-arabe.

Mark Lidzbarski, *Die neuaramäischen Handschriften der Kön.
Bibl. zu Berlin*, IIᵉ partie, Weimar, 1895 (p. 1-41). Autre ti-
rage de la même traduction sous le titre *Geschichten und
Lieder aus den neuaramäischen Handschriften der Kön. Bibl.
zu Berlin*, Weimar, 1896. Dans cette traduction, M. L. a complété le néo-syriaque par un certain nombre de passages traduits sur l'édition Salhani.

c) de la Version arabe.

Mille et une nuits, 1ʳᵉ éd., Chavis et Cazotte dans le *Cabinet des
Fées*, Genève et Paris, 1788, t. xxxix, p. 166- 361. — 2ᵉ éd.,
Caussin de Perceval, Paris, 1806, t. viii, p. 167. — 3ᵉ éd ,

Gauttier, Paris, 1822, t. VII, p. 313. Des traductions anglai-
ses et allemandes se trouvent dans les éditions de Hanley,
Habicht, Burton, Henning, cf. *supra*, p. 15-16.

J. AGOUB, *Le sage Heykar*, conte arabe, Paris, 1824. Cette
traduction a été reproduite dans *Mélanges de littérature orientale et française*, Paris, 1835, p. 61-119, et c'est encore elle,
divisée en nuits, qui figurait dans l'édition Gauttier des *Mille
et une nuits* (cf. *supra*).

Agnès Smith LEWIS, *The story of Haiqar and Nadan*, Ed. de
Cambridge, p. 87-118.

d) de la Version arménienne.

F. C. CONYBEARE, *The Maxims and Wisdom of Khikar*, Ed. de
Cambridge, p. 24-55.

P. VETTER, *Das Buch Tobias und die Achikar-Sage*, dans la *Theolog. Quartalschrift* de Tubingue, 1904.

e) de la Version éthiopienne.

C. H. CORNILL, *loc. cit.* (a édité et traduit).

J. Rendel HARRIS, *Æthiopic fragments of the sayings of Ahikar*,
Ed. de Cambridge, p. 85-86.

f) de la Version grecque.

Dans toutes les traductions de la vie d'Ésope attribuée à Planude, par exemple en tête des fables de La Fontaine, éd. Parmantier, Paris, 1825, t. I. p. LXXXII-LXXXVI ; éd. Hachette,
Paris, 1883, t. I, p. 46-51.

g) de la Version slave.

V. JAGIC, *Der weise Akyrios*, dans *Byzantinische Zeitschrift*, t. I
(1892), p. 107-126.

Agnès Smith LEWIS, *The story of the wise Akyrios*, Ed. de
Cambridge, p. 1-23. Cette traduction a été faite sur celle de
V. Jagic.

h) de la Version roumaine.

M. GASTER, *Journal of the royal Asiatic Society,* 1900, p 301-319

III. TRAVAUX DIVERS

S. ASSEMANI, *Bibliotheca orientalis,* t. II, p. 208 ; t. III, p. 286.

G. HOFFMANN, *Auszüge aus syrischen Akten persischer Martyrer,* Leipzig, 1880, p. 182-183.

G. BICKELL, dans *Athenæum,* t. II, 1890, p 170

E. KUHN, dans *Byzantinische Zeitschrift,* 1892, p. 127-130.

M. STEINSCHNEIDER, *Die Hebraischen Uebersetz. des Mittelalters,* Berlin, 1893.

Bruno MEISSNER, dans *Zeitschrift der Deutschen Morgenl. Gesellschaft,* t. XLVIII (1894), p. 171-197.

Mark LIDZBARSKI, *ibid.,* t. XLVIII, 1894, p. 671-675.

E. SCHÜRER, *Geschichte des jud. Volkes im Zeitalter Jesu-Christi,* 3ᵉ éd., 1898, t. III, p. 177 sq. — *Theolog. Litteraturzeitung,* 1897, n. 12 (p. 326).

E. COSQUIN, dans la *Revue biblique,* t VIII (1899), p. 50-82 et 510-531.

TH. REINACH, *Un conte babylonien dans la littérature juive : le roman d'Akhikhar,* dans la *Revue des études juives,* t. XXXVIII (1899), p 1-13

Mark LIDZBARSKI, *Deutsche Litteraturzeitung,* 1899.

E. SACHAU, *Verzeichniss der syrischen Handschriften,* Berlin, 1899.

J. HALEVY, *Tobie et Akhiakar,* dans la *Revue sémitique,* 1900, p. 23-77.

J DASCHIAN, dans *Kurze bibliograph. Untersuchungen und Texte,* t. II, 1901, p. 1-152 (en arménien).

M. PLATH, *Zum Buch Tobit,* Gotha, 1901.

Paul MARC, *Die Achikar-Sage, ein Versuch zur Gruppirung der Quellen,* Berlin, 1902.

R GOTTHEIL, *A christian Bahira Legend,* New-York, 1903.

J. SIEGER, *Das Buch Tobias,* dans *Der Katholik,* t. XXIX, 1904.

P. VETTER, *Das Buch Tobias und die Achikar-Sage,* dans la *Theol.*

Quartalschrift de Tubingue, 1904, p. 321 et 512, 1905, p. 321 et 497.

HAGEN, *Lexicon biblicum*, Paris, 1905, au mot *Archiacharus*.

F. VIGOUROUX, *Les Livres saints et la critique rationaliste*, 5ᵉ éd., t. IV, Paris, 1901.

— *La sainte Bible polyglotte*, trois textes grecs pour *Tobie* ; grec et hébreu pour l'*Ecclésiastique*.

— *Manuel biblique*, 12ᵉ éd , Paris, 1906.

R. DUVAL, *La littérature syriaque*, 3ᵉ éd , Paris, 1907.

F. NAU, *Le mot ôrḫé dans Ahikar et Bar Bahlul*, dans le *Journal asiatique*, Xᵉ série, t. IX (1907), p. 149.

Victor CHAUVIN, *Bibliographie des ouvrages arabes*, t. VIII, Liége, 1907.

Rudolf SMEND, *Alter und Herkunft des Achikar-romans und sein Verhältnis zu Æsop*, Giessen, 1908.

SIGLES ET ABRÉVIATIONS

A et *Ar* = texte arabe de l'édition de Cambridge. Cf. Introd.,
ch. IV, iv, 2.

Ag = traduction Agoub. Cf. Introd., ch. III, i, 2.

Arm. = traduction de l'arménien d'après P. Vetter ou l'éd.
de Cambrigde. Cf. Introd., ch IV, iv.

B = ms. de Berlin, Sachau *336*. Cf. Introd., ch. IV, ii, 4

C = ms. de Cambridge, *add. 2020*. Cf. Introd., ch. IV, ii, 2.

Ed. de Cambridge Cf. Introd., ch. III, i, 8.

F = traduction des *Mille et une nuits*, éd. Chavis et Cazotte. Cf.
Introd., ch. III, i, 1.

G = version grecque d'Ahikar insérée dans la vie d'Ésope Cf.
Introd , ch. IV, viii.

H = version hébraïque de Joseph Massel. Cf. Introd., ch IV,
x.

L = ms. de Londres, *add. 7200* Cf. Introd., ch IV, ii, 1.

Lidzbarski = édition et traduction du néo-syriaque. Cf. Introd.,
ch. IV, iii.

B. *Meissner* = article de la *Zeitschrift der Deutschen Morgenlændischen Gesellschaft*, t. xlviii (1894) Cf. Introd , ch. III, i, 5.

NS = version néo-syriaque. Cf. Introd., ch. IV, iii.

Rendel Harris = introduction à l'édition de Cambridge. Cf.
Introd., ch. III, i, 8.

R. *S.* = Rudolf Smend, *Alter und Herkunft...* Cf. Introd.,
p. 29-35 — M. Rudolf Smend cite les fables d'Ésope (en chiffres romains) d'après l'édition de C. Halm, et les fables de
Babrius d'après l'édition de Crusius. Cf. *Alter und Herkunft...*,
p. 77 et 78.

Nous citons les fables d'Ésope (en chiffres romains) d'après
l'édition Tauchnitz, Leipzig, 1829 ; les fables de Babrius, d'a-
près l'édition Maurice Croiset, Paris, 1890 , les fables de Phèdre, d'après l'édition de la Société bipontine, Argentorati, 1810,

et les fables de Loqman, d'après l'édition Cherbonneau, Paris,
1847, et la traduction J.-J. Marcel, 2ᵉ édit., Paris, an XI (1803).

Salh = Salhani, *Contes arabes*, Beyrouth, 1890.

Sl = version slave. Cf. Introd., ch. IV, vii.

W = édition A. Westermann, *Vita Æsopi*, 1845. Cf. Introd.,
ch. IV, viii,

Z D M G = *Zeitschrift der deutschen morgenlændischen Gesellschaft.*

[ ] Nous mettons entre crochets dans la traduction les passages ou les mots empruntés au manuscrit *C*, pour compléter ou
rectifier le manuscrit *B*.

( ) Nous mettons entre parenthèses nos propres explications
ou additions.

HISTOIRE ET SAGESSE D'AHIKAR

INTRODUCTION

Au nom du Dieu vivant, le serviteur coupable commence à écrire une histoire ninivite : Aḥikar l'Assyrien [1].
— Jacques d'Edesse la composa en langue syriaque d'après
la tradition de Mar Éphrem l'ancien — il mourut en pays
chaldéen, l'an 1252 des Grecs [a].

---

[1] *C* a pour titre : « Avec l'aide divine, je commence à écrire les
Proverbes, c'est-à-dire l'histoire du sage Aḥikar, le scribe de
Sennachérib, roi d'Assur et de Ninive. »

---

[a] Titre. *A* : « Haiqar et Nadan. Au nom de Dieu le Créateur, le
Vivant, la Source de la raison, nous commençons — avec l'aide
du Très-Haut et sous sa direction puissante — à écrire l'histoire
de Haiqâr le sage, vizir du roi Sennachérib, et de Nadan, fils de
la sœur de Haiqâr le sage. » — *Arm* : « Les maximes et la sagesse
de Khikar. » — *Eth* : « Instructions de Haikar le sage. »

Introd. *Le serviteur coupable...* Le scribe rédige son en-tête en
vers de sept syllabes. B Meissner a transcrit l'en-tête du manuscrit *336*. Cf. *Zeitschrift der Deutsch. Morgenl. Ges.*, t. xlviii, p. 176.

D'après la tradition, littéralement : « d'après l'audition intellectuelle »

L'an 1252. Un lecteur trouvant cette date peu satisfaisante a sur-
monté de trois points le premier chiffre et le troisième pour indiquer
ainsi qu'on doit les intervertir. Cela donne l'an 5212 (du monde), ou
296 avant notre ère.

L'an 1252 des Grecs, ou 941. Cette date ne convient donc qu'à un
scribe, peut-être à l'auteur de ces quelques vers (Jacques d'Edesse
est mort en 708).

CHAPITRE I

Aḥikar demande un fils.

1. [a] Il dit : Lorsque je vivais à l'époque de Sennachérib, roi de Ninive [b] ; lorsque moi, Aḥikar, j'étais trésorier (ἐπίτροπος) et scribe [1], et que j'étais jeune, les devins, les mages et les sages me dirent : « Tu n'auras pas d'enfant. »

---

[1] *C* : « La vingtième année de Sennachérib, fils de Sarḥédom, roi d'Assur et de Ninive, moi, Aḥikar, j'étais scribe du roi. » — *NS* : « J'avais acquis beaucoup de bien. »

---

[a] *A* : « Dans les jours du roi Sennachérib, fils de Sarḥédon, roi d'Assur et de Ninive, il y avait un vizir, un homme sage nommé Haykar, et il était vizir du roi Sennachérib. »

[b] *G* : « (Ésope) quitta ensuite l'île (de Samos) et parcourut la terre, prenant part partout aux discussions des philosophes. Il arriva aussi à Babylone et, après y avoir montré sa sagesse, devint en grand crédit auprès du roi Lycéros. A cette époque, les rois qui étaient en paix s'écrivaient par plaisir des problèmes captieux et se les envoyaient. Ceux qui les résolvaient recevaient, à cette occasion, des tributs de ceux qui les avaient envoyés, sinon ils payaient les mêmes tributs. Ésope résolvait avec intelligence les problèmes qui étaient adressés à Lycéros et couvrait ainsi le roi de gloire. Il envoyait aussi de son côté d'autres problèmes par l'intermédiaire de Lycéros et, comme ils n'étaient pas résolus, le roi en tirait de nombreux tributs. » Le rédacteur grec prépare ainsi le lecteur à l'ambassade du roi d'Égypte. — *F* transforme ce paragraphe de la manière suivante : « Dans les temps dont je viens de vous parler, sire, Sinkarib régnait à Nenevah et à Thor, royaume d'Assyrie. Ce prince, parvenu fort jeune au trône, n'était pas né sans vertus ; mais le goût des plaisirs lui faisait négliger ses affaires ; elles étaient un fardeau pour lui, et le ministre qui l'en soulageait pouvait se pro-

2. J'acquis une grande richesse, j'étais comblé d'un bon superflu, j'épousai soixante femmes et je leur bâtis soixante palais, vastes, merveilleux et admirables, ainsi que de nombreuses maisons, et j'arrivai à l'âge de soixante ans, et il ne m'était pas né d'enfant [a].

3. Cependant moi, Aḥikar, j'allai offrir des sacrifices et des présents aux dieux; je brûlai pour eux l'encens et les aromates et je leur dis : « O dieux, donnez-moi un fils dans lequel je me complaise jusqu'au jour où je mourrai et où il me succédera [1]; il fermera mes yeux et m'ensevelira. Et

---

[1] Les mss. *C, L* cités plus bas, d'accord avec l'arménien et le slave, portent: « me jette de la poussière sur les yeux. » — *Arménien* : « Je demande seulement qu'il puisse de ses mains répandre de la poussière sur moi. » — *Slave* : « Donne-moi un fils qui puisse répandre de la poussière sur mes yeux après mon décès. » Cet usage explique plus loin (ch. III) la pensée 84.

---

mettre de le subjuguer. Heureusement pour le jeune monarque, il avait eu la précaution de conserver pour son premier vizir celui qui avait gouverné l'Assyrie sous le règne de son père, avec autant d'éclat que de sagesse : Hicar était son nom. C'était l'homme le plus instruit de son temps dans toutes les sciences connues, sa prudence, sa fermeté, ses ressources et la haute réputation dont il jouissait faisaient le bonheur des peuples et le salut de l'Etat. » — *NS* porte simplement : « C'était dans les jours de Sennachérib, fils de Sarchadum roi d'Assyrie et de Ninive, alors moi, Chikâr, j'étais son ministre et son secrétaire. »

[a] *A* : « Il avait une grande fortune et beaucoup de biens, et il était un philosophe sage et avisé par ses connaissances comme par

---

2. *J'étais comblé d'un bon superflu,* c'est-à-dire : « j'avais acquis beaucoup de biens. »

Palais=Apadné ; cf. Daniel, xi, 45. *C, L* portent : *Biron* — et l'arabe, *Qasr.* Cf. Cantique, vi, 7 : *Sexaginta sunt reginæ.*

3 *Je brûlai,* litt. : « je faisais fumer. »

Il me succédera, litt. : « il héritera de moi. »

depuis le jour de ma mort jusqu'à sa mort, s'il prenait chaque jour une mesure (κόρος) de mon argent et la répandait
sans cesser, mon bien ne finirait pas. » Les idoles ne lui
répondirent rien [1], aussi il les laissa et fut rempli de peine
et d'une grande souffrance [a].

---

[1] Dans *C*, *L*, Aḥikar est monothéiste dès le commencement et
ne s'adresse donc pas aux idoles. *C*, p. 37-38 : « ... et je n'avais
pas de fils. Alors moi, Aḥikar, je bâtis un grand autel tout en
bois, j'y allumai du feu, y plaçai une bonne nourriture et je dis :
O Dieu mon seigneur, lorsque je mourrai et que je ne laisserai
pas de fils, les hommes ne diront-ils pas : Voilà certes qu'Aḥikar
était juste, bon et pieux, il est mort et il ne laisse pas de fils pour

---

ses pensées et sa conduite. Il avait épousé soixante femmes et
construit un palais pour chacune d'elles. Et après cela, il n'avait
pas d'enfant de toutes ses femmes, pour en faire son héritier. »

[a] *A* : « Il en était très affecté et un jour il assembla les astrologues, les savants et les devins, il leur exposa sa situation et leur
dit la cause de sa tristesse. Ils lui dirent : Va sacrifier aux dieux
et les supplier pour qu'ils veuillent bien te donner un fils »

F : « Zéfagnie, sa première épouse, qui n'avait jamais perdu les droits qu'elle s'était acquis sur son cœur, l'exhortait en
vain à la résignation : Un enfant, lui disait-elle, n'est pas toujours un bienfait du ciel. Vous savez que j'eus une sœur que le
sien a fait mourir de chagrin. Soumettez-vous, mon cher Hicar,
à un décret qui vous délivre peut-être de bien des amertumes, en
paraissant vous accabler. — Hicar avait beaucoup de déférence
pour son épouse, elle était tante de Sinkarib et ne s'était jamais
enorgueillie du hasard de la naissance ; elle avait toujours eu
une excellente conduite, elle avait des droits à son estime et à sa
tendresse. Honteux de la démarche qu'il allait faire, il lui cacha
qu'il avait mandé des astrologues, pour les consulter sur les
moyens qu'il pourrait employer pour avoir un enfant. »

Plus loin, *F* mentionne le dieu Bilelsanam et ajoute : « Hicar
était né dans le pays d'Aram, il en avait rapporté la connais-

4. Il changea alors son discours, pria Dieu [a], crut (en lui),
le supplia dans l'ardeur de son cœur et dit : « O Dieu du
ciel et de la terre, Créateur de toutes les créatures, je te
demande de me donner un fils dans lequel je me complaise,
qui (me) console au moment de ma mort, me ferme les yeux
et m'ensevelisse [b]. »

5. Une voix vint et lui dit : « Puisque tu t'es confié
dans les dieux, que tu as mis ton espoir en eux et que tu
leur as offert des présents, tu mourras sans fils et sans filles ; cependant, je te le dis, voici que tu as Nadan, fils de ta
sœur, prends-le, enseigne-lui toute ta science et il aura
ton héritage. »

---

l'ensevelir ni même de fille ; ses richesses, comme celles d'un
homme maudit, n'ont pas d'héritier. Je te demande, ô Dieu, d'a-
voir un fils qui jette de la poussière sur mes yeux au moment de
la mort. Et j'entendis cette parole : O Aḥikar, sage scribe, je
t'ai donné tout ce que tu m'as demandé, si je t'ai laissé sans enfants, cela te suffit, ne t'en afflige pas, mais voilà Nadan, le fils de
ta sœur... » *L*, p. 33 : « Je n'avais de fils d'aucune d'elles, alors

---

sance du vrai Dieu. Cependant, entraîné par son désir, il va
trouver le prêtre de Bilelsanam »

   [a] *NS* : « Il pria le Dieu du ciel (analogue à Bilelsanam
ou Belšim). » La prière d'Aḥikar manque dans *NS*.

   [b] L'arménien, dont le commencement ressemble beaucoup
au syriaque, mentionne les dieux Belšim, Šimil et Šamin, il
soude ensemble les deux prières d'Aḥikar et omet ainsi sa con-
version au vrai Dieu. Ce sont donc les dieux qui lui conseillent
d'adopter Nadan. L'arménien abrège encore la suite pour arriver en hâte aux préceptes (c. III), qui figurent seuls d'ailleurs
dans son titre (Maximes et sagesse de Khikar).

   G : « Ésope n'ayant pas d'enfant, adopta l'un des nobles,
nommé Ennos, et le présenta au roi comme son propre fils. » Le
grec passe d'ici à la faute d'Ennos (Nadan). Cf. IV.

CHAPITRE II

(Aḥikar adopte Nadan et le choisit pour son successeur.)

1. Je pris donc Nadan, le fils de ma sœur, je l'élevai, le dirigeai et le donnai à huit nourrices pour le nourrir. Je le comblai d'huile et de miel [a], je le revêtis de pourpre et d'écarlate, je le fis dormir sur des lits moelleux et des tapis.

2 Nadan, fils de ma sœur, profita et grandit comme un noble cèdre. Je lui enseignai l'écriture, la sagesse et la philosophie (φιλοσοφία)

3. Lorsque le roi Sarḥédom revint de ses fêtes et de ses voyages, il m'appela un jour, moi Aḥikar, son scribe et

---

je me bâtis un autel bien parfumé, je fis un vœu et je dis · O Seigneur Dieu, donne-moi un fils mâle qui, lorsque je mourrai, jette de la poussière sur mes yeux. J'entendis alors cette parole O Aḥikar, ne t'afflige pas trop, tu n'as pas d'enfant, mais voilà Nadan, le fils de ta sœur »

---

[a] « D'huile et de miel, » *NS* ajoute « et de crème ; » — « de pourpre et d'écarlate, » *NS* « de soie et de pourpre. »

II. 1. *Je le comblai*, litt. « je l'engraissai »
Des lits . des tapis = *amlé, milotô*, ces deux mots, qui proviennent évidemment d'une même racine, sont rapprochés par Payne Smith de l'araméen *dámiltá* (*Thesaurus syriacus*, col. 229, sous *amiltá*) et du grec μηλωτή ou (στρώματα) μήλωσις

3 *Sarḥédom* Toutes les versions et *B* lui-même portent ici Sennachérib par analogie avec *I*, 1, bien qu'il y ait une vingtaine d'années entre ces deux événements.
De ses fêtes, en araméen *fanneq*, litt. « de ses délices. »
Son scribe, sofrô M. R. S., p. 104, estime qu'un scribe syrien n'aurait pas choisi ce nom s'il ne l'avait trouvé dans l'original araméen utilisé par lui, car c'est un mot araméen. Cf. Esdras, iv, 8, 9, 17, 23.

son chiliarque (χιλίαρχος) [a], et il me dit : « O ami illustre, cher, honoré, sage et habile, mon chancelier et le confident de mes secrets, tu es avancé en âge, tu as vieilli et ta mort est proche, dis qui me servira après ta mort et ton enterrement [1]. »

4. Je lui dis : « O mon seigneur le roi, vis toujours dans les générations des générations ! J'ai le fils de ma sœur qui est comme mon fils. Voilà que je lui ai enseigné toute ma sagesse, et il est sage et prudent. »

Mon seigneur me commanda (en ces termes) [2] « Va,

---

[1] *C* porte : « Mais voilà Nadan, le fils de ta sœur, il te sera un fils et, à mesure qu'il grandira, tu pourras lui enseigner. Quand j'entendis ces paroles, je fus encore affligé et je dis : O Dieu, mon Seigneur, c'est donc que tu me donneras Nadan, fils de ma sœur, pour me jeter de la poussière sur les yeux, lorsque je mourrai ? — Aucune réponse ne me fut plus donnée. J'accomplis ce précepte, je pris Nadan, fils de ma sœur, pour fils ; comme il était jeune, je lui donnai huit nourrices ; j'élevai mon fils avec du miel, je le fis coucher sur des tapis de choix et je le vêtis de fin lin et de pourpre. Mon fils grandit et poussa comme un chêne. Et quand mon fils grandit, je lui enseignai les lettres et la sagesse. Et lorsque le roi revint d'où il était allé, il m'appela et me dit : O Ahikar, sage scribe et mon confident, quand tu vieilliras et mourras, qui donc après toi me servira comme toi ? »

[2] *C* porte : « Le roi me dit : Amène-le pour que je le voie ; s'il peut te remplacer, je te laisserai partir en paix et tu passeras ta vieillesse avec honneur jusqu'au jour où tu mourras. »

---

[a] « Son chiliarque », *NS*: « son ministre (vizir). »

---

3. *Mon chancelier*, litt. « l'écrivain de mon secret. »

3. *Dis*, litt. « ordonne ».

4. *Vis toujours* etc. Même formule dans Daniel, ii, 4 ; iii, 9 ; v, 10 ; vi, 6, 21 ; I Rois, i, 31 ; Néhémie, ii, 3. *C* porte : « Vis à jamais » ; cf. *infra*, ix, 6 ; xxiv, 1.

amène-le pour que je le voie, et, s'il me plaît, il me servira
et se tiendra en ma présence. Pour toi, continue ta route,
il te reposera de ton travail et entourera ta vieillesse
d'honneur et de gloire. »

5. Alors moi, Ahikar, je pris Nadan, le fils de ma sœur,
je l'amenai devant le roi Sarhédom et le remis entre ses
mains. Quand le roi l'eut vu, il se plut et se réjouit en
lui et il dit : « Que le Seigneur conserve ton fils ! Comme
tu m'as servi ainsi que mon père Sennachérib, et comme
tu as dirigé nos affaires en perfection, ainsi fera Nadan,
fils de ta sœur : il me servira, fera mes affaires, je l'hono-
rerai et l'exalterai à cause de toi et j'en prendrai soin. »

6. Je m'inclinai devant le roi et je lui dis : « Vis, ô mon
seigneur le roi, à jamais ! je te demande de prendre soin
de lui et de l'aider. Qu'il demeure dans ta maison, comme
moi-même je t'ai servi et j'ai servi ton père. »

7. Alors il lui donna la main et jura de le garder près
de lui avec honneur et gloire. Je me levai et je dis : « Ainsi
(soit-il), ô roi [1] ! »

---

[1] *C* porte « Alors je conduisis Nadan, mon fils, et le présentai
au roi. Quand le roi mon maître le vit, il dit : Le jour d'aujour-
d'hui sera béni devant Dieu. Comme Ahikar a marché devant
Sarhédôm, mon père, et a prospéré devant moi, il a aussi élevé
son fils à ma porte durant sa vie et lui-même quittera la vie.

---

4 *Entourera*, litt. « gouvernera »

5. *Sarhédom.* Toutes les versions et même le manuscrit *B* inter-
vertissent ici Sennachérib et Sarhédom et font du second le père du
premier. Cette faute provient de ce que Sennachérib est mentionné —
à bon droit cette fois — en I, 1. Le scribe n'a pas remarqué que les
chapitres I et II sont séparés par un intervalle de vingt ans.

6. *J'ai marché devant ton père* (ms. *C.*) R. S., p. 104, fait remarquer que la locution « marcher devant », litt. « courir devant »,
est araméenne et hébraïque. Cf. I Sam., II, 35 ; VIII, 11 ; II Sam., XV,
1 ; I Rois, I, 5

8. J'instruisis mon fils Nadan [1] et je lui transmis ma sagesse, je le comblai de doctrine et de sagesse jusqu'à ce qu'il devînt scribe comme moi. Voici comment je l'instruisais et comme je lui parlais [a], moi, Aḥikar le sage [2] :

Alors moi, Ahikar, j'adorai le roi et je lui dis : Vis, ô mon seigneur le roi, à jamais, de même que j'ai marché devant ton père et devant toi jusque maintenant, ainsi, toi aussi, seigneur, supporte avec patience la jeunesse de mon fils ici (présent) et redouble de bonté envers lui. Alors, quand il eut entendu cela, le roi me donna la main droite et moi, Ahikar, je saluai le roi. »

[1] Le ms. *L* omet la plus grande partie de ce qui précède. « Alors j'entendis cette parole : O Aḥikar, ne t'afflige pas beaucoup, tu n'as pas de fils, mais voilà Nadan, le fils de ta sœur ; prends-le pour fils, et quand il grandira, tu pourras tout lui enseigner. Alors, quand j'entendis cela, je pris Nadan, fils de ma sœur, et il fut mon fils et je lui parlai ainsi. Écoute mon enseignement, mon fils Nadan. »

[2] *C* porte. « Je ne cessai pas d'instruire mon fils avant de l'avoir rassasié d'instruction comme de pain et d'eau ; je lui parlai ainsi. »

---

[a] *F* : « Nadan est revêtu sur-le-champ de l'écritoire et du sceau, il prend les ordres du roi pour les expéditions à faire, et retourne au palais d'Hicar.

« Mon cher Nadan, lui dit son oncle, vous n'avez plus guère de temps pour prendre les conseils de votre mère et les miens, n'oubliez jamais ceux que nous vous avons donnés jusqu'ici ; c'est en les suivant que vous avez été en état d'obtenir la faveur que je viens de faire tomber sur vous. Je vous préviens qu'elle vous expose autant qu'elle vous élève, et je vous prie d'écouter encore des avis qui eussent été prématurés avant ce jour, mais qui sont pour vous maintenant de la plus haute importance » — *NS* porte seulement. « Alors moi, Chikâr, je baisai la main du roi, puis je pris Nadan et l'instruisis jour et nuit jusqu'à ce que je l'eusse rassasié de science, de sagesse et de connaissance plus que de pain et d'eau. Alors je l'instruisis et lui enseignai les Proverbes. »

CHAPITRE III

Sagesse, doctrine et proverbes qu'Aḥikar enseigna à Nadan, fils de sa sœur [a].

1. O mon fils Nadan, ecoute mes paroles, suis mes conseils et souviens-toi de mes discours, comme l'a dit le Seigneur [1] [b].

2 Oui, mon fils Nadan, si tu entends mes paroles, enferme-les dans ton cœur et ne les révèle pas à autrui [c], de

---

[1] *C, H* portent : « Écoute, mon fils Nadan, et comprends-moi, souviens-toi de mes paroles comme des paroles de Dieu » — *L* porte : « Souviens-toi de mes paroles comme de ces discours... »

---

[a] Ici, comme plus loin, *B* seul ajoute des titres

[b] « Comme l'a dit le Seigneur » manque dans Salhani.

[c] Salhani : « .. de crainte qu'elle ne devienne un charbon qui brûle ta langue, qu'elle ne prépare de la douleur à ton corps et qu'elle ne t'amène de la douleur. » — *A* : « O mon fils, si tu entends une parole, enferme-la.. »

III 1. Cf. Ecclésiastique, vi, 24 , xvi, 24-25 Jésus, fils de Sirach, a le même but qu'Ahikar « Ecoute-moi, mon fils, et apprends la discipline de l'esprit et à mes paroles sois attentif en ton cœur. Et je te dirai avec équité la discipline ; et je chercherai à t'expliquer la sagesse » — Item, Tobie, iv, 2 — *B* peut avoir conservé la bonne leçon : Ahikar ferait allusion aux passages parallèles des Proverbes : « Mon fils, prête attention à mes discours et incline ton oreille à mes paroles, » iv, 20 , cf i, 8 ; iv, 10 , vi, 7 , vii, 1, 2 — D'ailleurs le texte de *C* et de *L* est mauvais en cet endroit *C* porte *âlah* corrigé par l'éditeur en *âlahâ* et *L* porte *lehên* corrigé par l'éditeur en *holén*.

2 Cf. Prov , xxv, 9-10, 22.

crainte qu'une fournaise de feu ne brûle ta langue et que
tu ne causes de la douleur à ton corps et du mal à ton intelligence, et que tu n'aies honte devant Dieu et (devant)
les hommes [1].

3. O mon fils [a], si tu entends [2] une parole ne la révèle à
personne [b] et ne dis rien de ce que tu vois [3].

---

[1] « Ne les révèle pas à autrui. » *C, L, H* portent : « Mon fils
Nadan, si tu entends une parole, qu'elle meure dans ton cœur,
et ne la révèle à personne, de crainte qu'elle ne devienne un
charbon dans ta bouche et qu'elle ne te brûle et que tu n'infliges
une souillure à ton âme, et que tu ne murmures contre Dieu. »

L, H ajoutent : « Et que tu ne sois haï sur la terre »

[2] *C* : « tout ce que tu entends, tu ne le diras pas. » Cf. Ecclésiastique, XLII, 1.

[3] *L* intervertit : « Mon fils, tout ce que tu vois tu ne le diras pas,
et tout ce que tu entends, tu ne le révèleras pas ». *L* place ensuite les sentences 4, 48, 84 et 8

---

[a] Voici les premiers conseils dans *F* . « Vous allez être
revêtu d'une grande puissance ; employez-la toute pour celui
qui vous l'abandonne, songez qu'il en est jaloux.

« Éloignez, par le respect, la familiarité de votre souverain
et, par la réserve, celle de votre inférieur. Vous n'avez plus
d'égaux, vous ne sauriez avoir un ami.

« Ne soyez point dupe de la cour qui va vous environner. L'arbre chargé de fruits attire les oiseaux, tous viennent sur ses
branches jouer et folâtrer : est-il dépouillé, on l'abandonne, il
est le jouet des vents, la poussière le couvre et chacun le fuit. »

[b] Même pensée dans *A*, qui porte un peu plus loin : « O mon
fils, si tu as entendu quelque chose, ne le cache pas. » — *F*, au
lieu de 3, porte : « Quand vous méditerez une entreprise, fer-
mez vos lèvres. Quand vous voudrez vous mettre en chemin
pour l'exécution, doublez vos babouches avec de la laine »

2-3. Ag : « Mon fils ne raconte jamais ce que tu as vu ni ce

4. O mon fils, ne délie pas un nœud caché et ne scelle pas un nœud délié [a].

5. O mon fils, dirige ton sentier et ta parole, écoute et ne te hâte pas de donner une réponse [b].

6 Mon fils, ne désire pas la beauté du dehors, car la beauté disparaît et passe, mais une bonne memoire [c] et un bon renom demeurent à jamais.

7 [d] Mon fils, ne prends pas une femme aux paroles querelleuses, car l'amertume suit les paroles, un poison mortel est enveloppé dans son filet et tu seras pris dans son piege [1].

---

[1] *C, L, H* omettent 5, 6, 7 Apres 4, *L, H* placent aussitôt 48. Cf. *infra*, 14, 26.

---

que tu as entendu , si une parole secrète est prononcée devant toi, laisse-la mourir dans ton cœur et garde-toi de la divulguer à personne, de crainte qu'elle ne devienne un charbon ardent qui brûle ta langue et que tu ne sois honni de Dieu et des hommes, » p. 68-69

[a] 4 manque en Salh., se trouve plus loin en *A*. — *F* porte : « Le secret qui s'échappe brûle la langue ; le bruit qui précède ou qui accompagne le projet le déconcerte »

[b] Salhani « Mon fils, rends tes paroles légeres pour l'auditeur (parle peu), et ne te hâte pas de répondre »

[c] « Une bonne mémoire » n'est pas dans Salhani

[d] Ag : « Ne te laisse pas séduire par les discours d'une femme dépravée, de crainte qu'elle ne te fasse tomber dans ses filets et que tu ne périsses misérablement, » n. 69

Salhani : « Mon fils, ne te laisse pas tromper par les paroles d'une mauvaise femme, pour que tu ne meures pas d'une mort

---

5 Cf. Démocrite, éd Didot, p. 351, n 178 « Démocrite voyant quelqu'un qui parlait beaucoup, mais sans grand discernement Je ne le trouve pas, dit-il, habile à parler, mais incapable de se taire » Eccli , iv, 34 , xxxii, 9-12.

6. Eccli., xli, 15-16 , cf. *infra*, 64-65.

7. Cf *infra*, 14, 26.

8. [a] Mon fils, si tu vois une femme parée de (beaux) habits et parfumée d'agréables parfums et que son caractère soit abject, querelleur et impudent, que ton cœur ne la désire pas. Quand même tu lui donnerais tout ce que tu as, tu trouverais que cela ne tourne pas à ta gloire, mais tu irriterais Dieu et tu le mettrais en colère contre toi [1].

9. [b] [Mon fils, ne pèche pas avec la femme de ton pro-

---

[1] *C, L, H* portent : « Mon fils, n'élève pas tes yeux pour voir une femme parée et fardée. Ne la désire pas dans ton cœur ; car lors même que tu lui donnerais tout ce que tu as, tu ne trouverais en elle aucun profit et tu commettrais un péché (*H* : un grand péché) contre Dieu. » Cf. *infra*, 92. R. S. rapproche « n'élève pas tes yeux » du μετεωρισμὸς ὀφθαλμῶν d'Eccli., XXIII, 5 ; XXVI, 12, et de *Didaché*, III, 3,

---

honteuse, lorsqu'elle te prendra dans le filet et que tu seras entraîné à la perdition. »

[a] Salhani : « Mon fils, ne désire pas une femme qui se rend belle avec des habits et des parfums, tandis qu'à l'intérieur elle est vulgaire et mauvaise.

« Prends garde de l'écouter ou de lui donner quelque chose de ce qui t'appartient ou de lui confier ce que tu as en main, car elle te couvrira de péchés et Dieu s'irritera contre toi. »

[b] 9 manque dans Salhani et Ag, mais Ag ajoute ici : « L'homme sans enfants est semblable à un tronc stérile, dépouillé de rameaux, de feuillage et de fleurs. Sois plutôt comme cet arbre planté sur les bords d'un ruisseau et dans le voisinage des grandes routes, il offre ses fruits nouveaux aux voyageurs, et les animaux du désert viennent se réfugier sous son ombrage tutélaire, » p. 70. Cf. n. 39

---

8. *Son caractère*, litt. « sa maison » ou « son intérieur. »
Ne la désire pas. Prov., V, 3-5 ; Eccli., IX, 8.
Cf. Prov., VII, 25-26.
9. *B* omet. Cf. Job, XXXI, 9-11 ; Eccli, XLI, 27.

chain, de crainte que d'autres ne pechent avec ta femme. [1]]

10. [a] Mon fils, ne te hâte pas de répondre et ne mets pas de jactance dans tes réponses et tes discours, comme l'amandier qui pousse des feuilles et verdoie avant tous les arbres et ne donne des fruits qu'après tous (les autres); sois comme l'arbre agréable, admirable, doux et plein de saveur, comme le figuier, qui incline ses branches, verdoie et pousse des feuilles à la fin, bien que son fruit soit mangé avant tout autre [2].

11. [b] Mon fils, incline ta tête, porte ta vue et regarde au bas et prête ton attention. Sois instruit, soumis, réservé, tranquille. Ne sois pas impudent et querelleur. N'élève

---

[1] Au lieu de cette maxime, *H*, *L* portent ici le n. 86. *H* la place plus loin après le n. 79.

[2] *C* porte : « Mon fils ne te hâte pas comme l'amandier qui (porte) d'abord des fleurs et dont le fruit est mangé en dernier lieu, mais ressemble au figuier qui (porte) des fleurs à la fin et dont le fruit est mangé d'abord. »

---

[a] Salhani : « : Mon fils, ne sois pas comme l'amandier qui verdit avant tous les autres arbres, mais produit des fruits le dernier de tous les arbres fruitiers. Sois plutôt comme le mûrier, qui produit des fruits avant tous les arbres et verdit le dernier entre tous. »

[b] Arm., 8 : « Mon fils, ne sois pas trop doux, de crainte qu'on ne te dévore, ni trop dur, de crainte qu'on ne te haïsse. Tu dois être doux et tranquille dans les actes de tes fonctions et dans toutes tes paroles. » Cf. 48. — 11 [b] forme dans Arm. le n. 45. — *NS* : « Mon fils, incline ta tête aussi bas que tu le peux,

---

10. *Amandier*, mot araméen (*louz*), cf. Jérémie, ı, 11-12.
Ne donne des fruits, litt. « et on n'en mange. »
Le figuier, ou « le mûrier » Sic Ag , *F*.
11. *N'élève pas la voix* Cf. Eccles., vıı, 6.

pas ta voix avec jactance et tumulte [1], car s'il suffisait d'une voix puissante pour construire une maison, l'âne en bâtirait deux en un jour ; et si la charrue était dirigée par la force, le chameau la conduirait au mieux.

12. [a] [Mon fils, il vaut mieux transporter des pierres avec l'homme sage que de boire du vin avec l'insensé.]

13. [b] Mon fils, verse ton vin et mêle-le sur les tombeaux des justes [2].

14. Mon fils, sois sage (et) bon, ne bois pas ton vin avec les femmes querelleuses [3].

15. [c] [Ne sois pas impie avec le sage et ne sois pas sage avec l'impie [4]].

---

[1] *L* omet tout ce qui précède ; *C* n'en renferme que les douze premiers mots. — Cf. *supra,* p. 69, n. 18.

[2] *C* porte : « Mon fils, verse ton vin sur les tombeaux des justes et ne le bois pas avec les impies ; » cf. Tobie, iv, 17 ; Eccli., xxx, 13.

[3] *C* porte « avec celui qui ne rougit pas. »

[4] *B* omet. — *H*, *L* mettent 15 après 12. — *L* ne renferme pas 13 et 14.

---

adoucis ta voix et possède-toi bien. Suis la voie de la vertu et ne sois pas impie. Ne fais pas de tapage lorsque tu ris ou lorsque tu parles, car si l'on pouvait bâtir une maison en criant, l'âne bâtirait chaque jour beaucoup de maisons. » — La fin de 11 manque dans Salhani.

[a] 12 et 13 figurent dans Salhani, qui omet 14 ; — *B* omet 12.

[b] 13-14. Arm 7 : « Mon fils, verse ton vin et ne le bois pas avec les insensés et les vagabonds, de crainte d'être méprisé par eux. » Cf. 24.

[c] 14 et 15 manquent dans *A*. — 13-15, Salhani : « Mon fils,

---

11. D'après M. Halévy, si on lisait « ville » au lieu de « maison », cette maxime reposerait sur la similitude de *'air* = ânon et de *'ir* = ville.

14. Cf. Eccli., vii, 2 ; xxv, 23 ; cf. I Cor., v, 11.

16 [a] Mon fils, joins-toi aux sages, aux hommes pieux, afin de leur ressembler ; ne t'associe pas aux jeunes gens pour ne pas leur ressembler et ne pas suivre leurs voies [1].

17 [b] Mon fils, si tu aimes un camarade, éprouve-le d'abord, et ensuite prends-le pour ami. Tant que tu n'as pas éprouvé un homme, ne le loue pas, mais éprouve-le et ensuite fréquente-le [c].

18 [d] Mon fils, ne marche pas avec celui qui n'est pas sage et ne lui dis rien, et ne te mêle pas à l'assemblée des jeunes gens [2].

---

[1] *C, L* portent : « Mon fils, accompagne l'homme sage et tu deviendras sage comme lui ; n'accompagne pas l'homme loquace et bavard pour que tu ne sois pas compté avec lui. »

[2] *C, L, H* omettent 17 et 18 ; d'ailleurs 18 répète 16.

---

verse ton vin sur les tombeaux des hommes pieux plutôt que de le boire avec des hommes mauvais et vulgaires. »

[a] *A* : « O mon fils, attache-toi à l'homme sage qui craint Dieu et demeure près de lui , ne va pas avec l'ignorant de crainte que tu ne deviennes comme lui et que tu n'apprennes ses voies. »

[b] Arm, 5 · « Ne deviens point le compagnon d'un insensé et d'un fou, de crainte que tu ne sois appelé fou comme eux. »

Ag . « Autant tu dois rechercher la société de ceux qui marchent dans la crainte de Dieu, autant tu dois fuir les insensés, qui t'instruiraient dans leurs voies corruptrices. Eprouve d'abord l'ami que tu veux te choisir et ensuite fréquente-le, » p 72-73.

[c] (fin) Salhani « ne le loue pas sans l'avoir éprouvé. Ne te découvre pas en face d'un fou. »

[d] 18 manque dans *A* et Salhani.

---

16 Cf. Prov., xiii, 20 , xxvi, 4 De même dans Démocrite « L'amitié d'un seul sage l'emporte (sur celle) de tous les insensés. »

17 *Éprouve-le.* Cf Eccl., vi, 7.

19 Mon fils, marche nu-pieds sur les épines et les ronces et fraie un chemin à tes enfants et aux enfants de tes enfants [1].

20. [a] Mon fils, chaque fois que le vent souffle dans l'air et que la mer n'est pas agitée, conduis ta barque et ton navire au port, avant que la mer ne s'agite et ne se mette en mouvement et ne multiplie ses flots et ses tempêtes et ne submerge le navire.

21. [b] Repose-toi durant ton chemin et durant tes courses, c'est-à-dire : chaque fois que tu es en bonne santé, pense à ta fin et souviens-toi de la mort entre toi et ton bien [2].

22. [c] Mon fils, lorsqu'un riche mange des serpents, on dit qu'il (les) mange pour se guérir et que cela lui est uti-

---

[1] *C, L, Eth.* : « Mon fils, foule les ronces aux pieds tant que tu as des souliers. » — R. S. (p. 106) rapproche cette pensée d'Isaïe, XXVII, 4.

[2] *C, L, H* omettent 20 et 21.

---

[a] 19-20. *A* : « O mon fils, tant que tu as une chaussure à ton pied, marche avec elle sur les épines et fais une route pour ton fils et pour ta famille et tes enfants. Radoube ton navire avant qu'il n'aille sur la mer et ses flots, qu'il ne soit submergé et qu'il ne puisse être sauvé. » — Salhani . « ...avant que la mer et ses flots n'enflent, car alors tu périras et tu ne pourras plus être sauvé. » 20. — Ag : « C'est pendant le calme que tu dois radouber ton vaisseau, car si le vent des orages se lève et te surprend, ton naufrage est inévitable, » p. 71.

[b] 21 manque dans *A* et Salhani.

[c] 22. Ag : « Si le riche mange une vipère, les hommes disent :

---

22. Pour M. Vetter, il ne peut s'agir d'un véritable serpent, mais d'une herbe de même nom, *naḥaš*, mentionnée dans le Talmud ; cf. J Lévy, *Neuhebr. Worterbuch*, t III, 1883, p. 374 Rien n'indique que *H* l'ait compris ainsi. Il fait le mot à mot de *C, L*.

Cf. Eccle., IX, 15-16. *A, C, L, Eth* omettent la fin , car etc. Le sy-

11

le [1] ; si un pauvre en mange, on dit qu'il en mange par faim ; car c'est sous de nombreuses parures qu'on (croit) trouver l'homme bon et juste.

23 [a] Mon fils, mange ta portion seulement et ne désire pas celle de ton prochain [2]

24. Mon fils, ne t'oublie pas avec l'insensé, n'aie pas commerce avec celui qui n'est pas chaste [3].

---

[1] *L, C, H* omettent « et que cela lui est utile. »

[2] *L, H* « et n'étends pas ta main sur celle du prochain » (n. 15), — *C* « et ne méprise pas ton prochain. » —R. S. montre (p 107) que *C* se tire facilement de *L* et renvoie à Eccli., xxxiv, 16 et 18 (? ?).

[3] *C, L* (n. 16) : Mon fils, ne mange pas de pain avec l'homme sans pudeur. » Cf. I Cor., v, 11. — Slave (n. 13): « Mon fils, ne te mets pas en route avec un homme qui n'accepte pas d'avis (cf. Eccli., viii, 15), et ne t'asseois pas à la même table qu'un trompeur. »

C'est par sagesse Qu'un pauvre la mange et l'on dira que c'est par besoin, » p. 77. *Sic* Salhani.

[a] 22-23 *Arm.*, 10 « Mon fils, si le fils d'un homme riche mange un serpent, on dit que c'est pour lui une médecine ; si le fils d'un homme pauvre en mange un, on dit que c'est par faim. Mange ta portion en paix et ne jette pas les yeux sur celle de ton compagnon Ne passe pas une journée avec celui qui est sans crainte (de Dieu), et ne mange pas ton pain avec celui qui manque de jugement. »

---

riaque et l'arabe portent littéralement : « un fils de riches » et « un fils de pauvres », ce qui équivaut à « un riche » et « un pauvre ». Le slave et l'arménien portent « le fils d'un riche » et « le fils d'un pauvre ». Ces deux versions proviennent donc d'un original sémitique comme l'a fait remarquer R. S. p. 103, le traducteur a mal compris ces deux locutions si fréquentes dans les langues sémitiques.

25. [a] Mon fils, va dans ta prospérité au-devant de ceux qui te haïssent, compatis aux maux qui leur arrivent et plains-(les). Ne te réjouis pas au moment de leur chute [1].

26. Mon fils, ne t'approche pas de la femme querelleuse et à la voix altière [2], ne désire pas la beauté de la femme bavarde (et) impure, car la beauté de la femme est (cause de) sa honte, et ce n'est rien que l'éclat de son vêtement et la beauté extérieure avec lesquels elle te captive et te trompe [3].

---

[1] *II, L* (n 17) « Mon fils, si tu vois ton ennemi à terre, ne te moque pas de lui, de crainte qu'il ne se lève et ne se venge de toi. » Cette partie est propre à *L* et se rapproche de la fin de *B*. On a ensuite : « Mon fils, n'envie pas la prospérité de ton ennemi et ne te réjouis pas de ses maux. »

[2] *C* (n 18), *L* (n. 19), *H* : « Mon fils, n'approche pas de la femme qui murmure (L : de la femme bavarde et loquace) et de celle qui a la voix altière. »

[3] *C* (n 19) « Mon fils, ne cherche pas la beauté de la femme et ne la désire pas dans ton cœur, car la beauté de la femme c'est son bon sens, et sa parure c'est la parole de sa bouche. » —*L* (n. 19 [b]) porte seulement la fin : car, etc

---

[a] 24-25. *A* et Salhani : « O mon fils, ne voisine pas avec le fou et ne mange pas le pain avec lui ; ne te réjouis pas des afflictions de tes voisins. Si ton ennemi te nuit, montre-lui de la bienveillance » La fin ressemble à 28, qui manque dans *A* et Salhani.— Salhani place ici 82 sous la forme mauvaise : « Mon fils, un homme qui ne craint pas Dieu, crains-le et honore-le. » M. Lidzbarski met ensuite à bon droit un point d'interrogation. *A* est conforme à 82.

---

25. *Plains-les.* Cf. Eccli., vi, 5 « La parole douce multiplie les amis et adoucit les ennemis. »

Cf. Prov , xxiv, 17 ; Eccli., iv, 27, et *infra*, 79[a].

26. On lit dans les apophtegmes des Pères : « Un vieillard dit

27. [a] Mon fils, de même que des anneaux ne servent à rien aux oreilles d'un onagre, ainsi une femme de port princier ne sert à rien, lorsqu'elle est mauvaise dans ses paroles et dans ses actes, sans sagesse, bavarde et prolixe discoureuse [1].

28. Mon fils, si ton adversaire vient au-devant de toi pour le mal, va au-devant de lui pour le bien [2] et reçois-le [3].

29. Mon fils, l'impie [4] tombe et le juste n'est pas ébranlé de sa place [5].

30. [b] Mon fils, si le sage est malade, le médecin peut le soigner et le guérir, mais il n'y a pas de remède pour les souffrances et les blessures de l'insensé [6].

---

[1] *C, L, H* omettent 27.

[2] *Sic B, L* ; — *C* porte : « dans la sagesse ».

[3] Ces trois derniers mots manquent dans *C, L*. Cf. Matth., v, 38-48. — *L, H* passent d'ici à 79. *H* : « Mon fils, si ton ennemi te rencontre et que sa pensée soit mauvaise, va au-devant de lui et que ta pensée soit bonne »

[4] *Sic C* ; — *B* porte : « le sage. »

[5] *C, H* : « Mon fils, l'impie tombe et ne se relève pas ; le juste n'est pas ébranlé, parce que Dieu est avec lui. »

[6] *C, H* omettent 30 et 31.

---

[a] 26-27 manquent dans *A* et Salhani.

[b] 29-30. Salhani: « Mon fils, l'ignorant tombe et trébuche, mais le sage ne chancelle pas et ne tombe pas. Même s'il trébuche et s'il tombe, alors il se relève rapidement. S'il est malade, il peut se guérir lui-même, mais il n'y a aucun moyen de guérison pour les maladies de l'ignorant. » — 29 figure aussi dans l'éthiopien.

Éloigne-toi de tout homme à la parole querelleuse, » *Revue de l'Orient chrétien*, 1907, p. 402 et 411, n. 100. Cf. *infra*, 85.

Cf. *supra*, n. 7 et 8, Eccli., ix, 8-9, 11

27 *De port princier*, litt. : « maîtresse de l'aspect. »

31. [a] Mon fils, reçois chez toi celui qui est au-dessous de toi et celui qui est moins riche que toi ; s'il s'en va et ne te rend pas, Dieu te rendra.

32. [b] Mon fils, ne cesse pas de frapper ton enfant ; le châtiment du fils est comme le fumier dans le jardin, comme le cordon de la bourse, comme le licol de l'animal, et comme la barre ($\mu o \chi \lambda \delta \varsigma$) de la porte [1].

33. Mon fils, arrache ton fils au mal pour te tranquilliser toi-même dans ta vieillesse ; instruis-le et frappe-le tant qu'il est jeune, fais-le obéir à tes ordres, afin que peu après il ne vocifère pas et ne se rebelle pas contre toi,

---

[1] *C* : « Mon fils, ne soustrais pas ton enfant aux coups, car les coups sont au jeune homme comme le fumier au jardin et comme le lien à l'âne ou à tout animal, et comme la corde au pied de l'âne. » — *H* porte seulement : « Mon fils, n'épargne pas les coups à ton fils, car les coups sont à l'enfant comme le fumier au jardin, comme le frein et les liens à l'âne. »

---

[a] Salhani : « Mon fils, si un homme moindre que toi vient au-devant de toi, tiens-toi debout en le recevant ; s'il ne te rend pas, son maître te le rendra pour lui. » Cette maxime figure aussi dans l'éthiopien.

[b] *A* est conforme à *B* et non à *C* ; — l'éthiopien diffère des deux.

---

31. *Dieu te rendra.* Cf. Eccli., xii, 2 : « Fais du bien au juste et tu trouveras des rétributions, sinon de lui, (du moins) du Seigneur. »

32. Démocrite, p. 349, n. 134 : « Rien de pire que la mollesse dans l'éducation des enfants, car c'est d'elle que naissent toutes les voluptés d'où proviennent les vices. » Cf. Prov., xxiii, 12, 14 ; Eccli., xxx, 1, 11, 12.

33. *Instruis-le et frappe-le*, cf. Eccli., vii, 25.
Cf. Eccli., xxx, 13.

qu'il ne te fasse pas honte au milieu de tes camarades,
qu'il ne (t'oblige pas à) baisser la tête dans les places publiques et les carrefours (πλατεῖα), que tu ne rougisses pas
de la méchanceté de ses œuvres et que tu ne sois pas avili
par son impudence perverse [1] [a]

34. Mon fils, acquiers un bœuf trapu et un âne au pied
(solide) ; n'acquiers pas un bœuf cornu, et ne t'associe pas
à un homme barbu [b].

35 Mon fils, n'acquiers pas un esclave querelleur ni une
servante voleuse, car ils perdront tout ce qui sera confié à
leurs mains [2].

36. Mon fils, les paroles des hommes menteurs (et) insen-
ses ressemblent aux passereaux qui volent dans l'air et sont
gras [c] ; celui qui n'a pas d'intelligence les écoute [3]

---

[1] C, H « Mon fils, soumets ton fils tant qu'il est jeune avant
qu'il ne devienne plus fort que toi (H de crainte qu'il ne leve
sa main), qu'il ne se revolte et que ses vices ne te couvrent de
confusion. »

[2] (34-35) C : « Mon fils, acquiers un bœuf trapu et un âne qui
a bon pied , mais n'acquiers pas un serviteur fuyard et une
servante voleuse, de crainte qu'ils ne te perdent tout ce que tu
as acquis »

[3] C, H « Mon fils, les paroles du menteur sont comme de gras
passereaux, celui qui n'a pas de cœur (d'intelligence) les mange. »

---

[a] 33 (fin) Salhani : « qu'il ne (t'oblige pas) à courber la tête
dans les rues et dans les assemblées, et tu auras honte de ses
mauvaises actions » — L'éthiopien est plus rapproché de C
que de B.

[b] 34-71 manquent dans Salhani — Au lieu de « barbu »,
A porte « mauvais ».

[c] 36 manque dans A.

---

34 Au pied solide, litt. ungulis præditus.
36 Cf Prov., x, 4b.

37. Mon fils, ne réduis pas tes enfants à la misère, de crainte qu'ils ne te maudissent et que Dieu ne s'irrite contre eux, car il est écrit. *Celui qui maudit son père et sa mère mourra de mort* — c'est là le péché qui irrite Dieu — et : *Celui qui honore son père et sa mère aura une longue vie et des biens en abondance* [1].

38 Mon fils, ne te mets pas en route sans glaive et ne cesse pas de faire mémoire de Dieu dans ton cœur, car tu ne sais pas quand les ennemis mauvais — c'est-à-dire les Satans (et) les hommes méchants — te rencontreront. Sois prêt dans ta route, parce qu'il y aura de nombreux ennemis [2].

39. Mon fils, tel un arbre opulent sous ses fruits, ses feuilles et ses rameaux, ainsi est l'homme avec une femme excellente, et ses fruits (sont) des enfants et des frères. L'homme qui n'a ni femme, ni enfants, ni frères au monde sera dédaigné et méprisé de ses ennemis, (comme) un arbre qui est le long du chemin : tous les passants le frappent du pied et mangent de ses fruits, et l'animal sauvage fait tomber et choir ses feuilles [3].

---

[1] *C, H* : « Mon fils, n'attire pas sur toi les malédictions de ton père et de ta mère, de crainte que tu ne te réjouisses pas dans les biens de tes fils. » — *B, H* « de crainte que tu ne pleures du lait de tes fils. »

[2] *C* (n. 27)· « Mon fils, ne te mets pas en route sans glaive, car tu ne sais pas à quel moment ton ennemi te rencontrera. » *B* paraphrase

[3] *C* (n 28). « Mon fils, de même qu'un arbre est orné par ses branches et par son fruit, et une montagne touffue par (ses) ar-

---

37. Exode, xxi, 17.
Deut., v, 16. — R. S. renvoie à Eccli., iii, 6, 9.
39 Cf. Psaumes, cxxvi, 3-4, et cxxvii, 3-5.

40. [a] Mon fils, ne dis pas : « Mon seigneur est fou et moi je suis sage ; » — mais il faut que tu le regardes comme excellent, quand bien même il aurait quelque défaut, (et) tu en seras aimé. Ne t'estime pas (être) du nombre des sages lorsque près des hommes tu n'appartiens pas à ce groupe [1].

41. Mon fils, n'allonge pas tes paroles devant ton seigneur, des paroles de sottise et de folie, (et) tu ne seras pas blâmable à ses yeux [2].

42. Mon fils, ne sois pas de ceux auquels leur maître dit : « Va de devant ma face, » mais de ceux auxquels il dit : « Approche et demeure près de moi [3]. »

43. [b] Mon fils, au jour de ton deuil, de ton mal et de ta souffrance, ne dispute pas et ne maudis pas ton seigneur,

---

bres, ainsi l'homme est orné par sa femme et ses enfants. L'homme qui n'a pas de frères, de femme et d'enfants est dédaigné et méprisé devant ses ennemis ; il ressemble à l'arbre qui est le long du chemin, tout passant en prend et tout animal sauvage fait tomber ses feuilles. »

[1] *C* (29-30) : « Mon fils, ne dis pas : Mon seigneur est fou et je suis sage, — mais arrête-le (applaudis-le ?) dans ses vices et tu seras aimé. — Mon fils, n'estime pas que tu es sage lorsque les autres ne t'estiment pas sage. »

[2] *C* omet 41.

[3] *C* (n. 31-32) : « Ne mens pas devant ton maître, de crainte que tu ne sois méprisé et qu'il ne te dise : Va de devant mes yeux. Mon fils, que tes paroles soient vraies, afin que ton maître te dise : Viens vivre près de moi. »

---

[a] 40-41. *A* : « O mon fils, ne dis pas : Mon seigneur est fou et je suis sage. Ne rapporte pas des paroles d'ignorance et de folie, sinon tu seras méprisé par lui. »

[b] 43 n'est pas dans *A*.

---

42. Cf. Matth., xxv, 21-23.

de crainte qu'il n'entende tes paroles et ne s'irrite contre toi [1].

44. Mon fils, lorsque tu as des serviteurs, n'aime pas l'un et ne hais pas l'autre, car tu ne sais pas lequel d'entre eux tu choisiras à la fin [2][a].

45. [b] Mon fils, le serviteur qui abandonne la maison de ses maîtres et va chez d'autres n'améliore pas ses affaires [3].

46. Mon fils, la chèvre qui circule et qui multiplie ses pas sera la proie du loup.

47. Mon fils, prononce un jugement droit et bon, afin que tu obtiennes et voies une vieillesse honorable et que tu te reposes dans ta vieillesse [4].

48. Mon fils, adoucis ta langue à l'aide des paroles de Dieu et rends bonnes les paroles de ta bouche. Parle à

---

[1] *C* (n 33) : « Mon fils, au jour de ton mal ne maudis pas Dieu, de crainte que, t'entendant, il ne s'irrite contre toi. »

[2] *C* (n 34) « Mon fils, ne fais pas plus de bien à l'un de tes serviteurs qu'à son camarade, car tu ne sais pas duquel d'entr'eux tu auras besoin à la fin »

[3] *C* (n 35) « Mon fils, jette des pierres au chien qui abandonne son maître et qui marche à ta suite. »

[4] *C* (n 37) « Mon fils, juge un jugement droit dans ta jeunesse afin que tu sois honoré dans ta vieillesse. » — *Il* ajoute ici qu'un jugement injuste irrite Dieu.

---

[a] *A* porte en plus (n 34) « O mon fils, n'aie pas peur de ton Seigneur qui t'a créé, sinon il gardera le silence à ton égard. »

[b] 45, 47 et 48 ne se trouvent pas dans *A*.

---

46. Cf. Introd., page 21, note, et *infra*, c. xxxiii, 105

48. *Parle à chacun avec bonté* ; Eccli., xi, 21 « Les flûtes et le psaltérion font une douce mélodie, mais au-dessus de l'un et de l'au-

chacun avec bonté et élégance, car c'est la queue du chien
qui lui donne du pain et sa gueule lui attire des coups et
des pierres [1]

49 Mon fils, ne laisse pas ton prochain [te marcher sur
le pied], de crainte qu'il ne te marche sur la poitrine ; c'est-
à-dire ne permets pas à l'adversaire Satan de te faire com-
mettre un petit péché, de crainte qu'il ne t'en fasse commettre un grand [2]

50 Mon fils, frappe le sage et tu seras comme une fièvre
dans son cœur, mais frapperais-tu l'insensé de nombreux
coups de bâton qu'il n'apprendrait et ne comprendrait rien
de ce qui est bien [3].

51. Mon fils, si tu envoies un homme sage pour faire ton
travail, ne lui donne pas de longs conseils ou avertissements,
car il fera ton travail comme ton cœur le veut ; mais si tu
envoies un homme insensé, ne parle pas avec lui devant

---

[1] Cette sentence est la cinquième dans *L*, *H*. — *C* (n. 38) :
« Mon fils, adoucis ta langue et assaisonne l'ouverture de ta
bouche, car c'est la queue du chien qui lui donne du pain et sa
gueule des coups. »

[2] *C* (n. 39) : « Mon fils, ne laisse pas ton prochain te marcher sur le pied, de crainte qu'il ne te marche sur la tête » La
fin est une paraphrase.

[3] *C* (n 40) : « Mon fils, frappe l'homme avec une parole
sage pour qu'elle soit dans son cœur comme une fièvre en été,
(*H*. et elle sera à ses oreilles comme un vent frais un jour
d'été). Si tu frappes l'insensé de nombreux coups de bâton, il ne
comprendra pas. »

---

tre est une langue douce. » — On attribue la même pensée à Démocrite, cf. Meissner, p. 183, R S, p 69.

49. La même pensée est attribuée par Schahrastani à Démocrite,
R. S., p 69

51 Cf. Eccli., xxii, 14-16.

quelqu'un, mais va-t-en plutôt et ne l'envoie pas, car il ne
fera pas ton travail selon ta volonté, quelque longs conseils
que tu lui donnes [1].

52. [a] Mon fils, si l'on t'envoie en chercher un autre (plus
fort) que toi, ne blesse pas l'homme puissant, de crainte
qu'il ne résiste et ne (te) cause du mal sans que tu le prévoies [2].

53. [b] Mon fils, éprouve ton fils et ton serviteur avec le
pain, (c'est-à-dire) dans les petites choses d'abord, ensuite
confie-lui ce qui t'appartient et tes possessions [3]

54 Mon fils, sors vite des repas de noce et des festins, et
n'attends pas pour oindre ta tête d'huile et de parfum, de
crainte d'attirer sur ta tête des contusions et des cicatri-
ces [4].

---

[1] *C* (n. 41) « Mon fils, envoie le sage et ne le commande
pas. Mais si tu envoies l'insensé, va toi-même plutôt que de
l'envoyer. »

[2] *C* omet 52

[3] *C* (n. 42) : « Mon fils, éprouve ton fils avec le pain et avec
l'eau, après cela tu laisseras en ses mains tes possessions et tes
richesses. »

[4] *C* (n 43) « Mon fils, pars le premier du festin et n'attends
pas les parfums suaves, de crainte qu'ils ne deviennent des contusions pour ta tête »

---

[a] *A* « Mon fils, ne te fais pas un ennemi d'un homme plus
fort que toi, parce qu'il te mesurera et se vengera sur toi. » —
Ag porte . « Garde-toi d'exciter la haine d'un homme puissant,
parce qu'il mesurerait ta faiblesse et t'écraserait de sa vengeance, » p 71.

[b] 53. *A* soude ensemble 53 et 55 et omet 54

---

52 Cf. Eccli., VIII, 1.
54. Cf Eccle., VII, 2-4.
Cf. Eccli , XXX, 12.

55. Mon fils, celui dont la main est pleine est appelé sage et honorable, et celui dont la main est vide est appelé méchant, pauvre, besogneux et indigent, et personne ne l'honore [1].

56. Mon fils, j'ai mangé de l'absinthe et j'ai dévoré de la myrrhe, mais je n'ai rien vu de plus amer que la pauvreté et l'indigence.

57. [a] Mon fils, j'ai porté du fer et du plomb, et je n'ai rien vu comme l'opprobre et la calomnie [2].

58 Mon fils, j'ai porté du sel et de grandes pierres, et elles ne m'ont pas pesé comme celui qui rit et se moque et qui demeure dans la maison de son beau-père [3].

59. Mon fils, enseigne à ton enfant la faim et la soif, pour qu'il dirige sa maison [selon ce qu'il a vu].

60. [b] Mon fils, n'enseigne pas aux insensés des paroles

---

[1] C (n. 44) : « ... est appelé coupable et vil. »

[2] (56-57), C (n. 45) : « Mon fils, j'ai porté du sel et j'ai roulé du plomb, et je n'ai rien vu de plus lourd qu'une créance qu'on doit payer sans l'avoir contractée. »

[3] B porte en plus : « et les autres qui sont comme eux. » — C (n. 46) . « Mon fils, j'ai porté le fer et j'ai roulé les pierres, et cela ne m'a pas pesé autant que l'homme qui demeure chez son beau-père. » — L'Arm. (69 [b]) porte : « J'ai levé du fer et j'ai levé des pierres sur mes épaules, et cela me valait mieux que d'habiter avec l'insensé. »

---

[a] 57-58 ne figurent pas dans A.

[b] 60. A : « Mon fils, n'enseigne pas à l'ignorant le langage de l'homme sage, car il lui sera insupportable. » — Cf. supra, n. 15.

---

55 Cf. Eccle., ix, 16 ; Eccli., xiii, 21-23.

58. Cf. Eccli., xxii, 17-18 , Prov , xxvii, 3.

60. Figure entre parenthèses dans l'hébreu (page 19), qui renvoie à un passage analogue du Talmud.

sages et savantes, car mes paroles sont pour eux comme
celui qui enduit son corps de poix pour l'engraisser [1].

61 Mon fils, si tu deviens indigent et pauvre, ne révèle
pas tes affaires à ton ami, de crainte qu'il ne devienne
avare [a].

62 Mon fils, l'aveugle des yeux vaut mieux que l'aveugle
de cœur, car l'aveugle des yeux suit la voie de la vie, tandis que l'aveugle de cœur va dans la voie profonde [2].

63. Mon fils, si un homme glisse et tombe, cela vaut
mieux qu'un péché de langue; car, s'il meurt de sa chute,
il est délivré des traits tentateurs, tandis que s'il pèche par
la langue il tombe en tentation [3].

64. [b] Mon fils, un ami proche l'emporte sur un frère éloigné, et un bon renom sur la richesse du monde, car la

---

[1] *C* omet 60 et 61.

[2] *C* (n. 48) . « laisse la voie droite et va dans celle du désert (et se perd) »

[3] Cette fin manque dans *A*

---

[a] 61 *A*   « Mon fils, ne dévoile pas ta situation à ton ami,
de crainte d'en être méprisé. »

[b] 64 *A* · « Mon fils, un ami proche l'emporte sur un frère excellent et éloigné. »

---

61. Cf Démocrite, éd. Didot, p. 350, n. 164 à 165 « Beaucoup
évitent leurs amis lorsqu'ils tombent de la bonne dans la mauvaise
fortune. Dans la prospérité, il est facile de trouver un ami, dans la
mauvaise fortune, c'est l'œuvre la plus difficile.

63 Litt.   « La chute d'un homme de son pied est meilleure que la
chute de sa langue » *Sic A.* — *C* omet 63 On attribue la même
sentence à Solon ou à Socrate Cf Meissner, p 183, et *infra*, n. 71.
Cf Eccli, xxviii, 30 « Sois attentif de peur que tu ne failles par la
langue »

64 Cf. Eccle, vii, 2.
Cf Eccli., xli, 15, 16.

richesse s'évanouira et se dissipera tandis qu'un bon renom subsiste toujours.

65. Mon fils, la beauté périt, se corrompt et s'évanouit et
le monde cesse, s'en va et passe, tandis qu'un bon renom
ne passe pas, ne cesse pas et ne se corrompt pas [1].

66. Mon fils, pour l'homme qui n'a pas de repos durant
sa vie la mort est préférable à la vie [a].

67. Mon fils, le bruit des pleurs et des gémissements
l'emporte sur le bruit de la joie et des festins, car le bruit
et l'a...! 'ion des pleurs font connaître à l'homme son péché
et l'expient [2].

68. [b] Mon fils, le morceau de pain que tu donnes de ta
main à un pauvre dans ta pauvreté l'emporte sur un talent
que tu donnerais dans ta richesse. Une chèvre proche

---

[1] (64-65), *C* (n. 49) : « Mon fils, un ami proche l'emporte sur
un frère éloigné ; un bon renom l'emporte sur une grande beauté,
car un bon renom subsiste toujours tandis que la beauté vieillit
et disparaît. »

[2] *C* (n. 50) : « Mon fils, la mort est meilleure que la vie pour
l'homme qui n'a pas de repos, et le bruit des lamentations est

---

[a] *Sl* : « Mon fils, une bonne mort vaut mieux pour l'homme
qu'une mauvaise vie. »

[b] 68-69. Le commencement de *A* (n. 49) est conforme à *C*, et
la fin à *B*. Puis *A* ajoute trois maximes (50-52). Cf. p. 175, notes
1, 2, 3.

---

65. Cf. Prov., XXVII, 10 et XXII, 1. Démocrite, éd. Didot, p. 348,
n. 127 à 128 . « La noblesse des animaux consiste dans la force du
corps et celle des hommes dans l'excellence de leur conduite. Il faut
que les hommes tiennent plus de compte de l'esprit que du corps. »
Cf. Eccle., VII, 2 ; Eccli., XLI, 15, et *supra*, 6, 64.

66. Eccle., IV, 2 ; VII, 2 ; Eccli., XXX, 17 ; XLI, 3-4.

67. *L'expient*, litt. : « le rendent vain. »

68. Cf. Luc, XXI, 2-4.

vaut mieux qu'un taureau qui est loin, et un passereau que tu tiens dans ta main l'emporte sur cent qui volent dans l'air. Si tu es indigent et que tes enfants amassent auprès de toi, cela vaut mieux que d'avoir une grande richesse et des enfants qui dissipent [1]. Un renard vivant vaut mieux qu'un lion mort [2]; c'est-à-dire un homme faible qui rend service vaut mieux qu'un homme riche qui est avare et mauvais, celui-ci meurt dans le péché [3].

69. Mon fils, un talent de laine vaut mieux qu'un poids (égal) d'or ou d'argent, car l'or et l'argent se cachent, sont enfermés dans les bourses (γλωσσόκομον) et ne sont vus d'aucun étranger, tandis que la laine se sort et se vend dans les rues et les places publiques (πλατεῖαι); elle sert aussi pour les vêtements et elle est belle à voir [4][a].

---

meilleur que le chant et la joie aux oreilles de l'insensé. » — Le n. 67, conservé par *B* seul, est parallèle à Eccle., vii, 3, 4.

[1] *Ar* porte (50): « O mon fils, une petite fortune vaut mieux qu'une fortune dissipée.»

[2] *Ar* (51) . « Mon fils, un chien vivant vaut mieux qu'un pauvre homme mort. »

[3] *Ar* porte (52): « O mon fils, un homme pauvre qui donne bien vaut mieux qu'un riche qui est mort dans le péché. »

[4] (68-69) *C* (n. 51) : « Mon fils, le fromage que tu as en ta main l'emporte sur l'huile qui est dans la jarre (des autres) ; une

---

[a] 68-69. *Arm.* (52-53) donne l'équivalent du fromage (*C*), du passereau (*B* et *C*) et de la pauvreté qui amasse (*C*). — *Sl* n'a pas cette dernière maxime, mais porte en plus (comme *C*) : « Mieux vaut une robe de chanvre que tu as qu'une robe de pourpre que tu n'as pas. »

---

68. Cf. Eccli , ix, 4. Ménandre écrit: « Un jour sous le soleil l'emporte sur cent années passées dans l'enfer. » Land, t. i, p. 162, lig. 35. — *Meurt*, litt. « descend. »

Cf. Eccle., iv, 13.

69. Cf Eccle., vi, 9.

70 Mon fils, ensevelis et cache la parole dans ton cœur et ne révèle pas le secret de ton camarade, car, si tu le révèles, tu as repoussé (son) amitié loin de toi [1].

71.[a] Mon fils, ne prononce pas de parole qui puisse ensuite affliger ton cœur [b]. Il te vaut mieux trébucher du pied que de la langue [2].

---

brebis proche l'emporte sur une vache qui est loin ; un passereau que tu tiens l'emporte sur mille qui volent ; la pauvreté qui amasse l'emporte sur la richesse qui dissipe ; le vêtement de laine que tu portes est préférable au byssus et à la soie des autres. » Ce manuscrit n'a pas conservé les passages parallèles à *Ar*. 50, 51, 52.

[1] *C* (n. 52) : « Mon fils, enferme la parole dans ton cœur et elle te fera du bien ; car lorsque tu as communiqué ta parole, tu as perdu ton ami. »

[2] *C* (n 53) : « Mon fils, ne laisse pas sortir une parole de ta bouche avant de l'avoir méditée dans ton cœur, car il vaut mieux pour l'homme broncher en son cœur que broncher de sa langue.»

---

[a] Ag : « L'ignorant heurte un écueil et tombe ; le sage bronche et ne tombe point ; ou, s'il fait un faux pas, il se relève. Qu'une maladie l'attaque, il sait se guérir lui-même ; la maladie des ignorants n'a pas de remède.

« Le véritable sage est continent de trois manières : par la langue, par les mains et par les yeux. Ne laisse pas échapper une parole de ta bouche que tu n'aies auparavant consulté ton cœur, » p. 74.

[b] 71 et 72 manquent dans *A*. L'éthiopien (n. 13) porte : « Mon fils, mieux vaut trébucher du pied que trébucher de la langue.

---

70 Cf. Prov., xi, 13.
Cf. Eccli., xxii, 26-27 ; xxvii, 17, 24 ; cf. xix, 8-10.
71 Cf. *supra*, n 63. D'après Cornill (p. 43), la fin est attribuée par Maxime à Socrate : Κρεῖττον εἶναι τῷ ποδὶ ὀλισθαίνειν ἢ τῇ γλώσσα — et par Schahrastani à Solon. Diogène Laerce attribue la même sentence à Zénon, cf. R. S., p. 71-72, qui renvoie aussi à Eccli., xx, 18.

72. ª Mon fils, si tu as entendu une parole du chef, recouvre-la et cache-la dans ton cœur aussi longtemps que tu vivras en ce monde ; tant que tu la médites dans ton cœur, ensevelis-la chez toi [1].

73. Mon fils, ne t'élève pas dans ton jugement contre les hommes illustres et qui l'emportent en grandeur et en puissance, car des plaisanteries et des paroles méprisantes proviennent la colère et la discorde. Une parole colère éveille et suscite la fureur, et de cette fureur provient la discorde puis, après la discorde, vient le meurtre. Si tu te trouves en ce lieu et que tu y demeures, ou bien tu seras tué, ou bien ils t'appelleront comme témoin ; ils demanderont et exigeront ton témoignage, après quoi tu souffriras et, par honte ou par crainte, tu donneras, pour ta confusion, un faux témoignage. Aussi, je te l'ordonne, hâte-toi

---

[1] *C, H* (n 44) : « Mon fils, si tu as entendu une parole mauvaise, enfonce-la à sept coudées sous terre. »— *B* porte . *meltâ men riśâ*, et *C* . *meltâ biśtâ*, que *H* a traduit par *debar raʿ*. Dans *B* le sens de 72 complète celui des deux maximes précédentes 70 et 71. Cf. *supra* 2, 3. La différence de *B* et de *C* peut s'expliquer par une confusion entre *riśâ* « chef » et *reśiʿâ* « mauvais ». Cf. p. 268, n. 197.

Ne laisse sortir aucun discours de ta bouche avant d'avoir tenu conseil avec toi-même. »

ª 72. *Arm.*, 56 : « Mon fils, si tu entends de quelqu'un une mauvaise parole, cache-la dans ton cœur à sept brasses de profondeur pour que le mal périsse et que le bien prospère. »

---

72. Tobie, xii, 7, 11.

73. *Illustres=perīśê* De cette racine provient le mot « pharisien ». Cf. Eccli , viii, 1 : « Ne dispute pas avec l'homme puissant, de crainte de tomber entre ses mains. »

de fuir [a] l'endroit où il y a dispute et ton âme sera dans le calme [1].

74. [b] O mon cher fils, ne t'élève pas contre celui qui est plus âgé que toi ; il te donnera satisfaction au jugement et tu sortiras vainqueur. Ne sois pas impudent, écarte les disputes et vaincs le mal à l'aide du bien.

75 [c] Mon fils, acquiers un cœur pur et net, une intelligence et une volonté intègres et lucides, procure-toi un esprit humble et une voie droite et il n'y aura personne dans ce monde qui vaille mieux que toi et tu auras la vie bienheureuse [2].

---

[1] *C* (n. 55) : « Mon fils, ne demeure pas près d'une rixe, car après la lutte vient le meurtre. »

[2] 74-75. *C* (n. 56) : « Mon fils, quiconque ne juge pas un jugement droit irrite Dieu. » *H* omet (p. 20) les maximes 73 à 75 (*C* : 55 à 56).

---

[a] 73. *A* et Salhani : « Mon fils, ne laisse pas sortir une parole de ta bouche avant d'avoir pris conseil avec ton cœur. Ne te mets pas entre des personnes qui se querellent, car d'un mauvais mot viendra une dispute, d'une dispute viendra une guerre, d'une guerre viendra un combat et tu seras forcé d'être témoin ; aussi pars de là et reste à l'écart. »

[b] 74 n'est pas dans *A*.

[c] *A* et Salhani : « Mon fils, ne résiste pas à un homme plus fort que toi, mais acquiers un esprit patient, de la constance et une conscience droite, il n'y a rien de meilleur que cela. »

---

74 *Il le donnera satisfaction* Les anciens étaient juges ; cf. Eccli., VIII, 2 : « Ne dispute pas avec l'homme riche, de crainte qu'il ne fasse un procès contre toi. » Cf. Eccli., VIII, 17. Rom., XII, 21.

76. Mon fils, ne t'éloigne pas de ton premier ami [1] [a] de crainte qu'il n'y en ait aucun autre pour le remplacer.

77. Mon fils, ne descends pas au jardin des juges, redoute le tribunal et n'épouse pas une fille de juge [2].

78 [b] Mon fils, soutiens ton ami avec de bonnes paroles devant le préfet et arrache sa faiblesse à la gueule du lion [3].

---

[1] *C* (n. 57), *L* : « Mon fils, (ne) t'éloigne pas de l'ami de ton père, de crainte que ton autre ami n'approche plus de toi. »

[2] *C* (n. 58) . « Mon fils, ne descends pas au jardin des grands, et n'approche pas des filles des grands. »

[3] *C* (n. 59) « Mon fils, aide ton ami devant le préfet, afin que tu puisses l'aider contre le lion. »

---

[a] Ag : « Ne renonce jamais à ton premier ami : tu ne garderais pas longtemps le second, » p. 73.

76 à 78 manquent dans Salhani — 77 n'est pas dans *A*.

[b] *A* : « Mon fils, visite le pauvre dans son affliction, parle-lui en présence du Sultan et applique-toi à le sauver de la gueule du lion. » — Ag : « Assiste le malheureux dans sa détresse et parle en sa faveur en présence des rois. » Cette édition porte en plus : « O mon fils, il y a quatre choses avec lesquelles il ne peut subsister ni gouvernement ni armée : La tyrannie d'un ministre, l'inhabileté dans l'administration, la déloyauté dans la politique et la vexation du peuple. Il y en a quatre autres qu'on ne peut tenir secrètes : Le savoir et l'ignorance, la richesse et la pauvreté, » p. 74-75. Cf. *infra*, 92-95, et Prov., xxx, 21, 24. — *Arm.* paraphrase ce passage. Il introduit les fils du roi, Hutay et Baliayn, qui ne figurent nulle part ailleurs et qui viennent ici interroger Ahikar. Il leur indique quatre choses 1° qui font plaisir à la vue ; 2° qui tiennent l'homme en bonne

---

76. Cf. Eccli , ix, 14 ; Prov., xxvii, 14.

77. Cf. Eccli., ix,18 : « Tiens-toi loin de l'homme qui a le pouvoir de tuer. »

78. Cf. Prov., vi, 3.

79 Mon fils, ne te réjouis pas sur ton ennemi quand il meurt [1].

[Mon fils, lorsque tu verras un homme plus âgé que toi, lève-toi devant lui [2].]

80 [a] Mon fils, lorsqu'un homme se tiendra debout sans (occuper de) place, lorsque l'oiseau volera sans ailes, lorsque le corbeau sera blanc comme la neige, lorsque l'amer deviendra doux comme le miel, alors l'insensé deviendra sage [3].

81 [b] Mon fils, si tu es prêtre de Dieu, prends bien garde à lui et parais devant lui avec pureté [4].

---

[1] *Sic C* (n. 60). Cf. Eccli , VIII, 8. *H* ajoute entre parenthèses · « et souviens-toi que bientôt tu seras son compagnon dans le tombeau »

[2] *Sic L, H* (n. 21) et *C* (n. 61). — *B* omet. Cf. Eccli., IV, 7 ; VIII, 7.

[3] *C* (n 62) : « Mon fils, lorsque les eaux subsisteront sans la terre (*Eth* : lorsque les eaux couleront en arrière), lorsque l'oiseau volera sans ailes, lorsque le corbeau sera blanc comme la neige, lorsque l'amer deviendra doux comme le miel, alors l'insensé deviendra sage. »

[4] *C, H* ajoutent. « et ne t'éloigne pas de sa présence » (n 63).

---

santé ; 3° qui sont toujours utiles , 4° qui font pleurer, — puis un mot de Pytarchos (Pythagore).

[a] 79 *A* et Salhani « Mon fils ne te réjouis pas de la mort de ton ennemi, car bientôt tu seras son voisin. Si quelqu'un te méprise, montre-lui de la considération, honore-le et va au-devant de lui pour le saluer. »

[b] 81-82. Au lieu de ces deux versets, *A* porte « Mon fils, si tu

---

79. Cf. II Tim , IV, 17, où saint Paul compare aussi le juge au lion.
80 Cf. Prov , XXVII, 22 , Eccli , XXII, 7. — Démocrite, p. 349, n. 137 : « Les insensés ne s'instruisent que par la mauvaise fortune. » Cf. Ménandre, p 531 « Il n'est pas facile de changer une mauvaise nature. »

82. Mon fils, l'homme que Dieu a comblé de bienfaits sera aussi respecté par toi [1].

83. Mon fils, n'entre pas en jugement avec un homme en son jour et ne résiste pas au fleuve lorsqu'il vient (inonder) [2] [a].

84. [b] Mon fils, l'œil de l'homme est comme une fontaine : il ne se rassasie pas [3] avant d'être rempli de poussière [c].

---

[1] *Sic C* (n. 64).

[2] *C* (n. 65) . «... au fleuve dans son inondation. »

[3] *C* (n. 66), *L* (n. 6) ajoutent : « de richesses. »

---

veux être sage, garde ta langue du mensonge, ta main du vol et tes yeux des mauvais spectacles, alors tu seras appelé sage. — Mon fils, laisse le sage te frapper avec une verge, mais ne laisse pas le fou t'oindre d'un suave onguent. Sois humble dans ta jeunesse et tu seras honoré dans ta vieillesse. » Cf. 87.

[a] 81 à 83 manquent ici dans Salhani ; 82 se trouve plus haut après 25 ; 83 se trouve plus bas après 93.

[b] 84 à 86 manquent dans *A* et Salhani.

[c] *Slave* (86) : « Mon fils, les yeux d'un homme, comme une fontaine jaillissante, sont insatiables et dévoreraient des bœufs ; mais, lorsque l'homme meurt, ils sont remplis avec le sable. » L'arménien (81) abrège et rattache cette pensée à la précédente de la manière suivante : « Mon fils, ne résiste pas à un homme puissant ni à une rivière en crue. Car les yeux d'un homme avide ne sont pas remplis, si ce n'est avec du sable. »

---

83 *En son jour,* c'est-à-dire · « au jour de sa puissance, » comme *II* l'ajoute entre parenthèses. — Cf. Eccli., iv, 32. — Ménandre, 534 . « Il faut toujours fuir les maîtres en colère. »

84. Cf Eccli., xiv, 9 ; Eccle , i, 8 ; Prov , xxvii, 20. M. Vetter propose de voir ici un double jeu de mots roulant sur *'aïn,* qui signifie à la fois œil et fontaine, et sur la ressemblance de *'oser* « richesse » avec *'afar* « poussière » , cette maxime est précisément omise par *II.*

85. Mon fils, ne demeure pas près des gens querelleurs [1]

86 Mon fils, après les plaisanteries viendront les rixes, puis les combats et enfin le meurtre.

[87. [a] Mon fils, si tu veux être sage, refuse ta bouche au mensonge et ta main au vol, et tu seras sage.

88. Mon fils, n'interviens pas dans les fiançailles d'une femme, car, si elle (en) tire confusion, elle te maudira, et si elle (en) est heureuse, elle ne se souviendra pas de toi.

---

[1] *C* ne répète pas ici ce n 73 et omet donc 85 et 86. — *L* porte (p. 35, n. 8) « Mon fils, ne demeure pas dans les maisons des querelleurs, car de la parole naîtront les rixes, des rixes les contusions et des contusions le meurtre. »

---

[a] Salhani « Mon fils, si tu veux être sage éloigne ta langue du mensonge, ta main du vol et tes yeux de l'aspect du mal, alors tu seras nommé sage. »

---

85 Cf. Prov , XXVI, 17 Voir *supra*, 26.
86 Cf. *supra*, 73
87 Cf Eccli , V, 17

Dans la légende d'Alexandre, telle que le Talmud l'expose, se trouve un passage qui a quelques rapports avec le verset 84 · Alexandre arriva à une source Il s'assit et mangea du pain . Il remonta la source jusqu'à ce qu'il arrivât à la porte du paradis. Ils lui donnèrent un globe Il alla et pesa tout son or et tout son argent en regard, et cela ne faisait pas contrepoids Il dit aux *rabbins* Qu'est-ce que cela ? — Ils dirent C'est un globe d'œil, fait de chair et de sang, qui ne se rassasie pas — Il leur dit Qui le prouve ? — Ils prirent un peu de poussière et l'en couvrirent. Aussitôt le contrepoids se fit, car il est dit « Le scheol et le lieu de destruction ne se rassasient pas et les yeux ne se rassasient pas » Cf. Israel Lévi. *la légende d'Alexandre dans le Talmud, Revue des études juives,* t II (1881), p. 298 — On lit dans les *Apophtegmes des Pères* « Les vieillards dirent L'âme est une source ; si tu creuses elle se purifie ;

89. ᵃ Mon fils, celui qui brille par son vêtement brille aussi par son langage, et celui qui est méprisable dans son vêtement l'est aussi dans sa parole.

90. ᵇ Mon fils, si tu trouves un objet devant une idole, offre-lui sa part [1].

91. ᶜ Mon fils, tu tendras [2] la main qui était rassasiée et qui a faim et non celle qui avait faim et qui est rassasiée.

---

[1] M Rendel Harris ajoute en note que cette maxime ne peut pas être d'origine chrétienne ou musulmane. Elle manque en *B* ; le sens de *A*, préférable a celui de *C*, conduit à la reconstruction : « Si tu trouves un objet devant la demeure d'un homme puissant, donne-lui en sa part »

[2] *Sic C* Les éditeurs ajoutent une négation. Cette sentence

---

ᵃ 89 à 92 manquent dans Salhani.

ᵇ *A* « Mon fils, si tu as commis un vol, fais-le connaître au sultan et donne-lui en une part, ainsi tu pourras être absous, sinon il t'en arrivera du mal. » Ce texte nous semble préférable au syriaque.

ᶜ *A* · « Mon fils, fais-toi un ami de l'homme dont la main est comblée et remplie, et ne te fais pas un ami de l'homme dont la main est fermée et affamée. »

---

89 Cf. Eccli., xiii, 32 : « La marque d'un bon cœur est une bonne face , » et xix, 26-27 · « A la vue on connaît un homme, et à la rencontre du visage on connaît une personne sensée Le vêtement du corps, le rire des dents et la démarche du corps le font connaître. »

---

si tu amasses de la terre autour, elle disparaît, » *Revue de l'Orient chrétien*, 1907, p. 402 et 411, n. 100.

En somme, la pensée 84 repose, pour la première partie, sur Prov., xxvii, 20, ou Eccli., xiv, 9: « L'homme (cupide) est insatiable, » et, pour la seconde partie, sur l'usage constaté plus haut (p 151, note 1) de mettre de la poussière sur les yeux d'un mort.

92. ª Mon fils, que tes yeux ne regardent pas la femme qui est belle ; et ne regarde pas la beauté qui n'est pas tienne, car beaucoup ont péri à cause de la beauté d'une femme, et son amour (est) comme un feu qui brûle.

93. Mon fils, que le sage te frappe de nombreux coups de bâton et que l'insensé ne t'oigne pas d'huile odoriférante.

94. Mon fils, que ton pied ne coure pas (trop souvent) vers ton ami, de crainte qu'il ne se rassasie de toi et ne te haïsse.

95. Mon fils, ne mets pas un anneau d'or à ta main, si tu n'as pas (de grandes richesses), de crainte que les insensés ne se moquent de toi. [1]]

---

est obscure. Le meilleur sens est encore celui de *A*, c'est-à-dire en somme : « Sois l'ami du riche et non du pauvre ; » *H* a adopté le sens de *A*.

[1] *B* omet 87 à 95. Ces sentences sont tirées de *C*, n. 67 à 75. *H* ajoute ensuite, d'après l'arabe : « Mon fils, il y a quatre choses .. » Cf p. 179, note *b*.

ª 92-95. Au lieu de ces maximes, *A* porte la même addition que Ag : « O mon fils, il y a quatre choses... » V *supra*, p. 179, n. *b*.

Après 93, Salhani porte : « Mon fils, sois modéré dans ta jeunesse, alors tu seras honoré dans ta vieillesse ; » puis viennent les n. 88 et 38 réunis ensemble et enfin l'addition déjà signalée au n. 78 pour Ag et ci-dessus (92-95) pour *A*.

---

92. Cf Prov., vii, 25-29 ; Eccli , ix, 8-9 ; cf. *supra*, 8.

93. Cf Psaume cxli, 5 ; Eccle., vii, 6.

94. Prov., xxv, 17.

95. R. S., p. 83, traduit · « s'il ne l'appartient pas » (c'est le sens de l'arménien, n. 26) et rapproche ce passage de la fable 410 d'Ésope (Babrius, 188).

CHAPITRE IV

Aḥikar arrêta ici les sages paroles qu'il adressait à Nadan ;
ensuite Aḥikar montra au roi tout ce qu'avait fait Nadan
contre ses possessions et ses biens [1].

1. Alors moi, Aḥikar, lorsque j'eus enseigné cette doctrine à Nadan, fils de ma sœur, je pensais qu'il la conserverait dans son cœur et resterait à la cour, et je ne savais
pas qu'il n'écoutait pas mes paroles, mais les jetait — pour
ainsi dire — au vent.

2. [a] Il prenait l'habitude de dire : « Aḥikar, mon père, est

---

[1] *C*, au lieu de ce titre, porte : « Voilà l'enseignement
qu'Aḥikar donna à Nadan, le fils de sa sœur. »

---

[a] Ag (sic *A*) « S'étant alors démis du soin des affaires publiques, Heykar se retira chez lui et confia à Nadan l'administration de ses richesses ; il lui donna un pouvoir illimité sur
toute sa maison, sur ses esclaves, sur ses chevaux, sur ses meu-
bles, sur ses troupeaux, enfin sur tout ce qu'il possédait. Il
l'installa ensuite auprès du roi et remit en ses mains les fonctions de premier ministre d'Assyrie.

« La puissance engendre l'orgueil Nadan, maître de tout,
n'ayant pour loi que ses penchants, pour frein que sa volonté, et
disposant à son gré des immenses richesses de son oncle, n'eut
bientôt plus que du mépris pour son bienfaiteur Joignant l'in-
solence à l'ingratitude, il osait même le railler publiquement, et
il disait à qui voulait l'entendre Mon oncle est déjà dans un

---

Titre. *Les sages paroles qu'il adressait,* litt. : « les paroles de
sa sagesse qu'il enseignait. »

1. *Resterait à la cour,* litt « à la porte du roi. » *C* ajoute « à ma
place. »

vieux et a perdu l'esprit [1]. » Et Nadan, mon fils, s'adjugea mes troupeaux, dissipa mon bien et n'épargna pas mes meilleurs serviteurs, qu'il frappa devant moi, ni mes bêtes de somme et mes mules qu'il tua.

3 [a] Quand je vis ce qu'il faisait, je lui dis : « Mon fils, ne touche pas à mes biens, il est dit dans les maximes : *Ce que la main n'a pas acquis l'œil, ne l'a pas [2] respecté.* »

4. Je fis connaître tout cela à mon seigneur le roi, et le roi ordonna : « Que personne n'approche des biens d'Aḥikar, le scribe ; aussi, tant qu'Aḥikar sera en vie, personne n'approchera de ses biens et de sa maison [3] [b]. »

---

[1] *C* : « Aḥikar, mon père, est vieux et se trouve à la porte du tombeau, son intelligence l'a quitté et son esprit a diminué »

[2] *B* omet cette négation

[3] *C* : « Et mon seigneur lui parla de cette manière : Aussi longtemps qu'Aḥikar vivra, personne n'aura de pouvoir sur ses biens. »

âge voisin de l'enfance, et ses discours se ressentent un peu de sa caducité : le pauvre homme ne connaît plus rien dans les affaires de la vie. Et il battait ses esclaves, vendait ses propriétés et ses chevaux et dissipait follement des biens lentement acquis. »

[a] *NS* : « Lorsque moi, Chikâr, je vis que Nadan n'épargnait pas mes biens et ma famille, je lui dis : Tiens-toi loin de ce que j'ai acquis, et ne fais pas souffrir mes serviteurs et mes esclaves aussi longtemps que je vivrai. »

[b] Dans *F*, Nadan commence par perdre Aḥikar dans l'esprit du roi : « La vieillesse, disait-il au roi, rend Hicar ombrageux et timide, il ne voit plus de près les affaires et voudrait toujours

---

3. Cette citation ne se trouve pas dans les Proverbes

4. *Le roi*, *C* : « Sennachérib »

CHAPITRE V

De ce que Ahikar prit le frère de Nadan pour l'élever.

1. Lorsque (Nadan) vit que j'avais pris son jeune frère [1] et que je l'élevais, il vint devant moi dans ma maison et il en eut déplaisir [a].

2 [b] Nadan l'envia, il avait dans son esprit de mauvaises pensées à cause de cela et il disait « Ahikar, mon père, est vieux, sa sagesse a disparu et ses paroles sont méprisables.

---

[1] *C* : « Nabouzardan »

---

les conduire ; devenu faible et languissant il ne pourrait plus retenir l'autorité, mais il la regrette tous les jours. Son humeur me donne du chagrin, et si je l'en croyais il me serait impossible de terminer aucune affaire à l'avantage de votre majesté. » Le roi reçoit ensuite Ahikar fort froidement. Celui-ci le raconte à sa femme Zéfagnie qui le console.

[a] Ag (sic *A*) . « Heykar regretta amèrement toutes les peines qu'il s'était données pour l'éducation de Nadan. Celui-ci avait un frère plus jeune, nommé Ebnazadan (*A* : Benûzardân). Heykar l'appela près de lui, le combla d'honneurs, et, lui confiant tout le pouvoir qu'il venait de retirer des mains de son frère, il le mit à la tête de ses affaires et il le nomma administrateur de tous ses biens. » — *NS* : « Nadan avait un plus jeune frère, nommé Nebusaradan, je le pris près de moi, je l'élevai, je commençai à l'instruire dans ma sagesse et ma science et je le pris en place de fils » — *F* ne mentionne pas cette adoption d'un frère de Nadan.

[b] 2-5 *A* (sic Ag) : « Lorsque Nadan apprit ce qui était arrivé,

---

1. *Nabouzardan.* Cf. II Rois, xxv, 8 ; Jér., xxxix, 9 ; lii, 12.

Est-ce qu'il donnera ses biens à mon frère et me chassera de sa maison ?»

3. Aḥikar entendit les paroles de Nadan ; alors il réfléchit, puis il répondit à Nadan et lui dit : « Enfante la sagesse, mon fils, car elle a bien diminué chez toi [1]. »

4. [a] A ces paroles, mon fils s'irrita beaucoup et, dans son cœur, il prépara du mal contre moi. Il alla à la cour du roi pour réaliser le mal qui était dans son cœur, comme si Aḥikar avait écrit — du moins sous son nom — des lettres mauvaises et s'il venait à la cour pour les découvrir [2].

---

[1] C : « Lorsque moi, Aḥikar, j'entendis ces paroles, je dis : « Malheur à toi, ô ma sagesse ! Nadan, mon fils, t'a rendue insipide et il a méprisé mes sages paroles. »

[2] C « A ces paroles, Nadan s'irrita, alla à la cour et machina le mal en son cœur. Il s'assit et écrivit deux lettres à deux rois ennemis de mon maître Sennachérib, l'une à Aki, fils de Ḥamsélin, roi de Perse et d'Élam » Cf. Introd., page 13, 10°.— L'arabe porte Aḥiš, fils de Šah le sage. M. Halévy voit dans Aḥiš une réminiscence de Xerxès (= Hschayarscha). De même, M. Lidzbarski propose de compléter Aḥaš en Aḥašweros = Assuérus ou Xerxès. M. Meissner (p. 184-5) rapproche Akis de I Sam., xxi, 11, et xxvii, 2.

---

il fut rempli d'envie et de jalousie, il commença à se plaindre à chacun de ceux qui l'interrogeaient et à se moquer de son oncle Haiqâr, en disant : Mon oncle m'a chassé de sa maison et m'a préféré mon frère, mais, si le Dieu Très-Haut m'en donne la puissance, je le précipiterai dans des calamités mortelles. Et Nadan cherchait avec quelle pierre d'achoppement il pourrait l'écraser. Après y avoir bien réfléchi dans son esprit, il écrivit une lettre à Aḥiš, fils de Šah le sage, roi de Perse, lui disant. »

[a] Dans F, Nadan emploie deux machinations préliminaires. Il commence par écrire contre lui-même un libelle anonyme

5. C'étaient deux lettres (écrites) en mon nom aux rois

---

mais où l'on pouvait reconnaître le style de son oncle. Il le remplit d'imputations fausses et hasardées mais qui paraissent spécieuses et dictées par le zèle. Il le montre au roi, « en même temps qu'il laisse soupçonner qu'Hicar seul en est l'auteur, il en paraît attendri jusqu'aux larmes et prie le roi de pardonner à l'âge et à la faiblesse de son oncle, en prenant cependant des mesures pour écarter un homme... qui se rend le jouet et l'instrument de l'intrigue » Le roi y prête peu d'attention, parce qu'il craint de faire de la peine à sa tante Zéfagnie. Nadan imagine le nouvel artifice suivant : La cour de Perse devait livrer une ville frontière aux Assyriens. Nadan écrit à Hicar, sous le nom de l'un de ses amis, que le roi de Perse est de mauvaise foi, qu'il a creusé des souterrains pour faire rentrer ses troupes dans la ville et massacrer les troupes assyriennes qu'on y aurait mises en garnison. Hicar porte cette lettre au souverain et Nadan montre facilement que tout est inexact ; il reproche à Hicar une crédulité excessive et même des inventions détestables et lui fait dire par le roi de se tenir en repos et de ne plus venir à la cour.

Zefagnie conseille à Hicar de se consoler de l'ingratitude des hommes par l'étude des sciences, mais Nadan raconte au roi que son oncle veut se venger, qu'il est en relations suivies avec les princes étrangers et qu'il serait bon d'arrêter ses courriers pour voir de quelle nature sont ses correspondances, on trouve alors la lettre au roi de Perse Akis. Il n'est pas question ici d'une lettre au roi d'Égypte.

---

5 *Du roi Sennachérib.* Mieux vaudrait lire « de Sarhédom ; » cependant on peut dire que ces lettres sont adressées aux rois « qui avaient été les ennemis du roi Sennachérib. »

Au roi de Perse (p. 190), litt. « à la face (*afi*) du roi » Si cette rédaction était la bonne, ce serait le changement du f en k (fé en caf) qui aurait conduit à la lecture « à *Aki*, roi, » et ce roi inconnu que l'on a tant de peine à identifier (voir p. 188, note 2) proviendrait d'une faute de lecture.

ennemis du roi Sennachérib. L'une était adressée au roi
de Perse et d'Élam et il la rédigea ainsi [a] ·

6 « De la part d'Aḥikar scribe et (gardien du) sceau du
roi Sarḥédom [1], salut ! Quand tu auras reçu cette lettre, sors
aussitôt et viens en Assyrie et moi je te livrerai l'Assyrie, et
tu prendras tout ce pays sans guerre et sans combat [b]. »

7. [c] Il adressa encore en mon nom une autre lettre à Pharaon, roi d'Égypte, et l'écrivit ainsi [2] :

8 « Quand cette lettre t'arrivera, sors au-devant de moi
dans la plaine du sud [3], le 25 du mois d'Ab (août) [d]. Je te

---

[1] *C* · « Sennachérib, roi d'Assur et de Ninive. » A partir de
ce verset, *B* portera toujours Sarḥédom, qui est la bonne leçon,
tandis que *C* conservera Sennachérib.

[2] *C* ajoute : « A Pharaon, roi d'Égypte, Ahikar, scribe et
gardien du sceau du roi d'Assur et de Ninive, salut ! »

[3] *C* « dans la plaine de Nišrìn (des Aigles) qui est au sud »
Le slave porte · « au champ égyptien », ce qui provient d'une
confusion entre Mesrin (Égypte) et Nešrin (aigle).

---

[a] *NS* « Il écrivit deux lettres aux rois ennemis de Sennachérib, l une au roi Achash, fils de Samachlin, roi de Perse, dans
laquelle il écrivit ce qui suit. »

[b] L'arabe (*A*, Ag, Salhani), comme le syriaque et *NS*, continue
de porter Sennachérib au lieu de Sarḥédom. Au lieu de : « viens
en Assyrie », l'arabe porte : « viens vite dans la plaine de Nišrìn
(Ag de Bašin) et en Assyrie et à Ninive. » — *F*. « Il l'en-
gagea à se rendre dans la plaine de Nerrim, où lui-même se
rencontrerait avec sa garde dans les premiers jours de la lune
de Niram. » Il faut sans doute lire Nesrim et Nisam.

[c] 7 et 8. Nous avons déjà écrit que *F* ne mentionne pas le roi
d'Égypte — *Arm.* au contraire ne renferme que la lettre au roi
d'Égypte.

[d] Au lieu de : « dans la plaine du sud le 25 du mois d'Ab, »
l'arabe et *NS* portent seulement : « dans la plaine de Nišrìn. »

conduirai à Ninive et tu y prendras le royaume sans combat [1]. »

9. Il conforma ces lettres aux lettres (écrites) de ma main et les scella de mon sceau [a], puis il les jeta [2] dans l'une des chambres du roi [3].

CHAPITRE VI [b]

De ce que Nadan écrivit une lettre à son père Aḥikar au nom du roi.

1. Il écrivit encore une autre lettre comme de la part de mon seigneur le roi [4] :

---

[1] « Sans combat » figure dans *C* après le mot « Ninive »

[2] *C* omet : « de mon sceau, puis il les jeta. » (Faute d'homoiotéleutie.)

[3] *C* « dans le palais du roi. »

[4] *A, C* « du roi Sennachérib »

Nisrîn peut se traduire de l'arabe par : « aigles, *ou* roses sauvages » et du syriaque par : « aigles *ou* fougères. »

[a] Dans *F*, on remplace la bourse du courrier de Hikar par une autre toute semblable dans laquelle se trouvait la lettre de Nadan, après quoi on arrête le courrier et on a ainsi la preuve, de la bouche même du courrier, de la trahison d'Aḥikar. *F* n'a donc pas besoin des chapitres VII et VIII et en arrive aussitôt à l'arrestation d'Aḥikar.

[b] IV-VI. *G* : « Peu de temps après (son adoption), Ennos déshonora la concubine de son père adoptif, et Ésope l'ayant appris le chassa de la maison. Il en conçut grande irritation : il écrivit, au nom d'Ésope, une lettre aux rois adversaires de Lycéros, comme s'il était prêt à les servir plutôt que Lycéros, et il fit tenir cette lettre aux rois après l'avoir scellée du sceau d'Ésope »

2. De Sarḥédom [1] à Aḥikar, scribe de mon seigneur [2], salut ·

« Quand tu auras reçu cette lettre, rassemble toute l'armée [a] à la montagne [3] et va de là [4] à la plaine des Aigles [5], le 25 du mois d'Ab (août), et, lorsque tu me verras approcher de toi, range tes troupes en face de moi comme si tu te préparais à la guerre, car des messagers de Pharaon, roi d'Égypte, sont venus près de moi, et ils verront quelles sont mes forces. »

3. Et mon fils, Nadan, m'envoya la lettre par deux hommes [6] [b].

---

[1] Sarḥédom, A ; C . « Sennachérib. »

[2] C · « mon scribe et mon (gardien du) sceau. »

[3] C : « à la montagne nommée Ṣis. »

[4] C ajoute . « à ma rencontre. »

[5] C ajoute : « qui est au midi. » — On peut continuer à transcrire le nom propre et écrire « à la plaine de Neširin » ou même « à Fék'atnešrin ». Comparer ce mot au nom propre syrien Qenneširin, « Le nid des aigles. »

[6] C · « par deux serviteurs du roi. »

---

[a] Au lieu de : « rassemble toute l'armée . Ab, » A et Ag portent « rassemble toutes les troupes qui sont avec toi, qu'elles soient bien équipées et nombreuses, et conduis-les moi le cinquième jour (le jeudi), dans la plaine de Niširin (Ag · de Baširin. » — NS porte en plus à la fin · « ainsi ils craindront devant nous, car ils sont nos ennemis et sont jaloux de nous. »

[b] Au lieu de · « par deux hommes, » A et Ag portent · « par un des serviteurs du roi »

CHAPITRE VII [a]

De ce que Nadan donna au roi une lettre qu'il écrivit
au nom d'Aḥikar.

1. Alors mon fils Nadan prit l'une des lettres comme s'il
l'avait trouvée, et il la lut [1] devant le roi.

2 En l'entendant, le roi s'irrita beaucoup et se fâcha
contre Aḥikar et il dit [2] : « O Dieu ! quelle faute ai-je donc
commise contre toi et contre Aḥikar pour qu'il veuille me
traiter ainsi ? »

CHAPITRE VIII

Réponse de Nadan au roi au sujet d'Aḥikar.

1. Alors Nadan [3] répondit et dit au roi : « Ne sois pas en
peine, ô mon Seigneur le roi, allons à la plaine des Aigles,
comme il est écrit dans cette lettre, nous connaîtrons ainsi
la vérité, et [4] tout ce que tu commanderas aura lieu. »

---

[1] C : « Alors mon fils Nadan prit les lettres qu'il avait écrites
comme s'il les avait trouvées et il les lut. »

[2] C : En les entendant, le roi mon seigneur se lamenta et dit. »

[3] C : « Mon fils Nadan. »

[4] C : « au jour qui est écrit dans la lettre et si c'est vrai. »

---

[a] VII-XI. G : « Le roi, trompé par le sceau, fut saisi d'une inex-
primable colère et ordonna à Hermippos de tuer de sa main le
traître Esope, sans chercher de plus grande preuve. »

2. Le roi ordonna donc de se préparer à gagner la plaine pour voir la vérité de cette affaire, et [1] Nadan, mon fils, conduisit le roi, et ils vinrent me trouver, avec l'armée qui m'accompagnait, dans la plaine des Aigles [a].

3. Quand je le vis venir vers moi [2], je rangeai mon armée en bataille en face de lui comme pour la guerre, sur la foi de la lettre que mon fils m'avait envoyée [3][b].

4. Mon fils dit au roi : « [4] Va chez toi en toute quiétude, ô mon Seigneur, et moi j'amènerai en ta présence mon père Aḥikar », et le roi alla à sa demeure.

CHAPITRE IX

De ce que Nadan alla en ambassade près d'Aḥikar son père.

1. Alors Nadan, mon fils, vint près de moi, il prit la parole et dit : « [5] Le Seigneur roi m'a envoyé près de toi pour te dire : Tout ce que tu as fait, tu l'as bien fait. Le roi te

---

[1] *C* omet le commencement de cette phrase qui pourrait encore n'être qu'un titre.

[2] *C* : « Quand je vis le roi. »

[3] *C* : « je rangeai l'armée en face de lui, comme il était écrit dans la lettre. A cette vue, le roi fut saisi d'une grande crainte. »

[4] *C* ajoute : « Ne crains pas, mon Seigneur le roi. »

[5] *C* omet : « Le Seigneur roi m'a envoyé vers toi pour te dire. »

---

[a] L'arabe répète encore que cela se passait un jeudi

[b] *NS* ajoute à la fin : « Lorsque mon maître, le roi Sanchérib, me vit faire cela, il fut saisi de crainte devant moi et pensa que je m'étais révolté contre lui et que j'avais noué une intrigue ; il lui parut certain qu'il y avait un traité entre moi et ses ennemis. Je ne reconnus pas le piège que Nadan avait dressé contre moi. »

loue beaucoup. Et maintenant renvoie les troupes ; que chacun aille chez soi et toi viens seul près de moi. »

2. Alors je vins devant le roi et quand il me vit, il me dit : « Tu es venu, Ahikar, mon scribe et le père nourricier d'Assur et de Ninive ª, je t'ai donné honneurs et repos, et toi tu as fait défection et tu es devenu l'un de mes ennemis. » Puis il me donna la lettre qui était écrite en mon nom et qui était scellée de mon sceau.

3. Le roi me dit : « Lis cette lettre [1]. » Quand je l'eus lue, mes membres chancelèrent, ma langue me refusa son secours, je cherchai une sage parole et je n'en trouvai pas.

4. [Nadan, mon fils, prit la parole et dit: « Retire-toi de devant le roi, vieillard insensé, et tends les mains aux cordes et les pieds aux fers ᵇ. »

---

[1] *C* omet : « Le roi me dit · Lis cette lettre. »

ª *B* · « Mon conseiller ainsi que d'Assur et de Ninive. » — *NS* : « le gouverneur de mon royaume et mon ami. »

ᵇ Dans l'arabe, c'est Nadan qui fait enchaîner Ahikar. Nadan promet au roi de lui amener le coupable pieds et mains liés (VIII, 4), puis il tient à Ahikar le discours suivant (IX, 1) · « Le roi est content de toi, il donne les plus grands éloges à la docilité avec laquelle tu viens d'exécuter ses ordres. Maintenant il veut que tu renvoies les troupes et que tu paraisses devant son trône les pieds et les mains chargés de fers, afin que les ambassadeurs de l'Égypte, qui viennent d'être témoins de ta puissance le soient de ta soumission. Les étrangers pourront juger par là de tout le respect qu'inspire aux premiers dignitaires de l'empire l'autorité du roi d'Assyrie, et ils en porteront la nouvelle à la cour de Pharaon » (trad Ag). Ahikar, qui ajoute foi à ces paroles, se laisse lier les pieds et les mains et paraît ainsi devant le roi.

---

2 *Je t'ai donné honneurs et repos.* Litt. · « je t'ai laissé à l'honneur et au repos. »

5. Alors le roi Sarḫédom [1] détourna son visage de moi, parla à Nabousemak [a], le bourreau, qui était mon ami, et lui dit : « Va tuer Aḥikar et porte sa tête à cent coudées de son corps. » Alors je tombai la face contre terre, j'adorai le roi et je dis] :

6. « Seigneur roi, vis à jamais ! Tu veux donc me tuer, que ta volonté soit faite. Je sais que je n'ai pas péché contre toi, mais ordonne, Seigneur roi, qu'on me tue devant la porte de ma maison et qu'on donne mon corps pour être enterré. » Le roi ordonna qu'il en fut ainsi [2].

---

[1] Le ms. C porte, comme toujours : « Sennachérib. »
Les phrases entre crochets sont traduites sur C. Elles sont remplacées dans B par une sorte de répétition . « Ensuite il lui donna à lire la lettre qui avait été écrite (comme) de sa bouche ; il la lut et sa sagesse disparut à cause de la stupeur qui l'envahit. » Vient ensuite : « Alors le roi ordonna de le tuer dans sa maison, et moi, Aḥikar, je répondis et je dis au roi. » Le commencement de cette dernière phrase semble encore être un titre.

[2] C : « Et le roi dit à Nabousemak, le bourreau, qui était mon ami : Va, tue Aḥikar à la porte de sa maison et donne son corps pour être enterré. »

---

[a] Nabousemak n'est pas nommé ici dans NS.

---

5. L'édition de Cambridge et le ms. néo-araméen de M Lidzbarski portent dans le texte Yabousemak, mais le ms. B porte partout Nabousemak.. qui est sans doute la bonne leçon, « Nabû appuie. » V. supra, p. 11. Ag : Abou Someika ; F : Yapousmak , A : Abou Samik et Ibn Samik

Mon ami. Nous adoptons la traduction proposée par M. Rendel Harris (p. 69, note 1) ; H fait de ces épithètes une suite du nom propre et transcrit : Nabousemak Meskin Kenoth.

CHAPITRE X[a]

Aḥikar annonce sa condamnation à Eṣfagni sa femme.

1. Et moi, Aḥikar, j'envoyai dire à ma femme: « Viens au-
devant de moi et amène avec toi mille jeunes filles [1] habillées de fin lin, de pourpre et de safran [2] [b], qui danseront
au-devant de moi et se lamenteront jusqu'à ma mort.
2. « Prépare du pain au bourreau Nabousemak, mon ami,
et aux Parthes qui l'accompagnent, sors à leur rencontre

---

[1] *C*: « mille et une jeunes filles de ma famille. »
[2] *C* : « habillées de deuil. »

---

[a] ix-x. Dans *F*, c'est Zéfagnie qui implore inutilement le roi et
qui demande du moins de ne le faire mourir que chez lui. C'est
elle qui a l'idée de préparer le festin pour les bourreaux et c'est
encore elle qui a sauvé jadis Yapousmak, lorsque son frère Ser-
kadoum, père de Sinkarib, voulait le faire mettre à mort ; elle
obtient donc qu'il mette à mort « un vieil esclave magicien,
souillé des plus grands crimes, en place de Ḥicar. »
[b] *NS* : « habillées de soie et de pourpre. »

X. Voir *supra* i, p. 9 et comparer . Ἀσφενὲζ, de Daniel, i, 3. —
Ce mot persan signifie « hôte, hôtelier » (Halévy)
2. *Mon ami.* Nous adoptons — ici comme plus haut — la conjecture
de l'édition anglaise (p. 69, note 1). Rapprocher de ce nom propre
l'*Ahisemak* de Exode, xxxi, 6 ; xxxv, 34. Le grec porte Ἕρμιππος et cela
vient peut-être, dit M. Meissner (p. 185), de ce que Nabû = Hermés.

et fais-les entrer chez moi, afin que moi aussi je puisse
entrer dans ma maison comme un étranger ª. »

CHAPITRE XI

De ce que Ešfagni, femme d'Aḥikar, sortit au devant de lui.

1. Ma femme, lorsqu'elle reçut les messagers (que je lui
avais envoyés), fut remplie d'une grande sagesse et accom‐
plit [1] tout ce que je lui avais fait dire ᵇ.

2. Elle sortit au devant de Nabousemak et des Parthes [2]
et les fit entrer dans sa maison.

3. Ešfagni apporta du pain à Nabousemak et aux Par‐
thes, elle leur fournit aussi du vin et le leur versa [3]. Ešfagni
les servit jusqu'à ce que tous fussent ivres et endormis.

---

[1] *C* : « comme elle était très sage, elle comprit. »

[2] *C* : « au-devant d'eux... dans ma maison. »

[3] *C* · « Elle les fit entrer dans ma maison et ils mangèrent du
pain. »

ª *NS* . « Et toi, ma femme, retourne à ma maison, et prépare
ma table avec de la nourriture pour le bourreau et pour les Per‐
ses et les Assyriens qui l'accompagnent. Va donc à mon apparte‐
ment et donne-leur bonne nourriture et agréable boisson, mélan‐
ge du vin et donne-leur à boire. Veille toi-même au service. » —
Ici et plus bas *A* et *Ag* ne mentionnent pas les Parthes.

ᵇ *NS* . « Ma femme Aschfeghni était une femme intelli‐

---

2. *Aux Parthes.* Ce mot figure cinq fois dans B, trois fois dans
C. M. Vetter propose de le remplacer par « Partourié » ou « Pré‐
torié », les prétoriens ou les gardes du corps. Cette correction, qui
modernise Aḥikar, ne semble pas nécessaire. Les Parthes pouvaient
être connus dès le ivᵉ siècle avant J.-C.

4. Quand les Parthes se furent enivrés avec le vin, ils tombèrent dans un profond sommeil et chacun d'eux s'endormit à sa place [1].

5 [a] Je louai Dieu, maître du ciel et de la terre, de tout ce qui avait lieu et je dis : « O Dieu, sauveur du monde, toi qui sais ce qui a été et ce qui sera, vois-moi d'un œil miséricordieux devant Nabousemak. »

CHAPITRE XII [b]

Aḥikar demande à Nabousemak de n'être pas mis à mort.

1. [c]Alors moi, Aḥikar, lorsque je vis cela, je pris la parole et je dis à Nabousemak ·

2. « Lève les yeux au ciel, ô Nabousemak, et regarde Dieu. Souviens-toi du pain et du sel que nous avons mangé ensemble et ne médite pas ma mort.

---

[1] *C* : « Elle les servit de sa main jusqu'au moment où, du fait de leur ivresse, ils dormirent à leur place. » La fin de ce chapitre manque dans *A, C*.

---

gente et de grand savoir Elle fit donc tout ce que je lui avais commandé, elle leur dressa une table et leur mélangea du vin. »

[a] XI, 2-5. *NS* : « Ils mangèrent et burent, tandis qu'elle les servait; ils s'enivrèrent et dormirent à leur place »

[b] XII-XV. *G* · « Or Hermippos était ami d'Esope et il le fit bien voir : il le cacha dans un tombeau à l'insu de tous, et il le nourrit en secret. Ennos, sur l'ordre du roi, s'empara de tous les biens d'Esope. »

[c] *NS* · « Alors moi, Chickâr, je dis au bourreau dont le nom était Nabusmik. » le ms. porte aussi Yabusmik, mais M. Lidzbarski le corrige en Nabu — Dans *F*, c'est Zéfagnie qui adresse la parole à Nabousemak : « Vous souvenez-vous que quand le

3. « Souviens-toi que le père de mon seigneur le roi [1] t'a aussi livré à moi pour que je te tue, et je ne t'ai pas tué parce que j'ai reconnu que [tu] n'avais pas péché, je t'ai laissé la vie jusqu'au jour où le roi t'a demandé et [lorsque je t'ai amené devant lui] il m'a donné de nombreux présents.

4. « Toi donc, sauve-moi maintenant. De crainte que le bruit ne s'en répande et qu'on ne dise : Il n'a pas été mis à mort, — voilà que j'ai dans ma prison un homme [2] qui mérite la mort, prends mes habits, revêts-l'en, puis envoie les Parthes pour le tuer, [et moi je ne mourrai pas parce que je n'ai pas péché. »

5. Quand j'eus dit cela, Nabousemak le bourreau, mon ami, fut aussi rempli de tristesse à mon sujet, il prit mes habits et les fit revêtir à l'esclave qui était en prison, puis il réveilla les Parthes, qui se levèrent sous l'influence du vin et le tuèrent , ils éloignèrent sa tête à cent coudées de son cadavre et donnèrent son corps pour être enseveli] [3].

6. Alors le bruit se répandit dans l'Assyrie et à Ninive que Aḥikar était tué.

---

[1] *A*, Ag, *C* · « Souviens-toi que jadis Sarḥédom, père de Sennachérib. »

[2] *C* : « un serviteur, nommé Manzifar. » — La traduction anglaise porte à tort Marzifan (p. 70). Cf. plus haut, p. 13, et 'Ασσε-ναφάρ dans Esdras, IV, 10.

[3] Les phrases entre crochets, traduites sur *C*, sont remplacées dans *B* par : « ensuite l'homme fut tué. Il excita les Parthes contre lui et, à cause de leur ivresse, ils tuèrent cet homme »

---

roi Sarkadoum, mon frère, père de Sinkarib, voulut vous faire mourir, je trouvai le moyen de vous dérober à sa colère. »

CHAPITRE XIII

Aḥikar le scribe est caché.

1. Alors Nabousemak, avec ma femme Ešlagni, lla me faire dans la terre une cachette de trois coudées de large sur quatre de long et cinq de haut [1] [a], ils me donnèrent du pain et de l'eau et allèrent annoncer à mon Seigneur le roi que Aḥıkar avait été mis à mort.

2. Le roi dit : « Les souffrances d'Aḥikar sont retombées sur moi ; toi, le scribe et le sage qui défendais la breche de la ville, je t'ai fait périr sur des paroles d'enfant [2] [b] »

---

[1] *C* : « Ils me firent dans la terre une cachette de trois coudées de large et de cinq coudées de haut sous le seuil de ma maison »

[2] *C* : « Ils allèrent annoncer au roi Sennachérib que le scribe Aḥikar était mort Lorsque les hommes l'apprirent, ils pleurèrent et les femmes déchirèrent leur visage et dirent : Deuil sur toi ! Aḥikar, le sage scribe, qui réparais les brèches de notre pays ; jamais nous n'en avons eu comme toi ¹. »

---

[a] *N.S* « 14 coudées de long, 7 de large et 5 de haut. »

[b] *N.S* : « Je souffre à cause de toi, scribe habile, qui connaissais les secrets et interprétais les paroles difficiles et obscures. Malheur à nous à cause de toi ! où en trouverons-nous un semblable à toi ? d'où nous viendra un homme intelligent, savant et sage comme toi, qui prenne ta place ? »

---

2. Cf Eccle., ix, 15.

CHAPITRE XIV [a]

Que le roi ordonna à Nadan de me faire des funérailles et un deuil.

1. Alors le roi appela Nadan, mon fils, et il lui dit : « Va faire des funérailles à ton père [1]. »

2. Nadan, mon fils, vint à ma maison, il ne me fit pas de funérailles et ne fit pas mémoire de moi, mais il réunit des femmes [2] débauchées et il les fit asseoir [3] pour manger et boire au milieu des chants et de l'allégresse.

3. Il tua, dépouilla et frappa mes serviteurs et mes servantes ; il ne respecta même pas ma femme qui l'avait élevé et lui demanda à commettre avec elle l'acte d'adultère et de fornication.

CHAPITRE XV

Prière qu'Ahikar adresse à Dieu.

1. A l'intérieur de la fosse obscure, j'entendais la voix de mes cuisiniers [4], de mes pâtissiers et aussi de mes boulangers qui se lamentaient et pleuraient.

---

[1] *C* ajoute : « et viens près de moi. »

[2] *C, NS.* « des hommes. »

[3] *C* ajoute : « à ma table. »

[4] *C* . « Et moi Ahikar, je gisais dans les ténèbres, dans la fosse d'en dessous, et j'entendis la voix de mes cuisiniers. »

---

[a] XIV-XV manquent dans *F*.

2. J'adressais sans cesse ma prière à Celui qui vit toujours [a].

3. Après (un certain nombre de) jours, Nabousemak vint, m'ouvrit et me donna du pain et de l'eau. Je lui dis : « Fais mémoire de moi devant Dieu [1] et, d'après ce que tu vois, dis-lui :

4. « O Seigneur Dieu, juste et bon dans le ciel et sur la terre, (jusqu'à) maintenant Aḥikar était protégé par toi, il te sacrifiait des bœufs gras et voilà qu'il gît dans une fosse obscure, où la lumière ne lui arrive pas. Ecoute, Seigneur, la voix de ton serviteur et prends pitié de lui [2] [b]. »

CHAPITRE XVI

Lettre que Pharaon roi d'Egypte envoya à Sarḥédom [3] roi d'Assur et de Ninive.

1. Lorsque le roi d'Egypte apprit que moi, Aḥikar, j'étais mort, il fut dans une grande joie et envoya une lettre à Sarḥédom [3] :

---

[1] *B* « devant le roi. » Ce ms. porte « Dieu » plus loin, aussi bien que *C*.

[2] *C* : « et dis . Dieu juste et droit, qui répands la grâce sur la terre, écoute la voix d'Aḥikar ton serviteur et souviens-toi qu'il te sacrifiait des bœufs gras comme des jeunes veaux, et maintenant il gît dans une fosse obscure, où il ne voit pas la lumière. Est-ce que tu ne le sauveras pas, lui qui crie vers toi ! Ecoute, mon Seigneur, la voix de mon ami. »

[3] *A*, *C*, *F* portent « Sennachérib » ici et au v. 2.

---

[a] *NS* : « Je me tournai de nouveau vers le Seigneur et je criai : Seigneur, adoucis ma douleur, — et je pleurais amèrement. »

[b] 4 manque dans *NS*.

2. « Le roi d'Égypte à Sarḥédom, roi d'Assur et de Ninive, salut [1].

3. « Je dois bâtir une forteresse entre le ciel et la terre,
envoie-moi [2] un homme sage, un architecte, que je charge-
rai de tout ; je l'interrogerai et il me répondra.

4. « Si l'homme que tu m'enverras fait tout ce que j'ai
dit, je lèverai et je t'enverrai par ses mains le tribut de
trois ans de l'Égypte. Si tu ne m'envoies pas un homme
qui puisse faire ce que j'ai dit, alors lève et envoie-moi,
avec le messager que je t'ai adressé, le tribut de trois ans
d'Assyrie et de Ninive [a]. »

---

[1] *B* porte en plus la phrase suivante qui semble encore être
un titre : « Lorsque (ou : de ce que) Sarḥédom reçut les messagers de Pharaon avec sa lettre et la lut. »

[2] *C* : « cherche et envoie. »

---

[a] *G* : « Au bout de quelque temps, Nectanébo, roi des
Égyptiens, persuadé qu'Esope était mort, envoya aussitôt une
lettre à Lycèros lui demandant de lui adresser des architectes
pour lui bâtir une tour qui ne toucherait ni le ciel ni la terre,
et quelqu'un pour répondre à tout ce qu'on lui demanderait ;
s'il le faisait, il percevrait des tributs, sinon il les paierait. »
— Ag. « Salut et honneur au roi Senkharib. L'Égypte est

---

3. M Meissner fait remarquer (p. 190-1) que, d'après Tabari et
Hamze, le roi perse Kai-Kaos se fait bâtir par les démons une ville
entre le ciel et la terre. Cette histoire a passé dans le Talmud. Cf.
supra, p. 66.

4. Cet échange d'énigmes entre rois est une idée biblique. On en
raconte autant de Salomon et Hiram. Cf. Josèphe, *Antiquités juives,*
VIII, 5 La reine de Saba proposait aussi des énigmes a Salomon,
II Paral., IX, 1. Enfin les Proverbes de Salomon devaient préparer le
sage à interpréter les énigmes, Prov., I, 6.

CHAPITRE XVII

Que le roi Sarḥèdom réunit tous les principaux de son royaume et leur fit connaître la lettre de Pharaon.

1. Quand cette lettre eut été lue devant le roi, il fit réunir tous les principaux, les sages, les mages et les savants de son royaume et il dit : « Lequel d'entre vous ira en Egypte et répondra à Pharaon [1] » ?

2. Les nobles répondirent au roi et lui dirent tous : « Tu sais, Seigneur roi, que de ton temps et du temps de ton

---

[1] *C* ajoute : « sur tout ce qu'il lui demandera, et lui bâtira le château qu'il réclame, et prendra le tribut de trois ans de l'Egypte et l'apportera. »

---

la mère du monde : tous les peuples nomment ses édifices des merveilles ; moi, je veux aller plus loin que les Pharaons, mes prédécesseurs, je veux construire un palais entre le ciel et la terre. S'il se trouve dans tes états un architecte assez habile pour opérer ce prodige, et assez instruit en même temps pour résoudre, sans hésiter, les questions les plus épineuses, adresse-le moi ; je te promets, en échange, les revenus de l'Égypte pendant trois ans ; sinon trois ans des revenus de l'Assyrie me seront payés. » La lettre du roi d'Égypte commence dans *F* par l'apophthegme : « Que l'homme qui n'est point instruit renonce à commander. » — *F* porte : « Je vous ferai payer, pendant quatre ans, le dixième des revenus de l'Égypte. »

---

1. Convocations analogues dans Daniel, II, 2 ; IV, 4 ; V, 7.

père [1], Aḥikar le scribe résolvait toutes les questions de ce genre, et maintenant Nadan, son fils, qui a appris son métier de scribe et qui connaît sa sagesse ira résoudre cette affaire [a]. »

CHAPITRE XVIII [b]

Qu'on appela Nadan devant le roi et il entendit sa voix [c].

1. Alors, lorsque Nadau entendit ces paroles [2], il cria fort devant le roi et dit au roi : « Les dieux ne pourraient pas faire de telles choses, comment les hommes le pourraient-ils ? »

2 A ces paroles, le roi fut saisi de tristesse et de peine, il quitta son siège, s'assit sur un sac [3] et pleura.

---

[1] *C* : « de ton pere Sarhédom »

[2] Il n'y a pas de lacune dans le ms *B*, mais le paginateur a passé de 36 à 39

[3] *C* : « sur la terre. »

---

[a] *G* : « Cette lettre, lue à Lycéros, le jeta dans le découragement, car aucun de ses amis ne pouvait comprendre le problème concernant la tour »

[b] xviii-xx. *G* : « Le roi alla jusqu'à dire qu'il avait perdu la colonne de son royaume avec Esope. Hermippos, apprenant la tristesse du roi au sujet d'Esope, alla le trouver et lui annonça que celui-ci vivait, ajoutant qu'il ne l'avait pas tué parce qu'il savait que le roi se repentirait bientôt de la sentence qu'il avait portée. »

[c] xviii. C'est chez sa tante Zéfagnie — d'après *F* — que le roi

---

1 Cf. Daniel, ii, 11.

2 Cf. Jonas, iii, 6 « Surrexit de solio suo. . . . indutus est sacco et sedit in cinere. »

3. En pleurant, il disait : « Malheur sur toi, Aḥikar le scribe, que j'ai fait périr sur les paroles d'un enfant, et il ne me reste personne comme toi qui te ressemble. Qui te rendra à moi aujourd'hui ? Je lui donnerais ton poids d'or [1] ! »

CHAPITRE XIX

Que Nabousemak cherche à faire connaître au roi ce qui concerne Ahikar, le scribe.

1. Alors, lorsque Nabousemak entendit le roi prononcer de telles paroles, il se prosterna à terre, l'adora et dit : « O roi, vis à jamais ! celui qui méprise la parole de son maître est digne de mort ; ordonne donc de me crucifier

_____

[1] *C* : « cent talents d'or et cinquante talents de pourpre. »

_____

expose ses peines et ses regrets d'avoir fait mourir Hicar. Il veut vénérer ses restes, alors Zéfagnie lui apprend qu'il est vivant. Elle ne parle pas de Yapousmak, de crainte que le roi ne lui tienne rancune de sa désobéissance, et Hicar demande à passer encore pour mort afin que le roi d'Égypte n'invente pas de nouvelles difficultés. Hicar se préparera et se mettra en route sous le nom d'Abicam, astrologue chaldéen, protégé de Zéfagnie. Nadan en particulier n'a aucune connaissance de ce qui s'est passé.

_____

3. L'arabe ajoute que le peuple, pour n'avoir pas à payer le tribut au roi d'Égypte s'enfuyait en Égypte. Cf. II Rois, xxv, 26, où l'Egypte est déjà le lieu de refuge contre les Chaldéens.

sur le bois puisque j'ai désobéi à ta parole, car Ahikar que tu m'avais ordonné de tuer est encore vivant [a]. »

2. Le roi répondit à Nabousemak : « Parle, Nabouse-mak, car tu es un homme bon et juste, incapable de com-mettre le mal ; s'il en est comme tu le dis et si tu me mon-tres Ahikar en vie, je te donnerai de grands présents : dix mille talents d'argent et cent habits de pourpre [b] »

3. Quand Nabousemak entendit le roi parler ainsi, il commença à dire : « Je prie mon seigneur le roi de me dire une seule chose : qu'il oublie ce péché et qu'il n'en conserve pas de colère contre moi », — et le roi le lui jura avec joie [1][c].

---

[1] *C.* « Et Nabousemak lui dit : Jure-moi, mon seigneur roi, que si je n'ai pas d'autres péchés devant toi, tu ne m'impu-teras pas celui-là. — Et il lui donna la main à ce sujet. »

---

[a] *NS* : « Lorsque moi, Nabusmîk, le bourreau, j'entendis cela et vis la tristesse et les larmes du roi au sujet de Chi-kâr, je m'avançai, je me prosternai devant le roi et je lui dis... »

[b] *NS* : « Je te donnerai jusqu'à la moitié de mon royaume, cent talents d'or et cinquante talents de pourpre avec des habits de soie. »

[c] Dans *NS*, Nabusmîk demande encore au roi de jurer seu-lement qu'il ne le punira pas de sa désobéissance.

---

2. Cf. Daniel, v, 16.

CHAPITRE XX

Que Nabousemak délivra Aḥikar le scribe.

1. Alors Nabousemak [1] monta aussitôt sur un char et arriva aussi rapide qu'un vent violent [2].

2. Il m'ouvrit et je montai ; je ne fus pas confondu parce que j'avais espéré en Dieu.

CHAPITRE XXI

Que Nabousemak conduisit Aḥikar au roi.

1. Je me prosternai à terre ; mes cheveux descendaient sur mes épaules, ma barbe arrivait jusqu'à ma poitrine, mon corps était souillé de poussière et mes ongles étaient aussi longs que ceux de l'aigle.

2. Quand le roi me vit, il pleura beaucoup et me dit [3] : « O Aḥikar, je n'ai pas péché contre toi, mais c'est ce fils que tu as élevé qui a péché contre toi. »

---

[1] *C* : « le roi. »

[2] *C* : « Aussitôt le roi monta sur un char et arriva rapidement près de moi. Il m'ouvrit, je montai et allai tomber devant le roi. »

[3] *C* : « il pleura et avait honte de me parler. Il me dit avec grande compassion. »

XX. Titre, *Délivra*, litt. « ouvrit devant. »
1. *Violent*, litt. « qui souffle. »
XXI, 1. Cf. Daniel, iv, 30.

CHAPITRE XXII [a]

Aḥikar répond au roi.

1. Alors je répondis et je dis au roi : « Mon seigneur, maintenant que j'ai vu ton visage, je n'ai plus de mal. »

2. Alors le roi répondit et me dit : « Va à ta maison, coupe tes cheveux, lave ton corps dans l'eau, recueille-toi durant quarante jours, puis tu viendras près de moi [b]. »

3. Alors j'allai à ma maison et je fis ce que m'ordonnait mon seigneur le roi ; je demeurai vingt jours [1] dans ma maison et, lorsque j'eus repris mes forces, je vins devant le roi.

---

[1] *C* : « trente jours. » — *NS* : « seulement vingt jours. » — *A* : « quarante jours. »

---

[a] xxi-xxii. *G* : « Comme le roi, à cette nouvelle, était transporté de joie, on lui amena Ésope couvert de crasse et de malpropreté. A sa vue, le roi se mit à pleurer et lui commanda d'aller prendre un bain avec tous les soins nécessaires ; après quoi Ésope se disculpa des fautes dont on l'avait accusé. Le roi voulut faire mourir Ennos, mais Ésope implora son indulgence. »

[b] *Ag* : « Ma disgrâce, répondit Heykar, a été l'ouvrage d'un perfide et d'un ingrat : voilà ce qu'on doit attendre des enfants de l'iniquité. J'ai cultivé un palmier pour servir d'appui à ma vieillesse, et ce palmier s'est penché sur moi et m'a renversé ; mais, puisque le Ciel a conservé une vie qui est dévouée à votre service, bannissez désormais toute inquiétude et reposez-vous sur moi des soucis de l'empire » (*sic A*).

---

2. *Recueille-toi*, litt. : « ton esprit entrera en toi. »

3. *Repris mes forces*, litt. : « fortifié mon âme. »

CHAPITRE XXIII

Lorsque Aḥikar vint près du roi après sa sortie du cachot où il avait été enfermé, le roi lui fit connaître la lettre envoyée par le roi d'Égypte.

Alors le roi reprit et me dit : « Vois, Aḥikar, les Égyptiens, comment ils m'ont écrit et quel tribut ils imposent à Assur et à Ninive [a]. »

CHAPITRE XXIV [b]

Aḥikar répond au roi.

1. Alors je lui répondis et dis : « Mon seigneur le roi, vis à jamais ! Ne te fais ni soucis ni peine au sujet de cette

---

[a] Ag : « Senkharib l'accueillit avec beaucoup de distinction, le fit asseoir à ses côtés et lui remit la lettre de Pharaon. Il l'avertit en même temps qu'un grand nombre d'Assyriens s'étaient enfuis en Égypte, craignant qu'on ne les obligeât à payer leur part du tribut exigé par Pharaon si sa demande n'était pas satisfaite. » Cf. *infra*, XXVI, 1, XXXI, 2, et *supra*, p. 207, 3 (note).

[b] G « En conséquence, le roi fit lire à Ésope la lettre de l'Égyptien ; il vit aussitôt la solution du problème, se prit à rire et fit répondre qu'après l'hiver on enverrait des gens pour bâtir la tour et quelqu'un pour répondre à toutes les questions Le roi renvoya les ambassadeurs Égyptiens, rendit à Ésope tous les biens qu'il avait possédés et livra Ennos à sa discrétion. Ésope, emmenant Ennos, ne lui causa aucun désagrément, mais se conduisant à nouveau envers lui comme envers un fils, il lui mit encore dans l'esprit ces autres paroles. » — Le grec n'a pas donné d'autres maximes ; celles-ci, au nombre de quinze, sont donc les seules ! Elles ne sont pas apparentées textuellement

affaire, j'irai en Égypte et je donnerai réponse, je donnerai à tous tes ennemis l'énigme et la solution [1], et je t'apporterai le tribut de trois ans de l'Égypte. »

2. A ces paroles, le roi se réjouit beaucoup et fit un jour de réjouissance, la douleur quitta son esprit, il sacrifia des bœufs et des brebis et me donna de grands présents.

3. Il mit aussi Nabousemak au-dessus de tous [2] et lui donna un rang élevé.

CHAPITRE XXV [a]

Aḥikar écrit une lettre à Ešfagni sa femme [b].

1. [J'écrivis ensuite une lettre à Ešfagni ma femme] [3] :

---

[1] *C*. « j'irai en Égypte, je bâtirai un château au roi et je lui répondrai à tout ce qu'il me demandera. »

[2] *B* : « au-dessus de nous tous. »

[3] *Sic C. B* omet ces mots.

---

avec les maximes des textes orientaux, quelquefois même l'idée est opposée. Nous les traduisons plus loin, Appendice I Après ces quinze maximes, le grec porte : « Comme Ésope exhortait ainsi Ennos, celui-ci eut l'âme percée, comme d'un trait, par ses discours et par ses propres réflexions et, peu de jours après, il mourut. » Après avoir ainsi terminé l'histoire d'Ennos, le grec raconte l'ambassade d'Aḥikar en Égypte.

[a] xxiii-xxv. Dans *F*, Aḥikar ne vient donc pas à la cour, mais, sous le nom d'Abicam, il fait « parcourir les déserts dans lesquels les rochs, ces oiseaux monstrueux, ont accoutumé de nicher. »

[b] xxv. *G* : « Ésope ayant convoqué tous les oiseleurs, leur or-

---

XXIV. 2. *Un jour de réjouissance*, litt. : « un grand jour. »

2. « O ma femme, quand cette lettre t'arrivera, ordonne aux chasseurs de me prendre deux jeunes aigles, dis à mes serviteurs de m'apporter un fil de lin et de m'en faire deux cordes dont l'épaisseur soit d'un doigt et la longueur de mille coudées[a], et commande aux forgerons de me faire deux cages [1].

3. « Remets Nabouḥaïl et Ṭebšâlôm [b], mes serviteurs, à sept femmes primipares qui les allaitent afin qu'ils grandissent ; mets près d'eux les jeunes aigles, afin qu'ils grandissent ensemble ; donne-leur chaque jour deux brebis pour nourriture.

---

[1] *C* : « des cages pour les jeunes aigles. »

---

donna de captiver quatre jeunes aigles. Quand ils furent pris, il les nourrit et, comme on le raconte, il leur apprit (ce que j'ai peine à croire) à emporter en l'air des enfants portés dans des corbeilles fixées à leur corps et à obéir à ces enfants au point de les emporter en l'air ou de les ramener à terre à leur volonté. »

[a] xxv, 1-2 Ag « Retiré chez lui, Heykar fit appeler des chasseurs et leur ordonna de prendre deux aiglons vivants ; on les lui apporta. Il commanda en même temps qu'on lui préparât deux coffres d'un bois fort léger et deux cordons de soie de deux mille coudées de longueur. » *NS* porte aussi « deux mille coudées. »

[b] *A* et Ag ne donnent pas les noms des enfants. C'est toujours Ahikar (et non sa femme) qui fait ces préparatifs. *NS* écrit : « Nebuchal et Tabschalûn, » presque identique à la leçon de *B*.

---

2. « Quatre aigles » dans le grec, un pour chaque angle. D'après M. Meissner, deux paires d'aigles sont peut-être devenues deux aigles, p. 182. Mais M. Lidzbarski fait remarquer, *Zeitschrift der Deutschen morgenländischen Gesellschaft*, t. XLVIII, p. 674, que dans le texte syriaque les enfants montent sur les aigles. Il suffit donc de deux aigles pour deux enfants.

3. Cf. Nabouel, *infra*, xxxii, 10.

Ṭabšâlôm. Rapprocher ce nom de Tabêl, Is., vii, 6 ; Esdr, iv, 7.

4. « Que les enfants apprennent à dire [1] : Apportez de la boue et du mortier ; les architectes, hôtes du roi [2], manquent de travail [a]. »

5. Ma femme était très habile, elle fit tout ce que je lui avais commandé, et je reçus du roi l'ordre d'aller en Égypte.

CHAPITRE XXVI [b]

[Départ pour l'Égypte.]

1. A cette nouvelle, les Assyriens et les Ninivites se réjouirent grandement et retournèrent chez eux [3].

---

[1] C. « Et toi, donne-leur Oubâil et Tebšalom, deux enfants qui ne savent pas parler, et ils leur apprendront à dire. »

[2] Ce passage semble fixer le sens du mot *órhé*. Dans le ms. C, ce mot est encadré entre « mortier » et « briques » Les éditeurs l'ont donc traduit par « tuiles » — Bar Bahloul dit avoir rencontré ce mot dans « des proverbes araméens » et lui donne le sens de « château » et « palais » Payne Smith, *Thesaurus syriacus*, t.1, col. 375. Il est probable que Bar Bahloul vise notre ouvrage et donne le sens de « palais » parce qu'il s'agit, d'après le contexte, de construire un palais — Le sens « hôtes » est suffisant, car ce sont les architectes « hôtes du roi d'Égypte » qui devront construire le palais en l'air. Cf. *Journal asiatique*, X[e] série, t ix (1907), p. 149.

[3] Cette phrase manque dans C. On doit l'entendre des gens

---

[a] Ag . « Heykar avait ensuite instruit les enfants à crier de toutes leurs forces, lorsqu'ils se verraient au milieu des airs : Apportez-nous des pierres et du mortier, afin que nous bâtissions un palais au roi Pharaon Nous n'attendons plus que les matériaux. Hâtez-vous donc de nous les faire parvenir !... C'est une chose inouïe de nous laisser ainsi désœuvrés !... »

[b] xxvi. G : « A la sortie de l'hiver, lorsque le printemps

2. Je répondis au roi : « Mon seigneur le roi, permets-moi [d'aller en Égypte, » — et quand il m'eut ordonné d'y aller][1] je pris avec moi une nombreuse troupe et je partis [a].

3. Quand j'arrivai à la halte du soir, je commençai par licencier les troupes, puis je sortis les jeunes aigles, j'attachai les cordes à leurs pieds et je fis monter mes enfants sur eux, puis je les lâchai et ils montèrent en haut dans l'air.

4. Les enfants criaient comme on le leur avait appris : « Apportez des briques, de la boue et du mortier, les hôtes et les architectes du roi en ont besoin. » Après cela, je les ramenai près de moi.

---

qui s'étaient déjà mis en route pour se rendre en Égypte comme le porte d'ailleurs *NS* : « Lorsque les Assyriens et les habitants de Ninive qui s'étaient enfuis en Égypte entendirent et virent tout ce que j'avais fait et préparé, ils revinrent dans leur patrie. »

[1] Manque dans *B*.

---

s'épanouit, Ésope, qui avait tout préparé pour le voyage, prit avec lui les enfants et les aigles et partit pour l'Égypte. Il s'entoura de beaucoup de luxe et de gloire afin de frapper l'esprit des indigènes. »

[a] Dans *A* et Ag, Aḥikar fait l'essai de son invention devant le roi. Par contre 3-4 manquent. — Dans *F*, les essais ont lieu en secret chez Hicar : « Les rochs ne pouvant encore s'élever qu'avec peine suivaient partout les enfants, ainsi qu'ils auraient suivi leur mère ; les enfants montaient sur le dos des oiseaux, qui prenaient plaisir de les porter, on leur attacha de petites selles commodes, sur lesquelles les cavaliers se tenaient avec grâce sans courir le risque de tomber, car on les y avait attachés. »

CHAPITRE XXVII

Entrée d'Aḥikar en Égypte avec les messagers de Pharaon, roi d'Égypte [a].

1. Quand j'arrivai en Égypte, les serviteurs du roi le lui annoncèrent et le roi ordonna qu'Aḥikar vînt près de lui [b].

2. J'entrai près de lui et le saluai, puis il me dit : « Quel est ton nom. » — Je répondis : « Abikam, l'une des fourmis du roi de Ninive. »

3. Lorsque Pharaon l'entendit, il fut irrité et dit : « Suis-je donc tellement méprisé de ton maître qu'il m'envoie une fourmi pour me donner réponse [c] ! »

---

[a] xxvii, 1-4. Le grec suppose qu'Ésope se fait immédiatement reconnaître : « Nectanébo, apprenant qu'Ésope (lui-même) arrivait : Je suis tombé dans un piège, dit-il à ses amis, lorsque j'ai entendu dire qu'Ésope était mort. »

[b] xxvii, 1. *F*: « A la huitième heure écoulée depuis la lettre de Sinkarib à Pharaon, Hicar, sous le nom d'Abicam, demande à se mettre en route... Zéfagnie l'accompagne... quatre éléphants composent tout son équipage .. et cent eunuques à cheval, armés d'un sabre et d'une lance, escortent cette petite troupe... La caravane entière arrive à Masser (ou Misr = l'Égypte). »

[c] Dans *F*, Abicam répond au roi : « Sire, la mouche à miel, placée entre les oiseaux et les insectes, est un des plus petits animaux ailés. Voyez (cependant) quel merveilleux ouvrage elle compose ! Il est admis avec distinction sur la table des plus

---

2. *Abikam*, « Mon père s'est relevé », v. *supra*, p. 12. Ce serait une allusion au relèvement de Aḥikar après sa chute causée par Nadan. Rapprocher ce nom de Aḥiqam, II Rois, xxv, 22 ; Jér., xxxix, 14 , xl, 5.

4. Puis il me dit : « Va, Abikam, à ta demeure [1], puis lève-toi le matin et viens près de moi [a]. »

5. Le roi ordonna à ses grands de prendre le lendemain et de revêtir des habits de couleur rouge, et il revêtit au matin des habits de byssus et de pourpre. Il s'assit sur son siège, et ses grands siégeaient autour de lui et devant lui.

6. Et le roi me fit entrer en sa présence, puis il me dit : « A qui puis-je ressembler, ô Abikam, et à qui ressemblent mes grands [b] ? » — Je lui répondis : « Tu ressembles, ô mon seigneur le roi, à Bel [c], et tes grands à ses prêtres [d]. »

7. Il me dit encore : « Va, Aḥikam (*sic*) [2], et, au matin, reviens. »

8. [e] Le roi ordonna à ses grands de changer leurs habits et de prendre des habits de lin blanc ; pour lui, il s'habilla de blanc, puis il s'assit sur son trône et ses grands se tenaient devant lui et autour de lui.

---

[1] Ici et plusieurs fois plus bas, *C* emploie le mot persan *Ésfezâ*.

[2] Lorsque *C* emploie ce mot, il écrit toujours « Abikam ».

---

grands souverains et, devant Sinkarib, les petits comptent comme les plus grands : il les juge du faîte des grandeurs où les destins l'ont placé. »

[a] Dans *F*, le roi accorde trois jours à Aḥikar. Ag écrit : « Abimacam. »

[b] Le grec ne contient que deux comparaisons. La première semble représenter 14 à 15, et la seconde 8 à 10.

[c] Bel. Dans *F* : « Bilelsanam. »

[d] Au lieu de « à ses prêtres, » *NS* porte : « à ses serviteurs. »

[e] Grec : « Le jour suivant, le roi revêtit une tunique très blanche et commanda à ses amis de prendre (des habits) de pourpre. A l'entrée d'Ésope, il lui posa encore la même question. Ésope répondit : Je te compare au soleil et ceux qui t'entourent à ses rayons. »

9. Il me fit entrer devant lui et me dit : « A quoi puis-je ressembler, ô Aḥikar, et à quoi ressemblent mes grands ? » — Je lui donnai réponse et lui dis : « Tu ressembles au soleil et tes grands à ses rayons [a]. »

10 Il me dit encore : « Va, Abikam, et, au matin, reviens pres de moi »

11. Il ordonna à ses grands de revêtir le lendemain des habits noirs. Les portes du palais seraient recouvertes (d'étoffes) noires et d'écarlate. Le roi revêtit des habits écarlates, puis Pharaon fit entrer Aḥikam.

12. J'entrai et il me dit : « A quoi puis-je ressembler, Abikam, et à quoi ressemblent mes grands ? » — Je lui dis : « Tu ressembles, ô roi, à la lune, et tes grands aux étoiles. »

13 Il me dit : « Va, Abikam, et, au matin, viens près de moi. »

14 Pharaon ordonna à ses grands de revêtir le lendemain d'autres habits teints en couleurs de tout genre. Les portes du temple seraient couvertes (d'étoffes) rouges de diverses couleurs. Le roi revêtit des habits tissés de diverses nuances, puis Pharaon fit entrer Aḥikar.

15. J'entrai et il me dit : « A quoi puis-je ressembler et a quoi ressemblent mes grands ? » — Je lui répondis : « Tu ressembles à Nisan et tes grands à ses fleurs [b]. »

---

[a] *F* contient une scène de plus : Abicam compare les habits blancs aux neiges des montagnes de l'Éthiopie qui arrosent et fertilisent l'Égypte. Le lendemain, le roi et ses grands sont éblouissants de pierreries et Abicam les compare au soleil et aux planètes qui lui empruntent leurs rayons.

[b] 14-15 manquent dans *F*. Le grec porte : « Le jour suivant, le

---

11. *Du palais*, litt. : « du temple. »
15. *Nisan*, premier mois de l'année babylonienne, mars-avril.

16. Lorsque le roi l'entendit, il se réjouit beaucoup et fut rempli de joie. Il me dit : « Abikam, tu m'as comparé une fois à Bel et mes grands à ses prêtres, une seconde fois [1] tu m'as comparé à la lune et mes grands aux étoiles, une troisième fois tu m'as comparé à Nisan et mes grands à ses fleurs, alors à quoi ressemble Sarḥédom ton maître [a] ? »

CHAPITRE XXVIII [b]

Aḥikar répond à Pharaon.

1. Je répondis et lui dis : « Dieu me garde, ô roi, de

---

[1] *B*, à l'encontre de *C*, ne rappelle pas ici la comparaison au soleil.

---

roi ordonna que tous revêtissent des habits blancs, lui-même portait du jaune avec un diadème et un turban orné de pierreries. Assis sur un trône élevé, il fit entrer Ésope et lui demanda dès son arrivée : A qui me compares-tu, Ésope, ainsi que ceux qui m'entourent ?— Il répondit : Je te compare au soleil de printemps (ceci répond un peu à Nisan, ou mois d'avril, des autres versions), et je compare ceux qui t'entourent à des épis mûrs (ces épis peuvent correspondre aux fleurs des autres versions). Le roi, plein d'admiration, lui fit des présents » Nous avons déjà dit que dans le grec 14 à 15 précède 8 à 10

[a] *G* : « Nectanébo (lui dit) : Je pense que Lycéros n'est rien en comparaison de ma puissance ? »

[b] XXVIII. *G* : « Ésope souriant, répondit : Ne pense pas si légèrement à son égard, ô roi. Vis-à-vis de ton peuple, ton auguste royauté brille comme le soleil, mais si on la mettait en parallèle avec Lycéros, il serait facile de montrer que tout son éclat n'est que ténèbres. »

---

16. R S rapproche de ces comparaisons la fable 414 d'Esope.

parler de mon seigneur Sarḥédom pendant que tu es assis, car mon seigneur le roi Sarḥédom [1] ressemble au Dieu du ciel [2] et ses grands aux éclairs ; quand il le veut, il durcit la rosée et la pluie en grêle, il fait monter des fumées aux cieux de sa royauté, il tonne, il rugit et il empêche le soleil de se lever et ses rayons de se montrer ; il empêche Bel et ses prêtres d'aller et de venir par les places publiques.

2 « Il empêche la lune de se lever et les étoiles de briller. S'il veut commander au (vent du) nord, le vent fabrique la grêle et la pluie, frappe le Nisan et perd ses fleurs. » Le roi entendant cela s'irrita [a].

CHAPITRE XXIX [b]

Pharaon demande à Aḥikar quel est son nom [3].

1. Pharaon dit : « Par la vie de ton seigneur Sarḥedom [4] quel est ton nom ? »

---

[1] *C* « Sennachérib. »

[2] *Arm* « à Bêlshim. »

[3] *B* porte ici en plus : « et il lui dit : Tu es Ahikar. » — Je lui répondis Je le suis, mon Seigneur. » Cette phrase fait doublet avec la suivante.

[4] Comme nous l'avons dit, *C* porte toujours Sennachérib.

---

[a] xxviii, 2. D'après *F*, a la fin de l'entrevue avec Pharaon arrive une lettre de Sinkarib qui ne doute pas de la réussite de son envoyé et demande au roi d'Égypte neuf cents katars d'or (un katar vaut trois cents livres, dit le traducteur), pour achever de payer soixante mille chariots de guerre. Par contre, xxix-xxx, 5 manquent dans *F*. Pharaon dit qu'il répondra à Sinkarib lorsque Abicam lui aura construit un palais aérien

[b] xxix, 1-3, manque dans le grec et xxix, 4-xxx, 5 se trouve plus bas, après xxx, 21.

2. Je lui répondis : « Aḥikar, le scribe, et l'anneau du roi Sarḥédom est entre mes mains. »

3. Pharaon me dit : « Tu vis donc ? » — et je lui répondis : « Je vis et, ô mon seigneur roi, j'ai vu Sarḥédom et il a allongé ma vie, et Dieu m'a délivré de la mort et de la peine capitale et de ce que mes mains n'avaient pas fait »

4. Le roi me dit : « Va, scribe, et, au matin, viens près de moi et dis-moi une parole que personne n'a entendue et qu'aucun de mes grands n'a entendue dans aucune ville de l'Égypte. »

CHAPITRE XXX

Aḥikar écrit la parole que lui demandait Pharaon.

1. Alors moi, Aḥikar, je m'éloignai et j'écrivis une lettre qui portait :

2 « De Pharaon, roi d'Égypte, à Šarḥédom, roi d'Assyrie, salut [a] :

« Les rois ont besoin des rois et les juges des juges [1], et, à cette époque-ci, ils ont besoin de présents, parce qu'ils sont diminués [2]. L'argent manque à mon trésor, mais fais-moi envoyer du tien neuf cents talents d'argent et je te les retournerai sous peu. »

3. Je roulai cette lettre et je la portai devant lui, je lui dis : « La parole qui est écrite dans cette lettre n'a été entendue ni de toi ni de personne autre [b]. »

---

[1] *C* . « et les frères des frères »

[2] *C* : « et, à cette époque, les présents ont diminué. »

---

[a] XXX, 2. Dans *A* et *Ag*, c'est le roi de Ninive et d'Assyrie qui écrit a Pharaon et lui demande six cents talents d'or.

[b] XXX, 1-3. *G* : « Il s'en alla et fit un écrit par lequel Nectanébo

4. ᵃ Tous s'écrièrent : « Nous l'avons entendue, il n'y a pas de doute. »

5. ᵇ Alors je leur répondis : « Voilà donc que (d'après votre témoignage) l'Égypte doit neuf cents talents à Assur ; » — et ils furent saisis d'étonnement.

6. ᶜ Le roi me dit alors : « Aḥikar. » — Je lui répondis : « Me voici. » — Et il me dit : « Bâtis-moi un palais entre le ciel et la terre, qui soit de près de mille coudées au-dessus de la terre. »

7. ᵈ Je sortis aussitôt mes jeunes aigles, je leur attachai

---

¹ *B* porte simplement : « ils lurent la lettre. »

---

reconnaissait devoir mille talents à Lycéros, le matin il alla trouver le roi et lui remit l'écrit.

ᵃ *G* : « Les amis du roi, avant d'ouvrir la lettre, dirent tous : Nous avons vu cela et nous l'avons entendu, nous le savons même très bien. — Ésope (leur dit) : Je vous en sais gré pour le paiement » (je vous sais gré de reconnaître votre dette).

ᵇ *G* : « Mais Nectanébo ayant lu la reconnaissance du prêt dit : Vous êtes tous témoins que je ne dois rien à Lycéros ? Et tous, changeant d'avis, dirent : Nous ne l'avons pas vu et nous ne l'avons pas entendu. — Ésope (leur dit) : S'il en est ainsi, j'ai répondu à votre question. »

ᶜ xxx, 6. Dans *F*, le roi d'Égypte fait réunir des matériaux et donne les dimensions du palais qu'il veut. — Le grec porte : « Nectanébo, frappé de stupeur par la justesse de ses raisonnements, lui dit : As-tu amené ceux qui doivent bâtir la tour ? — Il répondit : Ils sont prêts, si seulement tu veux nous indiquer l'emplacement. »

ᵈ 6-7. Ag, qui est beaucoup plus développé, peut servir de commentaire au présent passage : « Pharaon s'écria : C'est à toi, Heykar, que devraient ressembler tous ceux qui servent les rois ! Hommage à l'Être éternel qui t'a prodigué la sagesse et qui a orné ton esprit de tant de raison et de tant de savoir ! Mais il te

les fils aux pieds avec (longueur) convenable et je fis monter sur eux les enfants qui criaient : « De la boue, du mortier. Voici arrivés les architectes. Fournissez-leur de quoi
travailler, car les architectes du roi en ont besoin, et mélan-
gez des *margéré* [1], c'est-à-dire du vin, pour les architectes. »

---

[1] Ce mot (qui porte ici *deux ribouis* !) a été décomposé en
deux dans *C* et a donné *mârâ-âgrâ*. La traduction de ce mot par
« vin » est sans doute l'œuvre d'un scribe. Il serait préférable
de lire *margené* préparez des « colonnes » ou des « fouets »
(μάραγνα) pour frapper les manœuvres.

---

reste encore à remplir une condition difficile : tu as promis de
me construire un palais suspendu entre le ciel et la terre. — Je
m'en souviens, répondit Heykar, et vous me voyez prêt à exécuter ce que j'ai promis : j'ai amené avec moi les architectes,
ordonnez seulement qu'on leur prépare les pierres, le mortier
et la chaux, et que des manœuvres soient là pour leur faire parvenir tous les matériaux nécessaires à la bâtisse.

« Cet ordre fut donné à l'instant, et le lendemain Pharaon et
toute sa cour se rendirent dans une vaste plaine où s'était déjà
portée une population immense, curieuse de savoir comment
Heykar remplirait sa promesse. Celui-ci y parut accompagné de
deux enfants qu'il avait instruits. Les coffres où il avait enfermé
les deux aigles étaient portés derrière lui par les gens de sa
suite.

« Arrivé à travers la foule au milieu de la lice qui lui avait été
préparée, Heykar tira les deux aigles de leur retraite, fit monter
chaque enfant dans chaque coffre et les ayant fortement attachés
aux serres de ces oiseaux, il leur lâcha la corde et, en moins d'un
clin d'œil, ils s'élevèrent à une hauteur prodigieuse. Placés ainsi
entre le ciel et la terre, les enfants se mirent à crier de toutes
leurs forces : Apportez-nous donc des pierres, de la chaux et du

8 ª Les grands virent, entendirent et furent dans l'admiration Alors moi, Aḥikar, je pris un bâton et je frappai

---

mortier, afin que nous bâtissions le palais du roi Pharaon. Nous
n'attendons plus que les matériaux ; allons, messieurs les manœuvres ! nous voilà depuis une heure les bras croisés ! c'est
une chose inouïe de nous laisser ainsi dans l'inaction. » — *A* paraphrase un peu moins et se trouve intermédiaire entre *B* et Ag.
— *F* a beaucoup plus de mise en scène c'est Zéfagnie, du haut
d'une tour portée par un éléphant, qui dirige le vol des rochs.
— *NS* « Aussitôt je pris les deux aigles de (leurs) cages, j'attachai les deux liens à leurs pieds, je plaçai les enfants sur leur dos
et les deux aigles s'envolèrent avec les deux enfants sur leur dos
et montèrent à une hauteur telle que personne ne les voyait plus.
Alors ils commencèrent à crier et à appeler : Donnez-nous de la
terre, de la chaux, des briques et des pierres, car les travailleurs
et les architectes du roi n'ont rien à faire et voudraient bien
construire un château entre le ciel et la terre pour le roi Pharaon.
Ils crièrent encore Serviteurs, mêlez-nous du vin, nous voulons
boire » — *G* : « Le roi sortant ensuite de la ville vers la campagne
désigna l'emplacement Alors Ésope, amenant sur les quatre
angles de cet emplacement les quatre (petits) aigles avec les
enfants suspendus dans des sacs, donna à ceux-ci les outils des
architectes et leur ordonna de monter en l'air. Arrivés à une
certaine hauteur : Donnez-nous, crièrent-ils, des pierres, donnez de la poussière, donnez des bois et tout ce qui est nécessaire
pour construire »

   ª *A* et Ag « Tandis que les enfants répétaient ces cris du
haut des airs, les gens de la suite de Heykar (*A* porte . Heykar
et ses serviteurs), aux yeux de la foule ébahie, frappaient les
ouvriers de Pharaon en leur disant . Faites donc votre métier de
manœuvres , portez aux maîtres-maçons les matériaux qui leur
sont nécessaires ; ne les laissez pas ainsi désœuvrés ! Et ils con-
tinuaient de les battre, et pendant ce temps Pharaon et ses cour-
tisans riaient »

les architectes jusqu'à ce qu'ils se fussent enfuis, afin qu'ils montassent ce qui était nécessaire pour bâtir a.

9. Alors le roi dit : « Tu es fou, Aḥikar ; qui peut leur monter ce qu'ils demandent ! »

10. b Je lui dis : « Pourquoi donc avez-vous le nom de Sarḥédom à la bouche ? S'il était ici et s'il voulait bâtir deux palais en un jour, il les bâtirait. »

11. (Le roi) me dit : « Laisse ce palais et reviens au matin près de moi. »

12. c Dès le matin j'entrai près de lui, il regarda, me vit et me dit : « Aḥikar, explique-moi ce qui nous arrive : un cheval de ton maître hennit en Assur et à Ninive, nos cavales ici l'entendent et avortent. »

13. d Alors moi, Aḥikar, je sortis de devant le roi, et je commandai à mes serviteurs de me prendre un chat, dieu

---

a 8-11. G : « Nectanébo, voyant les enfants emportés en haut par les aigles, dit : D'où me viennent ces hommes qui volent ? — Et Ésope répondit : Ils appartiennent à Lycéros. Comment veux-tu, toi qui es un homme, chercher querelle au roi ? — Et Nectanébo dit : Ésope, je suis vaincu, mais je veux t'interroger et tu me répondras. »

b Ag : « Apparemment, répondit Heykar, que mon maître Senkarib a des ouvriers plus dociles, car, s'il le voulait, il ferait bâtir deux palais en un seul jour »

c G : « Il dit : J'ai ici des cavales qui conçoivent dès qu'elles entendent hennir les chevaux de Babylone ; si tu as quelque sage (réponse) à ce sujet, manifeste-la. — Et Ésope dit : Demain je te répondrai, ô roi. »

d G : « Arrivé où il demeurait, il ordonna à ses serviteurs de prendre un chat et, après l'avoir pris, d'aller le battre en public. »

---

12. Cette histoire a passé dans le Talmud. Cf. Meissner, p. 194-195

13. Un chat, ou « un furet. »

des Égyptiens [1], et de le frapper jusqu'à ce que les Égyptiens l'entendissent [2].

14 a Ils allèrent dire au roi : « Cet Abikam a pris un chat (qui est) un dieu et il le frappe [3]. »

15. Le roi l'apprit ainsi et me dit : « O Aḥikar, pourquoi maltraites-tu nos dieux ? »

16 Je lui dis : « O roi, vis à jamais ! Ce chat m'a causé un grand dommage et non un petit, car le roi m'avait donné un coq qui avait une très belle voix, et au moment où je voulais aller à la cour, lorsque le roi me demandait, il chantait à cette heure même et me réveillait de mon sommeil [4].

17. « Et voici le dommage que ce chat m'a causé : il a été cette nuit à Assur et à Ninive, il a enlevé la tête de ce coq et il est revenu ici. »

---

[1] « Dieu des Égyptiens » manque dans *C*.

[2] *C* : « et de le frapper sur les places de la ville. Lorsque les Égyptiens le virent. »

[3] *C* : « Aḥikar s'est élevé contre notre peuple et nous tourne en dérision ; car il a pris un chat et il le frappe sur les places publiques de notre ville. »

[4] *C* . « il avait une très belle voix et, au moment où il chantait, je comprenais que mon Seigneur me demandait et j'allais à la porte de mon Seigneur. »

---

a *G* : « Les Égyptiens, qui vénèrent cet animal, lorsqu'ils virent celui-ci tellement maltraité, accoururent ; ils arrachèrent le chat des mains de ceux qui le battaient et annoncèrent aussitôt cet incident au roi. »

---

16 *A la cour*, litt. : « à la porte du roi. »

17. *Et voici le dommage que ce chat m'a causé*, litt. « et jamais ne sera bien ce que ce chat a fait ainsi contre moi. »

18. a Alors le roi me dit : « Maintenant que tu es vieux, tu te trompes. Il y a trois cents [1] parasanges entre Assur et l'Égypte ; comment aurait-il pu y aller cette nuit, prendre la tête de ce coq et revenir b ? »

19 c. Je lui dis : « Bien qu'il y ait trois cent trente parasanges entre Assur et l'Égypte, n'avons-nous pas appris que vos cavales entendent la voix de notre cheval et avortent? De même pour ce chat. »

20. A ces mots, le roi confus et étonné me dit : « O Ahikar, explique-moi ce que je vais te dire : J'ai une grande colonne [formée de huit mille sept cent soixante-trois bri-

---

[1] C : « Trois cent soixante. » — A : « soixante-huit parasanges. » — Ag : « trois cent soixante lieues. »

---

a 15-17 G : « Celui-ci appelant Ésope : Ne sais-tu pas, dit-il, Ésope, que le chat est vénéré chez nous comme un dieu , pourquoi donc as-tu fait cela ? — L'autre répondit : « Ce chat, la nuit dernière, a causé du tort au roi Lycéros , car il a tué son coq valeureux et brave, qui allait jusqu'à lui annoncer les heures de la nuit. »

b G : « Et le roi dit : N'as-tu pas honte de mentir ainsi, Ésope ? Comment un chat pourrait-il, en une nuit, aller d'Égypte à Babylone ? »

c G : « Et celui-ci dit en riant : Comment donc, ô roi, les cavales d'ici peuvent-elles concevoir lorsque les chevaux de Babylone hennissent ? — Le roi, à ces paroles, loua son intelligence. Ensuite (le roi) envoya chercher à Héliopolis des hommes réputés pour les questions sophistiques, il leur parla d'Ésope et les invita en même temps que lui à son festin. Tandis

---

12-19. R. S., p. 83-85, rapproche ce passage de la fable 14 d'Ésope et met en relief la couleur locale, toute égyptienne, du texte d'Ahikar.

20. *Courent*, litt. ; « courent deux. »

ques] [1] au-dessus de laquelle sont plantés douze cèdres ; au-
dessus de chacun des cèdres il y a trente roues et sur
chaque roue courent [2] un blanc et un noir. »

21. Je répondis au roi au sujet de ce qu'il me deman-

---

[1] Manque dans *B*, mais est présupposé par la suite.
[2] *C* : « sur chaque roue deux cordes. »

---

qu'ils étaient à table, l'un des habitants d'Héliopolis dit à Ésope :
J'ai été envoyé par Dieu pour te poser une question et voir si tu
pourras y répondre. — Ésope lui répondit : Tu mens, car Dieu n'a
rien à apprendre des hommes ; en disant cela, tu ne parles pas
seulement contre toi, mais aussi contre Dieu. — L'autre reprit. Il
y a un grand temple et dans ce temple une colonne qui a douze
portes, dont chacune est formée de trente poutres, autour de
celles-ci tournent deux femmes. » — Le texte grec porte « douze
villes » au lieu de douze portes. Aussi, La Fontaine a traduit :
« Il y a un grand temple qui est appuyé sur une colonne entou-
rée de *douze villes*, chacune desquelles a trente arcs-boutants et
autour de ces arcs-boutants se promènent l'une après l'autre,
deux femmes, l'une blanche, l'autre noire » — Ag porte : « Que
dis-tu d'un architecte qui a bâti un palais avec huit mille sept
cent soixante pierres et y a planté douze arbres, dont chacun a
trente rameaux portant deux grappes, l'une blanche et l'autre
noire ? » — Une énigme analogue figure déjà dans l'anthologie
grecque sous le nom de Cléobuline, fille de Cléobule (580 av.
J.-C.) « Il y a un père qui a douze enfants, chacun d'eux a
soixante filles d'aspect très différent, les unes blanches, les
autres noires. Toutes sont immortelles et meurent. » *Anth. grec-*

20-21. D'après M. Meissner, cette énigme est d'origine grecque,
p. 182 MM. Windisch et Mark Lidzbarski tiennent qu'elle est d'origine sémitique, dans *Zeitschrift der Deutschen morgenländischen
Gesellschaft*, t. XLVIII, p. 674.

dait : « Les intelligences des moutons et des bœufs [1] con-
naissent ce que tu me demandes, ô roi. La colonne dont a
parlé mon seigneur le roi c'est l'année ; cette colonne est
bâtie de huit mille sept cent soixante-trois pierres, qui sont
les huit [2] mille sept cent soixante-trois heures ; les douze
cèdres sont les douze mois de l'année ; les trente roues
sont les trente jours du mois ; les deux coureurs, l'un noir
et l'autre blanc, sont la nuit et le jour[a]. »

22. Le roi me dit encore : « Cesse. — Maintenant, je te
demande, ô Aḥikar, de me tresser deux longs câbles de

---

[1] *C* : « les intelligences des bœufs de nos pays. »

[2] *B* : « sept. » — Les textes arabes et même *NS* portent 8763.
Le nombre 8736, dans la traduction de M. Lizbarski, n'est
qu'une faute d'impression.

---

que, XIV, 101, trad. française, Paris, 1863, t. II, p. 56 et
319-320. Par contre, cette énigme ne se trouve pas dans *A*.

[a] *G* · « Ésope dit . Même les enfants de chez nous sauraient
résoudre ce problème, car ce temple est le monde, la colonne est
l'année, les portes (villes ?) sont les mois, les poutres sont leurs
jours, et les deux femmes qui se succèdent sont le jour et la
nuit. »

---

21. *Les intelligences des moutons et des bœufs.* D'après M. Vetter,
p. 367, ce mot « les bœufs » ou « les animaux » pouvait désigner en
Assyrie les hommes du vulgaire. Il renvoie à Josèphe, *Ant.jud.*, XIV,
x, 7, et au Talmud. Le renvoi à Josèphe (éd. Didot ?) est inexact.

Huit mille sept cent soixante-trois heures. Année de 365 jours et
trois heures. Dans l'édition de Cambridge, on trouve 8760 heures
ou 365 jours — Cette phrase, depuis « cette colonne », est en rouge
dans le manuscrit *B*, sans doute pour indiquer qu'elle ne correspond
à aucune question du roi. Nous avons rétabli cette question plus
haut, parce qu'elle existe dans les autres textes et versions.

La nuit et le jour. C'est le véritable ordre chez les Sémites, car
pour eux la nuit précède le jour. Cf. Meissner, p. 182.

sable, qui aient cinquante coudées (de long) et un doigt d'épaisseur [1]. »

23. Je lui répondis : « Ordonne, mon seigneur roi, qu'on m'apporte un (tel) câble de ton trésor afin que j'en tresse un semblable. »

24. Il me dit : « Tu ne comprends pas ce que j'ai dit, si tu ne me tresses pas le câble dont je viens de te parler, tu ne recevras pas le tribut de l'Égypte. »

25. Alors moi, Aḥikar, je quittai le roi et passai cette nuit en grande méditation.

26. Au matin il me vint une idée et je me rendis derrière le palais où habitait le roi ; je creusai un petit trou dans la muraille en face du soleil et le soleil traversa la muraille du temple. Je creusai un autre trou dans la même muraille, puis je pris une poignée de poussière et la mis dans les trous, et (les poussières) apparaissaient dans le rayon et elles étaient entraînées [2].

27. Je pris la parole et je dis au roi : « Ordonne, mon seigneur le roi, que l'on tresse en faisceau de proche en proche ces (deux rayons) et je t'en ferai de semblables autant que tu en voudras [3]. »

28. A cette vue, le roi et ses grands furent saisis d'admiration et de stupeur et ils étaient fort humiliés [a]

---

[1] C : « cinq câbles du sable du fleuve. »

[2] C : «Je sortis hors du palais (litt. temple) du roi et je creusai cinq trous dans le mur oriental du palais. Lorsque le soleil pénétra dans les trous, la poussière s'y mit en mouvement et le rayon du soleil parut être tressé à l'intérieur des trous. »

[3] C : « Mon Seigneur, fais enlever ceux-là et je vous en tresserai d'autres à leur place. »

---

[a] 22-28. Ce passage figure dans A mais manque dans Ag

---

26 Le palais, litt. « le temple, » cf. Daniel, iv, 4, vi, 18, et I Rois, xxi, 1, II Rois, xx, 18, etc.

29. Alors le roi me fit apporter la pierre supérieure d'une meule qui était brisée, puis il prit la parole et me dit : « O Ahikar, couds-moi cette pierre. »

30. Et je pris aussitôt un pilon de pierre de cette meule, je le jetai et je lui dis : « Mon seigneur le roi, je n'ai pas avec moi les outils de cordonnier et je ne trouve pas ce dont j'ai besoin, commande donc à tes cordonniers de tirer un fil de ce pilon, qui est de même nature que la meule, et aussitôt je la coudrai. »

31. A ces paroles, le roi rit et me dit : « Allons (εὖ) ! ô Ahikar, que le jour où tu es né soit béni devant les dieux [1] de l'Egypte ; parce que je t'ai vu en vie, je ferai de ce jour une grande fête (avec) des festins [a]. »

CHAPITRE XXXI

Ahikar part de l'Égypte et revient près de Sarhedom, roi de Ninive et d'Assur.

1. [b] Lorsque le roi Pharaon eut été vaincu en tout, que

---

[1] C « le Dieu »

[a] 22-31 manquent dans le grec, qui met ici l'incident de la lettre (*supra*, XXIX, 4 - XXX, 5).

[b] XXXI, 1-2. Après XXIX, 4 - XXX, 5, que le grec place ici, on trouve : « Et le roi Nectanébo dit ensuite : Bienheureux

---

30. *Un pilon*, litt. : « un mortier »

Un fil : *kédra* signifie chaudière (χύτρα) et, au sens secondaire, *lorum*.

Cette réponse a passé dans le Talmud ; cf. Meissner, p. 195.

j'eus résisté à ses inventions, que j'eus résolu et rendu vaines toutes ses machinations et ses énigmes,

2. il me donna le tribut de l'Égypte de trois ans, je reçus aussi les neuf cents talents qui figuraient dans ma lettre comme s'il les avait empruntés à mon maître et dont tous dirent : « Nous (en) avons entendu (parler) [a]. »

3. Je fus comblé de présents par le roi et d'honneurs par ses grands [1][b], et aussitôt le roi Sarḥédom [2] se hâta de venir au-devant de moi

CHAPITRE XXXII [c]

Aḥikar revient d'Égypte et va près du roi, qui le reçoit avec honneur.

1. Et le roi commença à me dire de sages paro-

---

[1] *C* ne mentionne ici que le tribut de trois ans et ne parle ni des neuf cents talents ni des présents.

[2] Les autres rédactions et versions portent « Sennachérib. »

---

est Lycéros, qui possède une telle sagesse dans son royaume. — Il donna donc à Ésope les tributs promis et le renvoya en paix. »

[a] *A* et Ag ne mentionnent pas les neuf cents talents. Tous deux portent, par contre, qu'Ahikar demanda au roi d'Égypte de renvoyer en Assyrie les fugitifs qui avaient passé en Égypte. L'arabe seul avait mentionné plus haut (XXIII) ces fugitifs.

[b] *G* « Ésope, revenu à Babylone, raconta à Lycéros tout ce qu'il avait fait en Égypte et lui remit les tributs. »

[c] **XXXI - XXXII.** Dans *F*, Hicar conserve le nom d'Abicam, c'est sous ce nom qu'il annonce son retour. Nadan se demande quel

les : « Demande et requiers tout ce que tu voudras [a]. »

2. Et je dis · « O mon seigneur roi, vis à jamais[1] » Et le roi commença à venir au-devant de moi et se réjouit d'une grande joie.

3. Il m'honora et me fit asseoir à son côté sur son siège et sur sa tour et il me dit · « Demande-moi, ô Aḥikar, tout ce que tu désires. Si tu le demandes, je te donnerai tout mon royaume »

4. Aḥikar lui dit : « O mon seigneur roi, vis à jamais et dans toutes les générations[1] ! Tout ce que je demande à ta Majesté — si tu es bien disposé en ma faveur — est de donner une bonne charge à Nabousemak, *spiculator*[2], car c'est grâce à lui que je suis encore en vie. Maintenant mon espoir en Dieu me soutient; s'il ne m'avait pas aidé, je serais mort. »

---

[1] *B* a en plus : « Cependant fais-moi un présent dans ta bonté si tu le veux, autant que cela t'est utile. »

[2] Ce mot est transcrit dans le syriaque *B*.

---

est cet inconnu, ce magicien, et songe déjà à le faire périr, de crainte qu'il ne le supplante auprès de Sinkarib. Celui-ci va trouver Zéfagnie et demande à voir les deux rochs et les enfants, mais elle lui dit que Hicar les a rendus à la liberté pour prix de leurs services ; elle lui demande aussi de livrer Nadan à Hicar. Il n'est toujours pas question de Nabousemak. Nadan est enchaîné dans le cachot où Aḥikar a dû se cacher.

[a] xxxii, 1. *G* « Lycéros ordonna d'élever une statue d'or à Ésope. » — Ici se termine le texte grec parallèle à l'histoire d'Aḥikar, inséré dans l'histoire d'Ésope.

---

2. *Au-devant de moi*, répétition de xxxi, 3.

4. *A ta majesté*, litt · « à l'honneur de ta grandeur. »

5. Alors le roi me montra son affection par de nombreuses grâces et surtout (μάλιστα) par des présents et des dons que je reçus de lui.

6. Le roi commença à me combler de nombreux dons et à faire de nombreux présents à (Nabousemak).

7. Le roi se mit à m'interroger [1] sur tout ce qui m'était arrivé devant Pharaon et sur les énigmes ; je les lui racontai du commencement à la fin, chacune en particulier, et, en l'entendant, il fut dans l'admiration.

8. Je sortis alors les biens, l'argent, l'or, les dons et les présents que m'avait donnés le roi d'Égypte pour les lui apporter d'Égypte, et il en conçut une joie inimaginable.

9. Il me dit : « Combien veux-tu que je te donne ? » — Je lui dis . « Je ne demande rien que de te (voir) heureux et tranquille. Que ferais-je de ces richesses et du reste ! Cependant je demande à ta Béatitude de me donner pouvoir de faire tout ce que je voudrai à Nadan pour me venger de lui et de ne pas me réclamer son sang [2]. »

10. Le roi me permit aussitôt de lui faire tout ce que je

---

[1] B : « à me consoler. »

[2] Les versets 1-9 sont beaucoup plus abrégés dans C : « Je retournai aussitôt près de mon seigneur, le roi Sennachérib, et y arrivai. Il sortit lui-même au-devant de moi, il m'accueillit, fit un grand jour (de fête), me fit asseoir au-dessus de ses serviteurs, prit la parole et me dit : Demande, Aḥikar, tout ce que tu veux. — Je me prosternai devant le roi et je lui dis : Mon seigneur le roi, tout ce que tu veux me donner, donne-le au bourreau Nabousemak, mon ami, car il m'a donné la vie. Pour moi, mon seigneur le roi, fais-moi donner mon fils Nadan, afin que je lui enseigne une autre doctrine puisqu'il a oublié la première. »

---

10 Sur Nabouel (ms. C), cf. Payne Smith, *Thesaurus syriacus*, sous ce nom propre. Le slave porte Négubil et l'arménien Béliar Dans le *Livre des Jubilés*, 1, 20 ; les *Testaments des douze patriarches* (Ruben,

voudrais. Je pris Nadan et allai à ma maison, je l'attachai
avec des liens et des chaines de fer, je lui mis des liens de
fer aux mains et aux pieds et je mis du fer sur ses épaules,
puis je commençai à le flageller de verges et (à le frapper)
de coups violents, [a], et je lui rappelai l'enseignement que je
lui avais donné avec la sagesse, la science et la philosophie [1].

---

[1] *C* · « Le roi me dit : Va, Ahikar, et fais à ton fils Nadan tout
ce que tu veux. Personne ne sauvera son corps de tes mains. —
Alors je pris Nadan, mon fils, je le conduisis à ma maison, je le
liai d'une chaîne de fer du poids de vingt talents que je fixai à
des anneaux, je lui mis des colliers au cou et je le frappai de
mille coups sur les épaules et de mille et un sur les reins ; je le
mis dans le vestibule (εἰς τὴν προστάδα), à la porte de mon palais ;
je lui donnai du pain et de l'eau avec mesure et je le livrai à mon
serviteur Nabouel pour qu'il le gardât. Je dis à mon serviteur :
Écris sur une tablette tout ce que je dirai à Nadan, mon fils, à
mon entrée et à ma sortie ; je pris la parole et je dis à Nadan,
mon fils. »

---

[a] *NS* : « de mille coups entre les épaules, de mille sur le
dos, de mille sur les pieds et de mille sur le cœur. » *NS* continue comme *C*, hors le nom de Nabouel qu'il n'a pas.

2, 4, 6 ; Dan, 5 ; Lévi, 19), l'*Ascension d'Isaïe* i, 8, 9 ; ii, 1 ; iii, 11,
etc., Beliar est un esprit mauvais. Dans les *Livres sibyllins*, ii, 167,
il est l'antéchrist. L'auteur de la version arménienne aurait-il vu
dans Nabouel un démon chargé de tourmenter Nadan ? — *Je le mis
dans le vestibule de la porte de mon palais.* Ce trait, propre à *C*,
est très assyrien Les rois de Ninive enchaînaient volontiers les
prisonniers de marque à la porte de la ville. C'est ainsi qu'Assur-
banipal expose le roi arabe *Uaite* à la porte de Ninive, *Annales*,
col. viii, lignes 1-14.

CHAPITRE XXXIII a

Suite de la sagesse d'Ahikar.

96 [1]. [Mon fils, celui qui n'entend pas avec les oreilles, on le fait entendre par derrière son dos [2].

Nadan, mon fils, prit la parole et me dit : « Pourquoi t'irrites-tu contre ton fils ? »

97. Je lui répondis : Moi, mon fils, je t'ai fait asseoir

---

[1] Les différences deviennent très nombreuses entre *B* et *C*. Nous ajoutons entre crochets les passages de *C* qui manquent dans *B*. Nous continuons la numérotation des sentences parce qu'elles forment une espèce de tout dans l'ouvrage ; cf. *supra*, chap. III.

[2] *A* et *NS* : « Mon fils, il est dit dans les Proverbes Celui qui n'entend pas avec les oreilles. » — Manque dans Sl. — Se trouve en arm. comme dans le syriaque, c'est-à-dire sans les mots · « il est dit dans les Proverbes. »

---

a XXXIII. *F* ne contient que trois maximes · « Le tigre souillé de meurtre et de carnage passa près d'une fontaine ; il se vit et se fit horreur.

« Le Gange, dans un de ses débordements, déposa ses eaux dans un creux entre deux montagnes. Elles se corrompirent, et répandirent l'infection autour d'elles les habitants des côteaux voisins les maudissaient Comment, disaient-elles, ose-t-on mau-

---

96 *Par derrière son dos*, c'est-à-dire « en le frappant sur les épaules et les reins, » comme il est dit plus haut.

97 *Un trône glorieux*, litt. « sur un siège d'honneur »

Ma justice traduit sans doute l'hébreu *sedaqah*, « justice » ou « aumône » Cf. Tobie, xiv, 10 (grec) et Introd , *supra*, p. 59.

sur un trône glorieux, et toi tu m'as précipité de mon trône. Ma justice m'a sauvé [a].

98. Tu as été pour moi, mon fils, comme un scorpion qui frappe une roche. Celle-ci lui dit : « Tu as frappé sur un

---

dire les eaux du fleuve salutaire sans lesquelles l'homme, desséché, périrait bientôt ! — Eaux pestilentielles, leur répondit un génie, le Gange cesse de reconnaître ses eaux dès qu'il n'en sort plus que des exhalaisons mortelles !

« Un loup fut pris par des agneaux que gardait un prêtre d'Osiris. Epargnez-moi, dit-il au gardien du troupeau, voyez ma gueule, mes pattes, il est clair que je suis innocent. Le crime est dans ton cœur, répond le gardien. Mais quand vous le supposeriez, reprit le loup, vous êtes voué à un état de paix, vous ne prenez le couteau que pour les sacrifices, et je suis trop vil pour vous être offert, mon sang souillerait votre robe et vos mains. — Il n'y a que le sang du juste qui souille, dit le prêtre en lui enfonçant le couteau dans la gorge, meurs, malheureux ! Je te sacrifie à la tranquillité des troupeaux qui sont sur la terre. »

[a] Le syriaque énumérera encore plus loin (131-133) ce qu'Ahikar a fait pour Nadan. — L'arménien réunit tout cela au commencement (2 à 5). — Le slave est conforme au syriaque ; il omet cependant : « Ma justice m'a sauvé. » — L'arabe développe beaucoup cette pensée. Voici Ag « Mon fils, c'est moi qui ai recueilli ton enfance, je t'ai élevé, je t'ai chéri, je t'ai comblé de gloire et d'honneur ; je t'ai cédé mon rang et confié mes richesses, je t'ai initié de bonne heure à l'étude des sciences, parce que je voulais que tu devinsses l'héritier de ma sagesse comme tu devais l'être un jour de ma fortune ; j'ai fait pour toi plus que n'aurait fait un père. Comment as-tu récompensé mes bienfaits ? Tu m'as calomnié, tu m'as abreuvé d'outrages, tu as conspiré ma mort ! ma perte même était inévitable, si Dieu, qui lit au fond des cœurs, qui console les opprimés et humilie les orgueilleux,

---

98. Cf. « Le serpent et la lime », La Fontaine, l. V, xvi ; Loqman, xxviii ; Esope, xlix ; Phèdre, l. IV, viii. R S. renvoie à Esope, 86-

cœur insensible. » Il frappe une aiguille et elle lui dit : « Tu
as frappé un aiguillon plus redoutable que le tien [a] »

99. [b] Tu m'as été comme la chèvre qui se dressait contre
le sumac des corroyeurs et le mangeait. Celui-ci lui dit :
« Pourquoi me manges-tu, puisqu'on travaillera ta peau
avec ma racine? » — La chèvre lui dit : « Je te mange durant
ma vie et, à ma mort, on t'arrachera jusqu'à la racine [1]. »

---

[1] Cette réponse n'est pas satisfaisante. Le ms. *C* est sans
doute corrompu ici. La version arménienne qui, se rapproche le
plus ici du syriaque, porte : « Si je te mange durant ma vie,
après ma mort on arrachera ta racine pour préparer ma peau. »

---

n eût reconnu mon innocence et ne m'eût sauvé de tes embûches. »

[a] 98 Manque dans Sl, Ag et *NS*. M. Lidzbarski le traduit
sur l'édition Salhani et le place après 106. — *A* porte la mauvaise
leçon suivante : « Mon fils, tu m'as été comme un scorpion lequel, s'il frappe de l'airain, le perce. » — L'arménien porte :
« Mon fils, tu m'as été comme un scorpion qui a frappé une aiguille. L'aiguille dit : C'est un aiguillon qui est pire que le tien.—
De plus, tu as osé frapper la plante du pied d'un chameau et il a
appuyé lourdement son pied sur le scorpion, il l'a écrasé et a
dit : Esclave, ne savais-tu pas que ta vie et ton âme étaient
sous mes pieds ! »

[b] 99 Manque dans *NS* et Ag. — *A* et *H* donnent un sens plus
satisfaisant que le syriaque. *A* : « Mon fils, tu as été comme la
gazelle qui mangeait les feuilles de la garance ; celle-ci lui dit :
Mange-moi aujourd'hui et rassasie-toi, et demain on tannera ta
peau avec mes racines. » — Sl : « Tu m'as été comme la
chèvre qui mangeait le sumac et celui-ci lui dit : Pourquoi me

---

99. *Le sumac des corroyeurs*, plante utilisée pour tanner les
peaux, surtout les peaux de chèvre.

R. S voit ici l'original de Ésope, 404, Babrius, 181 ; Ignac. diac.
(ed. C. Fr. Muller), I, 7.

100. Tu m'as été, mon fils [a], comme celui qui jette une pierre [1] vers le ciel, elle n'atteint pas le ciel, et celui qui l'a lancée a péché devant Dieu [2].

101. [b] Tu m'as été, mon fils, comme celui qui a vu son prochain trembler de froid et qui a pris un vase d'eau et l'a jeté sur lui

102 [c] Plût à Dieu, mon fils, qu'après m'avoir mis à mort tu eusses pu prendre ma place, mais sache cependant, mon fils, que si la queue du porc s'allongeait de sept coudées, il ne pourrait pas (cependant) tenir la place du cheval et si son poil devenait doux et laineux, jamais il ne servirait de vêtement à un homme noble.

---

[1] Arm : « comme celui qui lance sa flèche. »

[2] Arm : « mais il reçoit la punition de son impiété et la flèche retombe sur sa tête »

---

manges-tu, ô chèvre ! avec quoi pourra-t-on tanner ta peau ? — Et la chèvre répondit : Je mangerai tes feuilles et avec ta racine on tannera ma peau. »

[a] « Comme celui qui jette une pierre vers le ciel » A porte en plus : « pour lapider son maître avec elle. » — Ag : « Un homme voulut un jour lancer une pierre contre le ciel, elle retomba sur lui et l'écrasa. »

[b] Sl, Arm, NS sont à peu près identiques au syriaque. — A paraphrase un peu : « Mon fils, tu m'as été comme un homme qui savait que son camarade avait froid par le temps glacé de l'hiver, il prit de l'eau froide et il la jeta sur lui. »

[c] 102-103 A : « O mon fils, si tu m'avais honoré et respecté, et

---

100 Cf. Eccl., xxvii, 28.

102 D'un homme noble, litt « jamais il ne monterait sur le corps d'un homme libre. » — Rendel Harris fait remarquer (p. 80) que l'on attendrait plutôt : « Jamais un homme libre ne monterait sur son dos, » mais l'arménien porte : « Si sa toison devenait comme la pourpre, elle ne pourrait être utilisée pour le corps d'un roi, » — et conduit au sens que nous avons adopté.

103. Mon fils, j'ai dit que tu prendrais ma place et que tu posséderais par héritage ma maison et mes richesses, mais cela n'a pas plu à Dieu et il n'a pas entendu ta voix [1].]

104. Je lui dis : Tu n'as pas écouté mes paroles, tu n'as pas reçu mon enseignement, tu n'as ni écouté ni connu Dieu, aussi lui-même n'a pas entendu ta voix [2].

105. Mon fils, réponds-moi, tu es tombé sur moi comme un lion affamé (qui rencontra) un âne errant le matin [3]. Le

---

[1] Les sentences 96-103 sont tirées de *C* et manquent dans *B*

[2] *C* omet 104

[3] *C* . « Tu m'as été, mon fils, comme un lion qui rencontre un âne le matin et lui dit : Viens en paix, mar kouris (κύριος, c'est une répétition). — Celui-ci lui répondit : Que la paix que tu me donnes retombe sur celui qui m'a attaché le soir et n'a pas serré ma longe pour que je ne te voie pas. » La leçon (*mar kouris*) ou

---

si tu avais écouté mes paroles, tu aurais été mon héritier et tu aurais gouverné toutes mes possessions   O mon fils, sais-tu que si la queue du chien ou du porc avait dix coudées de long, elle n'approcherait pas encore du prix de celle du cheval, quand même elle serait comme de la soie? — O mon fils, je pensais que tu serais mon héritier à ma mort, et tu as poussé ton envie et ton audace jusqu'à vouloir me tuer. Mais le Seigneur m'a délivré de tes ruses. » — Arm : « Mon fils, tu t'es imaginé et tu as dit   Je prendrai sa place. Mais si la queue du porc avait près de cinq aunes de long, elle ne pourrait pas encore remplacer celle du cheval, et même si son poil était comme la pourpre, il ne pourrait pas encore être utilisé pour habiller le roi. — Mon fils, j'avais pensé que tu habiterais dans ma maison et que tu hériterais de mes biens. Mais, à cause de ta méchanceté, Dieu ne t'a pas fait prospérer. » Cette dernière partie manque dans la plupart des mss. arméniens.

lion [a] dit à l'âne : « Viens en paix, ô mon frère et mon ami. » L'âne répondit : « Cette paix ressemble à celle que (je souhaite à) l'homme qui ne m'a pas attaché le soir et qui n'a pas eu l'idée de m'entraver jusqu'à maintenant que je te vois. »

106. Mon fils, tu m'as été comme un piège caché sous le fumier. Un passereau vint, le piège le vit et lui dit . « O mon frère, que fais-tu ici[b]?» —Le passereau répondit : « Je te regarde. » — Le piège dit : « Prie Dieu; gloire à lui [1] ! » — Le passereau lui dit encore : « Quel est ce bois qui est attaché chez toi ? »—Le piège répondit au passereau : «C'est mon bâton et mon soutien, je m'appuie sur lui au moment de ma prière » — Le passereau dit : « Qu'est-ce que ce blé qui est dans ta bouche ? » —Le piège répondit : « C'est de la nourriture et du pain qui rend la force à ceux qui ont faim. Je l'ai placé dans ma bouche pour qu'il serve de nourriture aux affamés qui se réfugient près de moi[2].» — Le passe-

---

« seigneur kouris » est propre à *C* et ne se trouve ni dans le slave, ni dans l'arménien, ni dans *B*. M. Vetter recourt au Talmud pour l'expliquer, il est plus probable que c'est un néologisme emprunté au grec. — Cf. Introd., page 114-115, et l'histoire de « la chèvre qui circule », p. 21, note 1, et p. 169, n. 46.

[1] Cette formule « gloire à lui » s'ajoute toujours chez les musulmans après le nom de Dieu. Elle ne se trouve que dans *B* et elle est sans doute une addition.

[2] Cf le conte du chaperon rouge

---

[a] « Un lion. » Le slave et l'arménien portent : « un loup. »

[b] Les autres versions ne contiennent pas la première ques-

---

105 Cf. « L'oiseau et le chat, » Ésope, n. clvii ; Babrius, n. cvii. R. S renvoie à Ésope, n. 323, 326, 258, 260 — Cf. « Le chat et les souris, » Ésope, n lxvii ; Phèdre, l IV, ii ; La Fontaine, l. III, xviii.

reau dit : « Je suis maintenant très affamé, je vais donc le
manger. » — Le piege lui répondit et dit : « Approche, ô
mon frère, et ne crains pas. » — Quand le passereau s'ap-
prêta à le prendre, il le saisit aussitôt par la tête et le passereau dit au piège : « Si c'est là ton jeûne et ta prière au
sujet de ce pain, Dieu ne recevra pas ton jeûne et ta prière
et ne te donnera aucun bien [1]. »

107. [a] [Mon fils, tu m'as été comme un taureau attaché
avec un lion ; le lion se tourna vers lui et le mit en pièces [2].]

108. [b] Mon fils, tu m'as été comme le charançon qui

---

[1] C « Mon fils, un piege était tendu sur un fumier, un passereau vint, le vit et lui dit : Que fais-tu ici ? — Le piège lui
répondit · Je prie Dieu. — Le passereau lui dit . Qu'est-ce qui
est dans ta bouche ? — Le piège répondit : Le pain des passants.
— Le passereau s'approcha, il prit le pain, et (le piege) le
saisit par le cou Le passereau dans sa douleur dit . Si c'est là
le pain des passants, Dieu que tu pries n'entendra pas ta voix. »

[2] Manque dans B , cf. 105.

---

tion du piège. L'arabe seul porte la question au sujet du bâton
et termine par : « Si c'est là ton pain pour la faim, Dieu n'acceptera pas tes aumônes et tes bonnes actions ; et si ce sont là ton
jeûne et tes prières, Dieu n'acceptera de toi ni ton jeûne ni tes
prières et Dieu ne t'accordera aucun bien » — Le slave et l'arménien sont presque identiques à C — L porte « lièvre » au
lieu de passereau. »

[a] A « Mon fils, tu m'as été comme un lion qui fit amitié
avec un âne, et l'âne put se promener un certain temps en présence du lion. mais un jour le lion s'élança et le dévora. »

[b] Arm « Le ver du pain mange le corps d'un roi, et ce-

---

se trouve dans le blé. Il ne sert à rien et il perd le blé [1].

109. a [Mon fils, tu m'as été comme un chaudron auquel on a mis des oreilles d'or sans débarrasser son fond de sa noirceur [2].]

110. Mon fils, tu m'as été comme l'homme qui avait semé dix mesures de blé dans un champ, puis, au temps de la moisson, il le coupa, le nettoya[b], et il trouva dix mesures de blé. L'homme dit alors au champ : « Pourquoi ne m'as-tu rien donné de plus ? Je t'ai labouré, renouvelé, semé lorsque tu étais inculte et tu ne m'as rien produit de bon [3]. »

111. Mon fils, tu m'as été comme l'oiseau [4] qui est enfer-

---

[1] *C* . « Mon fils, tu m'as été comme le charançon du blé qui ravage les greniers des rois et qui est réputé pour rien. »

[2] Se trouve plus bas dans *B* au n. 115.

[3] *C* . « Mon fils, tu m'as été comme le paysan qui sème un champ avec vingt mesures de blé ; à la moisson, il lui produisit vingt mesures et il lui dit : J'ai recueilli ce que j'avais dépensé ; mais honte sur toi qui (auras) le mauvais renom de produire mesure pour mesure, car comment pourrai-je vivre ? »

[4] *B* porte *tabiò* qui se traduit par « chèvre » ou « gazelle » mais ce sens ne s'accorde pas avec la suite. Le ms. *B* portait *tab'ò*; on a gratté l'extrémité de l'aïn pour en faire un yod, d'où *tabui*. Le ms. *C* écrit *àrà deséfrò*, que M. Rendel Harris n'a pas traduit L'arabe porte « perdrix ». Cf. Eccli., xi, 32 : « Comme la perdrix est conduite dans une cage. »

---

pendant lui-même ne sert à rien et n'est utile à personne, mais il est vil. »

a Le slave, qui porte seul cette maxime, est identique au syriaque.

b L'arabe ajoute que l'homme a arrosé son champ. L'armé-

---

110 Cf. Matth., xxv, 24-30.

111. R. S., p. 79-80, rapproche cette comparaison des fables 341 et 356 d'Ésope , cette dernière n'en serait qu'une mauvaise imitation.

mé dans un piège et ne peut pas échapper au chasseur ; il élève cependant sa voix douce et suave et il réunit près de lui les oiseaux ou de nombreuses perdrix pour qu'ils se fassent prendre.

112. [Mon fils, tu m'as été comme le bouc qui fait entrer ses compagnons dans les boucheries et qui ne se sauve pas lui-même [1].]

113. [a] Mon fils, tu m'as été comme un chien saisi par le froid qui fut se chauffer chez des potiers [2] et qui, lorsqu'il eut chaud, chercha à aboyer et à les mordre. Ils se mirent à le frapper. Il aboya, et eux, craignant d'être mordus, le tuèrent.

114. [b] Mon fils, tu as été comme ce porc qui fut prendre un bain avec les grands. Arrivé aux bains il s'y lava ; mais en sortant, il vit de la boue et il alla s'y rouler [3].

---

[1] *B* omet ; cf. 116.

[2] *B* : « dans le four du potier. » — *C* : « chez des boulangers. »

[3] *C* : « Mon fils, tu m'as été comme un porc qui allait aux bains ; il vit une fosse boueuse et alla s'y laver, puis il appela ses compagnons. Venez, lavons-nous. »

---

nien abrège beaucoup : « Mon fils, tu m'as été comme le semeur qui sème dix boisseaux, puis il en recueille cinq et le reste est perdu. »

[a] Ag : « Tu t'es conduit à mon égard comme ce chien qui, étant entré dans une poterie pour s'y chauffer, se mit ensuite à aboyer après les gens de la maison, qui se virent contraints de le chasser de peur d'être mordus. » — *Arm* abrège et ne dit pas qu'on a chassé le chien.

[b] Arm : « Mon fils, ils ont conduit le porc au bain, il s'est

---

113 Cf. « Le villageois et le serpent, » Ésope, n.cxxx ; La Fontaine, l. VI, xiii ; R. S. renvoie à la fable 173 d'Ésope.

114 Cf. II Pierre, ii, 22. Une sentence analogue, (les porcs s'enor-

115. Mon fils, tu m'as été comme une noire chaudière à laquelle on a mis un cercle d'or [1].

116. Mon fils, tu m'as été comme le bouc des brebis [2] qui porte et incline la tête devant le boucher et celui-ci ne peut lui enlever la vie [3].

[**117.** Mon fils, mon doigt est sur ta bouche et ton doigt est sur mes yeux. Tu t'élèveras contre celui qui t'a élevé, parce que tes yeux regardent les pommes [4].]

---

[1] Se trouve plus haut, cf. n. 109

[2] *Taïšo de 'erbê* : « le mouton qui fait entrer les brebis à l'abattoir. »

[3] Peu compréhensible. Ne se trouve que dans *B*. C'est sans doute une déformation de 129[h]. Cf. 112.

[4] *B* omet 117.

---

plongé dedans, puis il s'est roulé dans une fondrière en disant Vous vous lavez dans ce qui vous est propre, je veux en faire autant pour moi. » — Ag seul introduit un âne et fond peut-être ensemble 114 et 139 : « On voulut habituer un âne à la propreté et lui inspirer des goûts délicats, on l'installa dans un salon magnifique, on le plaça sur un riche tapis. Qu'arriva-t-il ? Au premier moment de liberté que lui laissa son maître, il descendit dans la rue, y trouva de la poussière et s'y vautra — Laissez-le se vautrer, dit alors un passant, car cela est dans sa nature et vous ne sauriez le changer. »

---

gueillissent dans la saleté) est attribuée à Démocrite par Clément d'Alexandrie et Plutarque. Cf. Rendel Harris, p. LXVI, et R. S., p. 75.

117 La fin du verset contient peut-être une allusion à la transgression d'Adam causée par le fruit de l'arbre de la science du bien et du mal. L'édition anglaise traduit de manière toute différente. — R. S. renvoie à Babrius, 175.

118.[a] Mon fils, si le chien qui tue un gibier n'y fait attention, le loup le mange aussitôt [1].

119. Mon fils, la main qui ne se fatigue pas, ne travaille pas et ne peine pas sera coupée à cause de sa paresse[b].

120. Mon fils, on arrachera [2] l'œil qui ne voit pas la lumière.

121. Mon fils, c'est moi qui t'ai montré le visage du roi, qui t'ai conduit à de grandes faveurs, qui t'ai instruit et élevé et qui t'ai donné tout bien, et toi que m'as-tu rendu et rétribué ?

122. Mon fils, tu m'as été comme un arbre qu'on a ordonné de couper.

123. Ah ! οὐά ! malheur ! si tu n'avais rien pris ni reçu de moi [3], tu n'aurais aucun pouvoir sur moi tout le temps de ta vie [4].

---

[1] *C* : « Mon fils, le chien qui mange du produit de sa chasse deviendra la part (la proie) des loups. »

[2] *A*, *C*, Arm : « le corbeau arrachera. »

[3] *C* : « Quel bien m'as-tu fait, mon fils, pour que je me souvienne de toi et pour que mon âme se complaise en toi ? » La fin est rattachée dans *B* au n. 124

[4] *C* omet 122 et 123 En réalité 122 et 123 sont équivalents à 126. Le texte du ms *B* doit donc être corrigé en conséquence.

---

[a] *A* porte : « O mon fils, le chien qui n'est pas nourri par son maître devient la proie des mouches. » — Arm est conforme à *C*.

[b] *NS* : « Coupe-la du creux de l'aisselle. »

---

118. R. S., p. 82-83, rapproche cette pensée de la fable 153 de Babrius.

120. R. S., p. 105, rapproche 119 et 120 de Job, xxxi, 22, et Prov. xxx, 17.

122 Cf. *infra*, 126.

124. Je me réjouirai et j'exulterai en toi, ô mon fils, et mon âme se reposera lorsque les dieux voleront celui qui les implore, lorsque le lion volera pour s'enrichir, lorsqu'un homme volera de la terre pour en manger [1].

125. Je t'ai présenté, ô mon fils, au roi et aux grands et je t'ai amené à un grand honneur, et toi tu as fait du mal à ceux qui agissent bien Que feras-tu donc à ceux qui agissent mal [2] ?

126. [a] [Mon fils, tu m'as été comme un arbre qui dit à ceux qui le coupent : Si vous n'aviez pas (une partie) de moi [3] dans vos mains, vous ne seriez pas tombés sur moi [4] [b]]

127 [Mon fils, tu m'as été comme les petits de l'hiron-

---

[1] *C* : « Mon fils, si les dieux volent, au nom de qui les adjurera-t-on ? Et le lion qui vole de la terre, comment pourra-t-il y demeurer et la manger ? » — Le texte de *B*, qui énumère des impossibilités, semble préférable.

[2] *C* : « ... et toi tu as voulu m'affliger. »

[3] Le manche de la cognée.

[4] *B* omet. Cf. *supra*, 122, 123.

---

[a] Salhani : « Mon fils, tu te comportes comme l'arbre que les gens coupent avec ses rameaux. Alors il leur dit : Si vous n'aviez pas en main cela (les branches = manche de cognée), qui vient de moi, vous ne pourriez pas me faire tomber. »

[b] 125-126. Ag : « Je t'avais élevé à la première dignité de l'empire et tu ne t'es pas contenté d'être ingrat tu as voulu employer contre ton bienfaiteur la puissance qu'il t'avait donnée ! Des bûcherons se disposaient à couper un arbre ; l'arbre leur

---

124. R. S renvoie à Ésope, 91 et 70, Babrius, 2

126 R S , p 77-78, tient que cette pensée a inspiré les fables 122, 123 d'Ésope et 38, 143 de Babrius.

127 Cf « Le chat et les oiseaux, » Ésope, xiv. R. S., p. 88, renvoie à Ésope, 16 ; Babrius, 121.

delle qui tombèrent de leur nid.Un chat[a] les attrapa et leur
dit : « Si je n'étais pas là, il vous arriverait un grand mal. »
— Ils prirent la parole et lui dirent : « C'est pour cela
que tu nous as mis dans ta gueule [1]. »]

128 Tu m'as été comme un chat auquel on dit : « Cesse
de voler, puis entre et sors [2] comme tu veux [b]. » Le chat
leur répond : « C'est là mon art, si j'avais des yeux d'argent, des mains d'or et des pieds de béryl, je n'abandonne-
rais pas mes vols. »

129 [a]. Tu m'as été, ô mon fils, comme un serpent monté
sur un buisson et qui flottait sur le fleuve. Un loup [3] le vit et

---

[1] *B* omet.
[2] *C* ajoute : « chez le roi. »
[3] *Sic A, C,* Arm, *NS.* — *B* porte seul : « un lion. »

---

dit : Si je n'avais pas fourni moi-même le manche de votre cognée, vous ne seriez pas assez forts pour m'abattre. »

[a] Au lieu d'un chat, l'arménien porte : « une belette. »

[b] « Puis entre et sors comme tu veux. » *NS* : « Et le roi te
fera faire des rênes d'or et des chaînes d'argent et de perles, et
il te donnera à manger et à boire jusqu'à ce que tu sois rassasié. »
— « C'est là mon art, » etc. *NS* : « Je n'abandonnerai jamais
l'art que mon père et ma mère m'ont enseigné. » — Ag porte :
« Tu m'as prouvé que l'éducation ne peut rien contre un mauvais naturel. Je t'ai enseigné la vertu et tu as marché dans le
crime. On disait un jour à un chat : Abstiens-toi de dérober et
nous te ferons un collier d'or, et chaque jour nous te donnerons
à manger du sucre et des amandes. — Dérober, répondit le chat,
fut le métier de mon père, comment voulez-vous que j'y renonce ? » — Sl et Arm ressemblent au syriaque

---

128 R. S. rapproche cette comparaison de la fable 88 d'Ésope
(et 149) ; Babrius, 32 , Ignat. diac., I, 39.
129 [a]. R S voit ici l'original d'Ésope, 145, et de Babrius, 173

dit · « Le mauvais est monté sur le mauvais et un plus mauvais qu'eux deux les emporte. » Le serpent répondit [a] à ce loup : « Et toi, est-ce que tu reconduis les chèvres à leur maître [1] ? »

[129. Mon fils, j'ai vu une chèvre qu'on a conduite à l'abattoir, et, comme son temps n'était pas arrivé, elle retourna chez elle, et elle vit ses petits et les rejetons de ses petits.]

130. Tu m'as été, mon fils, comme les enfants qui tuent leur mère [2][b].

131. Mon fils, je t'ai fait goûter tout ce qui est bon, et toi tu ne m'as pas rassasié de pain poussiéreux ; je t'ai oint de parfums agréables, et toi tu as souillé mon corps de poussière ; je t'ai abreuvé de vin vieux, et toi tu ne m'as même pas abreuvé avec de l'eau en suffisance [3][c].

---

[1] C · « si tu venais ici, tiendrais-tu compte des chèvres et de leurs petits ? » — D'après un ms. arabe, le loup répond : « Non, » et le serpent lui dit : « Tu es donc plus mauvais que nous » Cf *infra*.

[2] C . « Mon fils, j'ai vu des petits tuer leur mère »

[3] La fin manque dans C.

---

[a] « Le serpent répondit, » etc manque dans Salhani et Arm. — A ajoute, d'après un manuscrit de Londres : « Le serpent répondit au loup : Les brebis, les chèvres et les moutons que tu as mangés durant toute ta vie, vas-tu les retourner à leurs parents, oui ou non ? — Le loup dit : Non. — Le (serpent) lui dit : Je pense qu'après moi-même tu es le plus méchant de nous (tous). »

[b] Le slave est conforme à *C*

[c] NS · « Mon fils, je t'ai donné des nourritures coûteuses et bonnes, et tu ne m'as pas seulement rassasié avec le pain de la faim, mais tu m'as fait mettre sous terre dans une fosse et tu as machiné une perfidie pour me perdre. » — A . « Mon fils, je t'ai nourri avec une bonne nourriture et tu ne m'as même pas nour-

132. [Mon fils, j'ai grandi ta stature comme un cèdre ;
tu m'as plié durant ma vie et tu m'as abreuvé de ta malice.

133. Mon fils, je t'ai élevé comme une tour et je disais :
« Si mon ennemi vient contre moi, j'y monterai et j'y de-
meurerai ; » — et toi, lorsque tu as vu mon ennemi, tu t'es
incliné devant lui [1][a]]

134[a]. Tu m'as été, ô mon fils, comme la taupe qui monte
à la surface de la terre pour accuser Dieu qui lui a refusé
la vue, et un aigle vient et l'emporte [2][b].

---

[1] *B* omet 132 et 133

[2] *C* : « . pour recevoir le soleil parce qu'elle n'a pas
d'yeux »

---

ri avec du pain sec — Mon fils, je t'ai donné à boire de l'eau
sucrée et du bon sirop et tu ne m'as même pas donné de l'eau de
source — Mon fils, je t'ai instruit et je t'ai élevé et tu m'as fait
creuser une cachette et tu m'as enterré. »

[a] 132-133 *NS* « Mon fils, je t'ai élevé et j'ai grandi ta stature
comme (celle d') un cèdre, mais toi, tu m'as enchaîné, tu m'as
courbé et tu m'as jeté vivant dans un tombeau. Je croyais m'être
bâti (en toi) un château solide et élevé qui me protégerait contre
nos ennemis » — *A* renferme aussi ces idées et ajoute à la fin :
« Et tu es venu près de moi pour m'ensevelir dans les profon-
deurs de la terre, mais le Seigneur a eu pitié de moi et m'a délivré de tes ruses »

[b] « Dans *Arm* la taupe conclut qu'elle mènerait une vie
paisible, si elle était restée à sa place. — Cette pensée manque
dans *A* et *NS*, qui portent à sa place · « Mon fils, je t'ai fait tout

---

134[a] *A la surface*, litt. « sur la bouche. »

Qui lui a refusé la vue, litt. · « à cause de ses yeux. »

Cf. Ésope, CXIX (Les coqs et l'aigle) ; La Fontaine, l. VII, VIII ;
Babrius, V — R S. renvoie à Ésope, 409 ; Babrius, 115 Phèdre, II,
6 ; Ignat. diac , II, 40.

134 [b]. Nadan, mon fils, répondit et me dit : « Loin de toi mon seigneur, d'être de ceux qui n'ont pas de miséricorde. Agis avec moi selon tes miséricordes. Même si un homme pèche contre Dieu, il lui remet ses péchés, toi aussi pardonne-moi maintenant et je soignerai tes bêtes de somme ou je paîtrai tes brebis et tes porcs, et on m'appellera un homme mauvais et toi un homme bon [a] »

135. Je lui répondis et lui dis : Mon fils, tu m'as été comme un palmier qui se trouvait le long du chemin et on n'y cueillait pas de fruit [1]. Son maître vint et voulut l'arracher ; ce palmier lui dit : « Laisse-moi une année et je te donnerai du carthame [2] » — Son maître lui dit : « Malheu-

---

[1] *C* : « comme un palmier qui était près du fleuve et jetait tout son fruit dans le fleuve. » — *A* « comme un palmier qui ne portait pas de fruit près de l'eau il lui dit · Mets-moi à une autre place et, si je ne porte pas de fruits, coupe-moi. — Son maître lui dit Lorsque tu es près de l'eau, tu ne portes pas de fruits, comment en porterais-tu à une autre place ? » Cf. *supra*, p. 122

[2] *C* « des caroubes. »

---

le bien (possible), et tu t'es acquitté envers moi avec tout le mal possible. Aussi je veux t'arracher les yeux, t'amputer la langue et te couper la tête avec l'épée, te rendre tout le mal et te payer toutes les méchancetés. »

[a] 134[b]. Ag « Pardonnez-moi disait quelquefois Nadan à son oncle, pardonnez-moi, et je vous promets pour l'avenir une conduite irréprochable. Mes torts sont grands, mais rien n'est au-dessus de votre générosité ; je suis criminel, mais vous êtes magnanime Si c'est à moi de faillir, c'est à des hommes tels que vous qu'il appartient de pardonner Soyez clément, oubliez

---

134 [b] Cf Luc, xv, 15, 19.

135 Cf Luc, xiii, 6-9, parabole du figuier qui ne portait pas de fruits.

reux, tu n'as pas réussi (à produire) ton fruit, comment réussirais-tu à (en produire) un autre [a] ! »

136. Mon fils, la vieillesse de l'aigle l'emporte sur la jeunesse du vautour [1] [b].

137. [c] Mon fils, s'ils disent au loup : « Éloigne-toi des brebis ; » — il répond : «La poussière (que soulève le troupeau) est très bonne pour mes yeux. » — Ils lui disent: « Apprends à lire A, B ; » — il répond : « Brebis, chevreau [2]. »

---

[1] C omet.

[2] Ces deux mots commencent par A et G en syriaque. L'auteur n'aura sans doute pas trouvé de mot convenable commen-

---

mon crime, et je consens à rentrer dans votre maison comme le dernier de vos esclaves. Ma vie entière sera consacrée à vous servir et à réparer mon ingratitude. Confiez-moi les emplois les plus vils : je me soumets d'avance à toutes les humiliations. »

[a] 135. Arm commence comme C, mais la fin diffère (la fin de C est identique à celle de B) : « Mon fils, tu m'as été comme un palmier qui avait poussé ses rames sur le bord d'une rivière. Lorsque son fruit mûrissait, il tombait dans la rivière. Le maître du palmier vint pour l'abattre et le palmier lui dit : Laisse-moi à cette place (un ms. porte comme le syriaque · pour une année), et l'année prochaine je pourrai produire des fruits.— Le maître du palmier dit : Jusqu'à ce jour tu n'as servi à rien, à l'avenir tu ne peux pas me donner de profit. » — Le slave ne renferme que la première partie jusqu'à : « l'eau emmenait tout son fruit. » — Ag est conforme à A, qui semble avoir conservé la meilleure leçon. C contient une mauvaise combinaison du commencement de A avec la fin de B.

[b] « Du vautour, » A et Salhani « du corbeau. »

[c] NS · « Mon fils, on a conduit le loup à l'école pour l'y

---

136. R. S. (p. 74-75) rapproche de cet aphorisme celui de Démocrite . γῆρας λεόντων κρεῖσσον ἀκμαίων νεβρῶν. Cf. P. G., t. xci, col. 920.

138. [Mon fils, je t'ai appris que Dieu existe, et toi tu t'es
elevé contre les bons serviteurs et tu les as frappes sans
faute (de leur part) ; de même que Dieu m'a maintenu en
vie à cause de ma justice, il te perdra à cause de tes
œuvres [1]]

139 [a] Mon fils, ils placèrent la tête de l'âne sur la table [2];
elle roula et tomba à terre et ils dirent : « Elle est irritée
contre elle même, car elle n'a pas accepté l'honneur [3] »

çant par *B.* — R S , p 104, suppose que le second mot était
l'araméen *barhô* peu usité en syriaque, et que la version syriaque
provient donc d'un texte araméen

[1] *B* omet 138.

[2] *C* « dans un plat sur la table »

[3] *B* ajoute « mais la colère » Il faut sans doute entendre : « Ils
ont placé un âne en tête de la table et il s'est roulé à terre dans
la poussière Ils ont dit Il a montré qu'il n'était pas fait pour
cette place et pour l'honneur, mais pour les coups »

---

instruire. Le maître lui dit alors . Dis *A* ; alors le loup répondit
et dit *Agneau*. Ensuite le maître lui dit Dis *B* ; — alors le loup
dit *Brebis*. Il dit ce qui était dans ses pensées. — Mon fils, on
disait au loup Eloigne-toi du voisinage et du chemin des brebis,
afin que leur poussière ne tombe pas sur toi. Il répondit Je ne
m'éloignerai pas, car leur poussière est bonne pour mes yeux »—
A intervertit ces deux parties aussi bien que Sl, *A* et Sl
suivent donc l'ordre de *B*, *C*. — Ag et Arm. séparent les deux
parties par un certain nombre d'autres maximes. — Dans *A* le
loup répond « Mouton et chèvre dans mon ventre »

[a] 139 Sl est conforme à *C*. —*A* porte « On mit l'âne sur la table, »

---

138 Le mot *justice* traduit sans doute l'hébreu *sedaqah* qui signifie
aussi *aumône* Cf. Tobie, xiv, 10 (grec), et Introd., page 59.

139. R S renvoie à la fable 129 de Babrius (Esope, 331) Cf
Ésope, 338 ; Babrius, 125

140. Tu as vérifié le proverbe qui dit : « Celui que tu as engendré, appelle-le ton fils, et celui que tu as élevé, appelle-le ton esclave [a].

141. [b] Mon fils, plus que toute autre parole, tu as vérifié celle-ci : « Prends le fils de ta sœur sous ton bras et frappe-le sur la pierre. »

142. [c] Celui qui m'a tenu en vie, mon fils, Dieu qui sait

---

ce qui a sans doute conduit Ag à la version transcrite ci-dessus au n. 114. — Salhani porte : « Mon fils, on plaça la tête de l'âne sur la table, alors elle tomba sous la table et commença à se rouler sur la terre. Puis on dit : Laisse-la se rouler, car sa nature ne changera pas. »

[a] Sl abrège : « Mon fils, il a été dit : Celui à qui tu as donné naissance, appelle-le ton fils, l'étranger est un esclave. » — A et NS sont à peu près conformes au syriaque. — Ag paraphrase : « Ne sais-tu pas que l'éducation est un bienfait plus grand que la vie ? Les sages ont dit : Donne le nom de fils à l'enfant qui te doit le jour ; mais l'enfant que tu as élevé, tu as le droit de l'appeler ton esclave, parce qu'il te doit plus que l'existence. »

[b] NS : « Mon fils, il n'y a rien de plus beau et de meilleur que cette équitable sentence : Prends le fils de ta sœur, tiens-le à terre et frappe-le d'une muraille à l'autre. » — Cette pensée ne se trouve pas dans les autres versions. A et Salhani la remplacent par : « Mon fils, celui qui fait le bien reçoit le bien et il arrive mal à celui qui fait le mal, car Dieu rend à l'homme selon ses œuvres. »

[c] A et Salhani : « Mon fils, que te dirais-je sinon encore

---

141. Ici Démocrite semble d'un avis contraire, p. 351-352, n 184-188 : « .. il ne me paraît pas utile d'avoir des enfants. . l'éducation des enfants est chose pénible... celui qui a beaucoup d'argent me paraît mieux faire en adoptant les fils de ses amis. » Par contre, Ménandre dit que les fils des frères ne peuvent pas remplacer les frères. Land, t. I, p. 159, lig. 29-30.

tout et qui rend à chacun selon ses œuvres, celui-là sait et
juge entre moi et toi.

Moi je ne te dis rien ; Dieu te rendra selon tes œuvres [1]

---

[1] Voici la fin dans le ms. *C* : « Mon fils, ce proverbe que l'on
répète est véritable : Prends le fils de ta sœur sous ton bras
et frappe-le sur la pierre ; — mais Dieu qui m'a tenu en vie
jugera entre nous.

« Aussitôt Nadan gonfla comme une outre et mourut ; et ce qu'il
fit bien lui sera rendu en bien, mais ce qu'il fit mal lui sera rendu
en mal, *et celui qui creuse une fosse à son prochain la remplira de
son corps.* Gloire à Dieu et que ses miséricordes soient sur nous.
Amen !

« Fin des paraboles d'Ahikar le sage et le scribe de Sennachérib, roi d'Assur et de Ninive. »

---

ces paroles Dieu sait ce qui est caché et connaît les secrets
et les pièges, aussi il jugera entre toi et moi, il te jugera et te
rendra ce que tu mérites. » — Voici la fin de la version arménienne.
après l'histoire du palmier (135), elle continue : « (26) Mon fils, Dieu
m'a sauvé à cause de mon innocence et t'a perdu à cause de ta
méchanceté (cf. 138). Dieu jugera entre moi et toi (cf. 142), car
la queue du chien lui donne du pain et sa gueule (lui attire) un
coup de bâton (un ms arménien place cette sentence plus haut
et le syriaque la donne au chap. III, n. 48). — A la même heure,
Nathan se gonfla et son corps creva et je dis : (27) Mon fils,
celui qui fait le bien récolte le bien (voir *I* et Salh sous 141),
et celui qui a creusé une fosse pour les autres tombe lui même
dans la fosse. Le bien finit en bien et le mal en mal. Ici finit Ahikar. » — Le slave est encore plus court ; après 140 vient « (20)
A la même heure, Anadan mourut. Oui, mes frères, celui qui fait
bien recevra bien et celui qui creuse une fosse pour un autre y
tombera lui-même. Ici finit l'histoire d'Akyrios. Gloire à notre
Dieu pour jamais. Amen. »

CHAPITRE XXXIV

Mort de Nadan

6.[a] Lorsque le jeune Nadan eut entendu cette parole, son corps gonfla aussitôt et devint comme une outre pleine, et ses entrailles sortirent de ses lombes

2.[b] Sa préoccupation mauvaise l'enflamma, il brûla, dessécha, s'affaiblit, se perdit et mourut Sa fin le conduisit à la perdition et il tomba dans la géhenne parmi les envieux et les orgueilleux, comme il est dit dans le livre des Proverbes et (dans celui) des Psaumes du roi David : *Le fils creusa et pécha et il tomba dans la fosse qu'il fit*, et : *Celui qui fait le mal l'entasse pour la perdition*, et : *Celui qui tend un piège à son frère y tombera*.

---

[a] *NS* « Lorsque Nadan entendit ces paroles, il gonfla aussitôt et devint comme une outre, tous ses membres et ses os s'enflèrent, son côté se déchira et creva. Ainsi il finit et mourut »

[b] *NS* « Alors il arriva ce qui est dit dans le livre des Proverbes *Le mal atteint celui qui fait le mal ; celui qui creuse une fosse à son prochain y tombera lui-même, et celui qui tend un piège à son prochain s'y prend.* »

A « Sa fin fut la perdition et il alla en enfer Car celui qui creuse une fosse pour son frère y tombe et celui qui tend un piège y sera pris Voilà ce qui est arrivé et ce que nous avons

---

1 *Ses entrailles sortirent de ses lombes.* C'était la peine de la femme infidèle à son mari. Cf. Nombres, v, 21-22, 27. Il est assez naturel que l'auteur l'ait appliquée à Nadan, traître à son bienfaiteur. Cf. aussi la mort de Judas, Matth , xxvii, 5 ; Actes, i, 18

2 *Il tomba dans la fosse* Cf Ps vii, 16 ; Prov., xxvi, 27 , Eccl , x, 8

Celui qui tend un piège. Cf. Eccli., xxvii, 29.

CHAPITRE XXXV

(Épilogue)

1. Ici se termine l'histoire d'Aḥikar, le sage et le remarquable philosophe qui connaissait les secrets et interpré-
tait les énigmes.

2. Il était d'abord idolâtre et compagnon des mages,
mais, à la fin de sa vie, il crut en Dieu et confessa son nom,
qu'il est le créateur du ciel et de la terre, de la mer et de
l'aride et de tout ce qui est en eux, et qu'il donne l'intelligence et la sagesse à ceux qui l'aiment.

---

trouvé sur l'histoire de Haikâr , que Dieu soit loué pour toujours. Amen et paix ! — L'histoire est terminée avec l'aide de
Dieu, qu'il soit glorifié ! Amen, Amen, Amen. »

Voici la fin de *F*. « Hicar sortit en plaignant un neveu qu'il
n'avait pas même l'espoir d'amener au repentir. Il fut le revoir
quelques jours après, mais il le trouva mort dans sa prison ;
ainsi cet ingrat délivra la terre de sa fatale existence , il s'était
pendu par les cheveux à un clou qui tenait aux murs de son cachot. Hicar et Zéfagnie se consolèrent. L'attachement de Sinkarib les dédommagea des chagrins que Nadan leur avait donnés.
Le monarque, instruit par les dangers qu'il avait courus sous un
ministre dangereux et méchant, s'adonna entièrement aux affaires, se concilia l'amour de ses peuples et l'admiration de ses voisins. » *Sic exit.*

XXXV. Ce chapitre est évidemment une addition d'un scribe, probablement même d'un scribe chrétien, comme l'indiquent les expres-
sions « péché mortel », « royaume du ciel », « félicité éternelle » Il
ne se trouve que dans *B*.

3. Pour vous, chers auditeurs, que le Seigneur garde
vos âmes, qu'il prenne vos imperfections en pitié, qu'il
remette vos péchés et qu'il répande ses miséricordes et ses
bénédictions sur vous et sur vos enfants, qu'il vous arrache à toutes les tentations et à toutes les souffrances ainsi
qu'à tous les accidents et aux adversités, qu'il remplisse
vos cœurs de toute sagesse et science, de toute intelligence
et sagesse spirituelle, afin que vous puissiez conserver vos
âmes dans la rectitude et vous éloigner de toute haine, envie et colere ; il vous délivrera de tout péché mortel et,
à la fin, il vous donnera le royaume du ciel en héritage et
vous fera jouir de la félicité éternelle. Amen, Amen.

APPENDICES

Nous ajoutons ici la traduction des maximes qui ne figurent pas dans le syriaque et l'arabe et que nous n'avons donc pas données, ni dans le texte, ni dans les notes. Nous continuons la numérotation, afin que toutes les maximes forment une seule série qui puisse facilement se détacher de l'histoire d'Ahikar. Nous donnerons entre parenthèses la numérotation de ces maximes dans l'édition de Cambridge.

I

Maximes de la rédaction grecque.

Toutes sont particulières à cette rédaction et ne se retrouvent dans aucune autre, hors 151 (9) et 155 (13) qui se retrouvent dans l'arménien 16 et 74 (infra n. 158 et 189) et 153 (11) dans le syriaque 48.

143 (1). [1] Mon fils, avant toutes choses, honore la divinité et respecte le roi. Mén., 229.

---

[1] Avant ceci Rynucius donne trois premières sentences : *At Æsopus illum benigne tractavit, talibusque monitis studiose coarguit sic aiens :*

142 ª (16). *Fili, verbis meis attendito diligenter , ac illa penitissimo corde tencto.*

142 ᵇ (17). *Foris omnes sapimus, aliis consilium damus, nobis ipsis consulere nequimus.* Ménandre, *Sent. monost.*, 46.

142ᶜ (18). *Homo cum sis : humanis casibus te subditum esse memento.* Mén., 1, 8, 173 ; W, p. 46, lig. 2-7.

---

1. L'édition de Cambridge ne renferme que quinze maximes grec-

144 (2). [1] Rends-toi redoutable à tes ennemis pour qu'ils ne te méprisent pas (cf. p. 170, 49), sois facile et indulgent pour tes amis afin qu'ils t'affectionnent de plus en plus.

145 (3). Souhaite à tes ennemis d'être malades et pauvres, afin qu'ils ne soient pas en état de te molester. Souhaite que tout réussisse à tes amis. Mén., 152, 9.

146 (4). Agis toujours bien avec ta femme [2], de crainte qu'elle ne cherche à faire l'essai d'un autre homme. Car les femmes sont naturellement volages et légères, elles pensent moins au mal quand on les traite avec égard [3].

147 (5). Prête une vive attention à ce qu'on dit, mais sache rester maître de ta langue [4].

---

[1] Avant cette seconde sentence, Rynucius ajoute :

143a (19). *Cum sis homo humana curato : quoniam Deus ulciscitur injustos*, 1, 14.

143b (20). *Scelus est ultro inferre molestiam.* Mén., 9.

143c (21). *Animo generoso indignos ferto successus.* Mén., 13, W., p. 46, l. 8-11.

[2] Rynucius traduit : *Uxori frugalia loquere.*

[3] Rynucius traduit : *Quippe femina cum varia super (sic) ac mutabilis sit . sibi blanditur : ocius inclinatur ad malum* Cf Eccli , ix, 1 Il ajoute ensuite :

146a (22). *Hominem sævum vitare memento* (Mén., 131), [*sciens adversarium illo fortiorem non existere.*] Les mots entre crochets manquent dans Rynucius et sont traduits sur l'édition Westermann.

146b (23). *Homo nequam, licet ei prospera succedant : nihilominus miser est.* Mén., 19.

146c (24). *Aures quam linguam habeto magis acutas.*

[4] Rynucius porte simplement ici : *Linguam compescito.* Mén., 80. Puis il ajoute :

147a (25). *Pauca loquere inter pocula : ubi non sapiens sed*

---

ques; les autres (16 à 35), que nous donnons aux variantes, figurent dans Westermann et sont citées en général d'apres l'ancienne traduction latine de Rynucius (Rinuccio d'Arezzo), cf. *supra*, p. 104.

148 (6). N'envie pas ceux qui réussissent (**Mén.**, 43), mais réjouis-toi avec eux. Car, en les enviant, tu causes surtout du tort à toi-même. Cf. p. 162, n. 23

149 (7) Prends soin de tes serviteurs, afin qu'ils ne te craignent pas seulement comme un maître, mais qu'ils te respectent comme un bienfaiteur [1].

150 (8). N'aie point honte d'apprendre toujours de meilleures choses

151 (9) Ne confie jamais à ta femme des secrets importants (Mén., 355, 361), car toujours elle épie l'occasion de te dominer. Cf. p. 267, n. 189 [2].

152 (10). Amasse chaque jour quelque chose pour le lendemain, car il vaut mieux laisser du bien à ses ennemis qu'avoir besoin de ses amis durant la vie. Cf. p 173, n. 61 ; p. 184, n. 94.

153 (11). Reçois honnètement ceux qui t'abordent, sachant que c'est la queue du chien qui lui gagne son pain [3].

---

ridiculus quis habetur. Westermann porte, à meilleur droit : *In vino ne vane loquere ut ostendas sapientiam, nam qui loquitur sapientiam in tempore non suo, irridetur.* Démocrite, p. 355, n. 229 « Le sage ne doit pas parler avec l'ignorant, ni l'homme sobre avec les ivrognes » Cf p 159, n. 15

[1] Rynucius ajoute :

149ª (26) *Verecundiam serva ne a ratione decidas.* W., p. 47, lig. 5-6.

[2] Rynucius traduit la fin par : *quæ ut rumorigeret . semper est armata.* Cf. Mén , 86, 129, 130 ; Eccli., xxv, 29-30 ; xxxiii, 20.

[3] Cf. p. 169, n. 46. Rynucius ajoute :

153ª (27). *Turpe nimium est miserum irridere*

153ᵇ (28) *Quæ frugi sunt ea discere ne cesses ac sapientiæ intendere.*

153ᶜ (29) *Cum quippiam a quopiam capis id quamocius reddere curato ut facilius rursum ubi accommodetur.* W , p. 47, lig. 14-17.

154 (12). Ne te repens pas d'être devenu homme de bien [1].

155 (13). Chasse le médisant de ta maison, car il rendra
compte aux autres de ce que tu dis et de ce que tu fais [2].

156 (14) Fais ce qui ne peut pas te causer de chagrin,
et ne t'attriste pas de ce qui t'arrive [3].

157 (15). Ne donne jamais de mauvais conseils [4], et n'imite
pas la conduite des méchants. Mén., 336 [5].

---

[1] Rynucius traduit : *Quibus benefacere cum potes · haud tə
pigeat.* W. porte *Cum benefacere potes.* .

[2] Rynucius porte seulement : *Hominem maledicentem, loqua-
cem, susurronemve ab ostio tuo eminus coercito.* W. est conforme à
Eberhard.

[3] Rynucius porte · 155ᵃ (30) *Dicta factaque tua amicis
tacitus credito ; ea tamen facias , quæ fecisse postea non te pigeat.
Adversa cum eveniunt · non molesto sed animo quieto feras* W est
conforme à Eberhard

[4] Rynucius seul porte *Improbis flagitiosisque neutiquam
consulito.* Cf. Mén., 24.

[5] Rynucius ajoute

157ᵃ (31). *Esto hospitalis in hospites peregrinosve   ut, peregre
proficiscens, qui te recipiant habeas.* Mén., 400.

157ᵇ (32). *Sermo bonus contra animi vitia medicus est optimus.*

157ᶜ (33). *Ille profecto est beatus qui vero potitur amico.*
Mén., 357 ; Eccli., VI, 14.

Westermann porte en plus ici

157ᵈ (34). « Bienheureux celui qui peut faire de riches offran-
des. »

157ᵉ (35) *Nihil tam absconsum est   quod tempus demum non
ferat in lucem.* W , p. 47, lig. 24-48, lig. 5 ; Mén., 459, 11

Après ces sentences vient ·

*His et aliis compluribus monitis Enum Æsopus ab se missum
fecit. At Enus illis monitis coercitus conscientiaque compunctus ;
quod falso Æsopum capite accusaverat abiens ex loco eminentiori
se præcipitem dedit · et uti malus male vitam finivit.*

II

Maximes de la version arménienne qui ne figurent ni dans le syriaque ni dans l'arabe [1].

158 (16 ; Sl, 21). Mon fils, ne reçois pas celui qui vient te répéter la parole de ton ennemi, de crainte qu'il n'aille (lui) répéter la tienne. Cf. p. 262, n. 155.

159 (24 ; Sl, 33). Mon fils, ne te tiens pas à l'écart le jour de ton sacrifice, de crainte que le Seigneur ne prenne pas plaisir au sacrifice que tu offres [1].

160 (27). Mon fils, ne mange pas le pain qui ne t'appartient pas en propre, quand bien même tu serais très affamé.

161 (29). Mon fils, étouffe le mal et extirpe-le de ton cœur, tu en retireras du bien de Dieu et des hommes et tu trouveras du secours par la volonté de Dieu.

162 (30 ; cf., Sl, 38). Mon fils, si même les montants de la porte qui conduit au ciel s'élevaient de sept aunes, courbe cependant la tête pour entrer [2].

---

[1] Le Slave (n. 333) porte : « Mon fils, ne néglige pas d'aller à l'église le dimanche. »

[2] Slave : « Mon fils, si ta maison est trop haute, abaisse ses murailles et ensuite entre. »

Appendice II. Un bon nombre des sentences traduites dans cet appendice ont leurs parallèles dans ce qui précède. Nous les avons traduites parce que M. Vetter les donne comme nouvelles, ce qui signifie que leur forme du moins est nouvelle. Cf *supra*, p 95-97.

158. Cf. *supra*, 155.

159. R. S. renvoie à Eccli., xviii, 22, 23.

160. Cf. p 162, 23.

163 (31 ; Sl, 39) Mon fils, tu ne dois pas accepter avec une grande mesure et donner avec une petite, puis dire : J'ai gagné ! car Dieu ne le permet pas, mais il se fâchera et tu périras par la famine [1].

164 (32 ; Sl, 40). Mon fils, tu ne jureras pas à faux pour qu'il n'y ait pas de diminution a tes jours (de vie) [2].

165 (33). Mon fils, obéis à la loi de Dieu et ne crains pas ensuite le méchant. Car la loi de Dieu est un mur pour les hommes.

166 (34). Mon fils, ne te réjouis pas du nombre de tes enfants et ne te trouble pas s'il t'en manque.

167 (35). Mon fils, les enfants et les richesses sont envoyés par Dieu ; celui qui possède une grande maison deviendra pauvre, le pauvre deviendra grand, l'humble sera élevé et l'altier sera humilié.

168 (36, Ar, 57 ; Sl, 41) Mon fils, même si les poutres de ta maison étaient élevées, lorsque ton voisin est malade, ne dis pas : Que dois-je lui envoyer ? Mais va de tes pieds et vois-le de tes yeux, car cela vaut mieux pour toi que mille talents d'or et d'argent [3].

169 (37). Mon fils, ne prends pas d'or et d'argent pour une médisance, car c'est une œuvre qui conduit à la mort et une chose tout à fait mauvaise. Ne répands pas sans cause le sang innocent, de crainte que le tien ne soit répandu en place de celui-ci.

---

[1] Slave : « ... Dieu détruira ta maison »

[2] Slave « Mon fils, ne jure pas par le nom de Dieu, de crainte que le nombre de tes jours ne soit diminué. »

[3] Slave : « Mon fils, va près de l'affligé et réconforte-le avec (tes) paroles ; car les paroles valent mieux que l'or et l'argent. »

---

168 *Si les poutres de ta maison étaient élevées,* c'est-à-dire « si tu es riche et puissant. »

170 (40). Mon fils, n'épouse pas une veuve, car s'il arrive n'importe quoi, elle dira : « Ah ! où est mon premier mari, » et il te faudra t'affliger [1].

171 (46). Mon fils, ne t'appuie pas sur le jour de ta jeunesse, de crainte que ta jeunesse ne te perde.

172 (48). Mon fils, ne te mets pas en colère avec ton adversaire devant le juge, afin que tu ne sois pas nommé fou et inintelligent ; mais, s'il te parle, réponds avec douceur et tu feras retomber son jugement sur sa tête.

173 (49). Mon fils, si tu demandes du bien à Dieu, commence par accomplir sa volonté dans le jeûne et la prière, après quoi tes prières recevront leur accomplissement en bien.

174 (53 ; Ar, 50 ; cf. n. 68 [b], p. 175). Mon fils, il est mieux d'amasser dans la pauvreté que de dissiper dans la richesse.

175 (54 ; Sl, 67 ?). Mon fils, ne maudis pas ton enfant avant d'avoir vu sa fin, et ne le méprise pas avant d'avoir vu l'accomplissement, la sortie et l'issue. Cf. n. 44, p. 169 [2].

176 (55 ; Ar, 4, 54[a] ; Sl, 22, 72). Mon fils, éprouve la parole dans ton cœur et ensuite produis-la dehors. Car, si tu changes la parole, tu es un flatteur [3].

---

[1] Cette maxime remplace peut-être n. 88, p. 182.

[2] Slave : « Mon fils, ne loue pas un homme et n'en blâme pas un autre avant d'avoir étudié la cause ; ne porte ton jugement qu'après mûre délibération. »

[3] Slave : « (22) Mon fils, si quelqu'un te rencontre et t'aborde, réponds-lui avec réserve ; une parole inconsidérée prononcée en hâte cause ensuite du regret. (72) Mon fils, si tu veux dire quelque chose à quelqu'un, ne parle pas immodérément,

---

175. Cf. Eccli., xi, 30 : « Avant (sa) mort, ne loue aucun homme, car dans ses fils (Hébreu : dans sa fin) on connaît un homme. »

177 (58 ; Sl, 74). Mon fils, les paroles et les discours mensongers sont lourds comme le plomb, mais au bout de quelques jours ils surnagent sur l'eau comme l'écorce des arbres [1].

178 (59 ; Sl, 75). Mon fils, confie un petit projet à ton ami ; puis, quelques jours après, pique-le et offense-le. Si alors il ne révèle pas ton projet, confie-lui aussi ton grand projet et conserve-le comme un fidèle ami [2].

179 (60 ; Sl, 77). Mon fils, aide ton prochain devant les rois et les juges, car tu l'arraches ainsi à la vengeance du lion, et tu en tireras une bonne renommée et de la gloire. Cf. n. 78, p. 179.

180 (61 ; cf n. 206, p. 270). Mon fils, si ton ennemi vient à tes pieds, pardonne-lui, souris amicalement en sa présence et relève-le avec honneur. Cf. n. 25, p. 163.

181 (62) Mon fils, si l'on ne t'a pas appelé, ne va à aucune réunion [3] et, si l'on ne t'interroge pas, ne donne aucune réponse.

182. Mon fils, ne marche pas sur un fleuve congelé ou débordé, de crainte que tu ne meures d'une mort subite. Cf n. 83, p. 181.

183 (66). Mon fils, éprouve ton enfant par la faim et par la soif et, quand il aura grandi, remets tes possessions en sa main. Cf. n. 53, p. 171.

---

mais pèse la parole dans ton cœur, puis dis ce qui est nécessaire, car il vaut mieux trébucher du pied que de la langue. » Cf. n. 63, 70, 71, p. 173 et 176.

[1] Slave : « Mon fils, une parole mensongère est d'abord lourde comme le plomb et ensuite elle flotte sur l'eau. »

[2] Le Slave ajoute à la fin. « mais s'il révèle ton projet, tourne-lui le dos. » Cf. p 160, n. 17.

[3] Cf. p 280, n. 283.

---

178 Cf. n. 17 et 53, p. 160 et 171 ; Eccli., VI, 7, 11.

184 (69 ; Ar, 40; Sl, 54). Mon fils, j'ai mangé des herbes amères et j'ai bu du fiel, et le fiel n'était pas plus amer que la pauvreté ; j'ai élevé en l'air du sel et du plomb, et ce n'était pas plus lourd que les péchés, car pourrais-je manger et boire que je n'arriverais pas au repos (un manuscrit ajoute : jusqu'à ce qu'il ait payé ses péchés) [1]. Cf. n. 56, 57, p. 172.

185 (70). Mon fils, si tu es pauvre, ne le laisse pas paraître au milieu de tes compagnons, de crainte que tu ne sois méprisé d'eux et qu'ils ne prêtent plus attention à tes paroles. Cf. n. 61, p. 173.

186 (71 ; Sl, 56). Mon fils, aime ta chair et ta femme, car elle t'appartient, elle est la compagne de ta vie et elle nourrit ton fils avec grandes privations [2].

187 (72). Mon fils, si ton maître te fait dire : « Apporte une colombe cachée dans une mantille, » — ne la lui porte pas, car il mange la colombe et il ne manque pas de te punir pour la mantille (souillée).

188 (73 ; Sl, 58, 61). Mon fils, la parole d'un sage dite dans l'ivresse vaut mieux que la parole d'un fou dite sans avoir bu. Un esclave honorable vaut mieux qu'un homme libre menteur. Mieux vaut un ami proche qu'un frère éloigné. Cf. n. 68, 69, p. 173-175.

189 (74 ; cf. G, 9 ; Sl, 68). Mon fils, ne révèle pas ton secret à une femme, car elle est faible et d'esprit étroit, elle révèlera ce que tu lui as confié et tu seras méprisé [3].

---

[1] Slave : « Mon fils, j'ai goûté la noix de galle et l'amertume, et ce n'était pas plus amer que la pauvreté , le sel et le plomb semblent être plus légers. »

[2] Slave : « Mon fils, aime ta femme de tout ton cœur, car elle est la mère de tes enfants. »

[3] Cf. n. 151, p. 261. — Slave . « Mon fils, mieux vaut être

---

186. Cf. Genèse, ii, 24 ; Matth., xix, 5 ; Eph., v, 28-31.

190 (75 ; Sl, 69). Mon fils, si tu bois du vin, garde ta langue du bavardage ; il t'en arrivera du bien et tu seras appelé sage [1].

191 (76). Mon fils, ne donne pas tes biens sans écrit et sans témoin. Autrement on reniera cette dette et tu te désoleras

192 (77 ; Ar, 56 ; Sl, 123). Mon fils, ne t'éloigne pas de ton ami, de crainte de ne pas en trouver un autre, car on n'aura plus de confiance ni d'amitié envers toi. Cf. n. 76, p. 179.

193 (78 ; cf. n. 18). Mon fils, aime ton père qui t'a engendré et ne t'attire pas la malédiction de ton père et de ta mère, afin que tu puisses jouir de la prospérité de tes enfants. Cf. n. 37, p. 167.

194 (79 ; Sl, 76). Mon fils, il vaut mieux qu'on te vole tes biens que de trouver chez toi du bien volé.

195ᵃ (80ᵃ). Mon fils, honore l'homme dont Dieu fait prospérer les affaires. Cf. n. 82, p. 181 ; Ar, 20 ; Sl, 84 [2].

195ᵇ (80ᵇ). Et si tu vois un vieillard, leve-toi devant lui et montre-lui ton respect [3] (Sl, 80).

196 (86). Mon fils, de bonnes actions et une victime sans tache plaisent à Dieu. Crains en face du déshonneur comme devant Dieu.

197 (87). Mon fils, admettre une mauvaise pensée dans son cœur, c'est donner occasion à une lutte intérieure (cf. n. 72).

---

couché avec une fièvre ardente que vivre avec une femme perverse Ne tiens pas conseil dans ta maison (c'est-à-dire : en présence de la femme perverse) et ne lui donne aucune part aux affaires de ton cœur. » Le Slave se rapproche plutôt des n. 7, 8, p 156-157, et 251, p. 275.

[1] Slave : « Mon fils, si tu bois du vin, parle peu. »

[2] Slave : « Mon fils, si Dieu a enrichi un homme, ne l'envie pas, mais respecte-le. »

[3] Identique à 79ᵇ , p. 180.

La patience est le fondement des actes et l'affermissement de la foi.

198 (88). Mon fils, ce qui te paraît mauvais, tu ne dois pas le faire à ton prochain. Ce qui n'est pas tien, tu ne dois pas le donner aux autres.

199 (89). Mon fils, aime la vérité et hais l'indiscipline et le mensonge. Prête l'oreille aux ordres de Dieu et n'aie aucune crainte du mal, car le commandement de Dieu est un mur pour l'homme.

200 (90). Mon fils, fuis devant un homme mauvais et devant un menteur. L'avarice est d'ailleurs la mère de tous les maux et toutes les calamités naissent de l'effronterie.

201 (92) Mon fils, celui qui a l'esprit miséricordieux est un brillant soleil ; celui qui tend des embûches a le cœur (rempli) d'épaisses ténèbres ; celui qui a le cœur magnanime est plein de miséricorde ; celui qui est avare, même s'il possède quelque chose, a l'esprit obtus.

202 (93)[1] Mon fils, n'entre pas dans la demeure d'un ivrogne et, si tu y es entré, n'y reste pas, sinon tu perdras ton caractère.

203 (94). Mon fils, ne méprise pas ton prochain ni de loin ni de près, car de mauvaises paroles trouveront vite le chemin vers leur maître et il s'ensuivra des luttes [2].

204 (95) Mon fils, Dieu a commandé le vin pour causer la joie Mais, dans la demeure de l'impureté et dans toute demeure mauvaise et mal tenue, il vaut mieux boire du limon que du vin.

---

[1] Nous avons déjà dit que les maximes 202-209 (93-100) ne se trouvent que dans un manuscrit moderne.

[2] Cf p. 273, n. 238.

---

198. Cf. Tobie, iv, 16 ; Matth., vii, 12 , Luc, vi, 31 Dans les *Apophtegmes* : *Dicebat quidam Patrum ; quidquid habes odio, alii ne facias. P. L , t lxxiii, col 1039 Infra,* p. 280, n 284.

205 (96). Mon fils, un homme ivre pense dans son cœur :
Je suis sage et fort et, tout ce que je dis, je le dis avec sagesse
Il ne sait pas que s'il vient à rencontrer un homme cou-
rageux, celui-ci n'aura qu'à le toucher pour le jeter à terre.

206 (97 , cf. p. 266, n. 180). Mon fils, si tu vois tomber
ton ennemi, aie compassion de lui, car tu lui feras plaisir.
Si au contraire tu t'en moques, dès qu'il se sera relevé,
il te le fera expier. Cf. n. 79, p. 180.

207 (98) Mon fils, un ivrogne croit que la terre oscille ;
il ne remarque pas en marchant que sa tête est brouillée.
Comme la terre est la mère de tous les fruits, ainsi le vin
est la source de tous les maux ; il occasionne des maladies
qui épuisent de toute manière ainsi que l'homicide impi-
toyable ; il rend l'homme insensé et lui fait changer sa manière d'être contre celle des animaux privés de raison.

208 (99). Mon fils, évite de te porter caution ; car, si tu
le fais, l'autre croira que tu dois payer de ta bourse — et
pas seulement de ta bourse, car il t'arrachera jusqu'à la
barbe.

209 (100). Mon fils, ne dis pas de mensonge, car, si l'on
te surprend une fois à mentir, on te prendra encore pour un
menteur et on ne te croira pas lorsque tu diras la vérité.

III

**Maximes de la version slave qui ne figurent ni dans
le syriaque ni dans l'arabe ni dans l'arménien.**

210 (5). Mon fils, ne sois pas dur comme les os de
l'homme, ni mou comme une éponge.

211 (16). Mon fils, même si ton ami t'enviait ou te blâ-
mait, accueille-le avec le pain et le vin.

---

208. Cf. Prov., vi, 1-3.

212 (20). Mon fils, ne reçois pas dans ta maison un esclave loquace et voleur, pour qu'il ne dissipe pas ton bien [1].

213 (26). Mon fils, si tu es saisi d'une violente colère, ne prononce aucune parole, de crainte que tu ne sois nommé insensé.

214 (28). Mon fils, celui qui a une humble origine est méprisé de tous [2]

215 (36) Mon fils, si ton corps n'a pas faim, ne mange pas de pain, pour que tu ne paraisses pas gourmand.

216 (44). Mon fils, si tu écoutes un homme sage, c'est comme si tu te rafraîchissais avec de l'eau fraîche lorsque tu as soif par un jour (de chaleur) [3].

217 (48) Mon fils, ne souhaite pas fouler ton voisin aux pieds pour qu'il ne te rende pas la pareille.

218 (53). Mon fils, n'accepte aucune récompense pour aller en témoignage, car la récompense aveugle les juges.

219 (57). Mon fils, s'il n'y a pas de motif pour cela dans ta maison, ne fais pas de scandale pour ne pas t'afficher aux yeux du voisin.

220 (60). Mon fils, il est meilleur pour une femme de perdre son fils par la mort que de nourrir un étranger ; car le bien qu'elle lui fait, il le lui rend en mal.

221 (66). Mon fils, si tu invites un ami à un repas, va au-devant de lui avec une figure joyeuse pour qu'il entre lui aussi avec bonne disposition. Si tu donnes un dîner, ne va pas au-devant de ton ami avec un visage sombre, pour que ton repas ne te cause pas de tort en te faisant connaître comme un homme mauvais [4].

222 (70). Mon fils, ne te moque pas d'un homme inintelligent ni d'un homme sourd, car ce sont des créatures de Dieu.

---

[1] Cf. p. 166, n. 35.

[2] Cf. infra, n. 250.

[3] Cf. p. 179, n. 282. Cf p. 170, n. 50

[4] Cf. infra, n. 225, 226.

223 (71) Mon fils, ne cherche pas à diminuer une parole importante de ton maître ni à augmenter une parole de peu d'importance. Cf n. 72, p. 177.

224 (78). Mon fils, si tu pars en voyage, ne compte pas sur le pain étranger, mais prends ton propre pain avec toi ; si tu n'en as pas et que tu te mettes cependant en chemin, tu encourras des reproches [1].

225 (81). Mon fils, si tu as invité quelqu'un à une fête, ne l'ennuie pas pour autre chose afin de ne pas passer pour un trompeur.

226 (83) Mon fils, si tu es invité chez [2] ton voisin, ne visite pas sa chambre jusque dans les coins, car ce n'est pas bien

227 (85) Mon fils, si tu entres dans une maison en deuil, ne parle pas de mets et de boisson ; mais si tu vas dans une maison joyeuse, n'y porte pas la tristesse [3].

228 (87) Mon fils, si tu te revêts d'un nouvel habit, conduis-toi décemment et n'envie pas un autre homme qui a aussi quelque chose. Celui qui a un brillant habit doit avoir une parole digne de respect [4].

229 (88) Mon fils, si tu possèdes quelque chose ou rien ne t'en fais pas souci, quel avantage t'apporterait le souci?

230 (89). Mon fils, si tu possèdes quelque chose, ne te laisse pas tourmenter par la faim ou la soif. Si tu meurs, un autre prendra de l'agrément avec ton bien et tu te seras privé en vain.

---

[1] *Infra,* p. 279, n 281.
[2] Cf *supra*, n. 221
[3] Cf. p 279, n 279.
[4] Cf. p 182, n. 89.

---

229 Cf. Eccle , iv, 6
230. Cf. Eccle., iv, 7-8 ; vi, 1-4.

231 (90). Mon fils, si un pauvre vole quelque chose, prends-le en pitié.

232 (93). Mon fils, si ton voisin se montre hostile à ton égard, ne cesse pas d'aller à sa rencontre avec bienveillance [1], afin qu'il ne fasse pas de projet contre toi sans que tu le saches.

233 (94). Mon fils, si un homme qui t'est hostile veut te faire du bien, n'aie pas confiance trop vite de crainte qu'il ne te trompe et n'assouvisse sa haine contre toi.

234 (95). Mon fils, si quelqu'un est puni pour une faute, ne dis pas qu'il a été puni sans motif, afin que tu ne tombes pas sous la même punition.

235 [2] (97). Que la crainte de Dieu te soit le premier axiome. Ensuite sois prompt à écouter et circonspect pour répondre [3]. Sois patient dans la colère.

236 (98). Mon fils Anadan, si ton maître te dit : « Viens, » ne t'en réjouis pas, et s'il te dit : « Éloigne-toi de moi, » ne t'en fais pas souci.

237 (99). Mon fils Anadan, ne sois pas ivrogne, mieux vaut un lunatique qu'un homme adonné à la boisson ; car le lunatique n'entre en fureur qu'à la nouvelle lune, tandis que l'autre ne cesse pas [4].

238 (100). Mon fils Anadan, si tu es assis près de quelqu'un à un repas, ne pense pas de mal de ton ami pour que le pain ne devienne pas amer dans ta bouche [5].

239 (101). Mon fils Anadan, lorsqu'on se met à table, ne te

---

[1] Cf. p. 278, n. 271.

[2] Nous rappelons que les sentences suivantes (97-123) ne se trouvaient que dans deux manuscrits du xve siècle, d'origine sud-slave. Elles figurent donc entre crochets dans la traduction de M. Jagic et dans celle de l'édition de Cambridge (p. 9).

[3] Cf. p. 158, n. 10.

[4] Cf. p. 270, n. 207.

[5] Cf. p. 269, n. 203.

presse pas en avant de crainte d'être repoussé [1] et ne reste pas en arrière pour ne pas être oublié.

240 (102). Mon fils Anadan, s'il t'arrive un chagrin, appelle un homme sage pour te consoler, car un esprit troublé ne peut donner aucune parole claire.

241 (103). Mon fils, il est plus facile de fournir une longue course sur un cheval sans selle que d'obtenir grâce d'un chef inintelligent [2].

242 (104) Mon fils, si tu prends soin du corps mortel et que tu négliges l'âme, tu ressembles à l'homme qui néglige une noble femme et qui prend soin d'une servante.

243 (105). Mon fils Anadan, si tu recherches le temporel et négliges le céleste, tu ressembles à l'homme qui a peint le laboureur sur la muraille, au lieu de l'avoir pour lui labourer la campagne et lui apporter des fruits.

244 (106). Mon fils Anadan, si nous vivions cent ans et encore plus, ce serait cependant comme un jour.

245 (107). Mon fils Anadan, autant il est douloureux de voir un brave homme tomber mort de son cheval, autant il est pénible de voir un méchant esprit dans un bon corps.

246 (107). Mon fils Anadan, un juste juge peut être comparé à un bon crible : de même qu'un bon crible sépare les paillettes des grains, ainsi le juste juge sépare le bon droit de l'injustice.

247 (109). Mon fils Anadan, veux-tu avoir une nombreuse suite près de toi, aie une langue douce et des mains libérales. Cf. n. 48, p. 169.

248 (110). Mon fils Anadan, il vaut mieux vivre dans une hutte en homme juste que dans un palais en criminel.

249 (111). Mon fils Anadan, que ton esprit ne cesse pas d'avoir recours aux livres, car on dit : « Comme un échalier ne

---

[1] Cf. p. 279, n. 276.
[2] Cf. p. 180, n. 80.

peut pas résister au vent sans appui, ainsi l'homme ne peut pas sans livres conserver la sagesse jusqu'à la vieillesse. »

250 (112). Mon fils Anadan, voici ce qui se passe dans le monde : un homme pauvre prononce de sages paroles, personne ne l'écoute, mais on dit : C'est un sot et il dit des sottises. Si c'est un homme riche on l'écoute, même s'il dit des extravagances, on dit : Ecoutez, c'est un prince (un boyard) qui parle, — on le tient pour sage à cause de ses richesses[1].

251 (113). Mon fils Anadan, ne te fie pas à une mauvaise femme, du miel sort de sa bouche, mais c'est ensuite du fiel amer et vénéneux[2]. Songe, mon fils, à la femme de Samson qui a enlevé à son mari les cheveux et les yeux et qui l'a vendu à ses ennemis; dans sa douleur, il fit tomber la maison sur lui-même et fit périr amis et ennemis.

252 (114). Mon fils Anadan, la prévoyance vaut mieux que l'imprévoyance (?).

253 (115). Mon fils Anadan, si un cadavre gît le long du chemin sans être habillé, ne l'habille pas, et, s'il est habillé, ne le dépouille pas. Cf. n. 4, p. 156.

254 (116). Mon fils Anadan, mon âme s'accommode de tout, il n'y a que trois choses qu'elle ne peut supporter : 1° Un traître ; celui qui est traître l'est envers Dieu, ses parents, son maître, son ami et sa femme ; 2° Un homme pauvre qui est arrogant. Pourquoi est-il orgueilleux ? Sur quoi compte-t-il ? 3° Un homme qui ne témoigne aucun respect à son maître. Ton maître serait-il un chat que tu devrais

---

[1] Cf. n. 22, p. 161, et *supra*, n. 214.
[2] Cf. n. 7, 8, p. 156-157 et n. 189, p. 267.

---

249. Cf. Eccli., xxii, 18.
251. Juges, xvi.

lui peigner la barbe, car celui qui tient la tête par en haut peut la tourner comme il veut.

255 (117). Mon fils Anadan, ce qui est amassé injustement se perd vite.

256 (118). Mon fils Anadan, de même que la terre abandonne bientôt l'eau (se dessèche vite) , ainsi ne garde pas près de toi un calomniateur.

257 (119). Mon fils Anadan, éloigne tes mains du vol, ta bouche du mensonge [1] et ton corps de l'impureté ; par-dessus tout, garde-toi d'une femme mariée [2].

258 (120). Mon fils Anadan, si tu pries Dieu pour quelque chose, n'oublie pas de consoler les affligés, de revêtir les déguenillés, de nourrir les affamés, de rafraîchir ceux qui ont soif, de réconforter les malheureux avec de bonnes et douces paroles. Une bonne parole a plus de prix que l'argent et que l'or précieux [3].

259 (121). Mon fils Anadan, ne cours pas après le bien étranger, dans peu de jours tes propres richesses passeront à d'autres mains. Cf. n. 23, p. 162.

260 (122). Mon fils Anadan, il est meilleur pour l'homme de se rassasier en paix d'herbes fades mangées avec plaisir et joie, dans la gaîté et les rires, que de toutes les sucreries avec mécontentement, querelles, tristesse et soucis.

261 (124). Mon fils, ce que je t'ai enseigné, reçois-le de tout cœur et rends-moi du tien et du mien avec surcroît.

---

[1] Cf. n. 87, p. 182.

[2] Cf. n. 88, p. 182 et n. 170, p. 265.

[3] C'est une paraphrase de Slave 41 ou Arménien 36 (cf. *supra*, p. 264, n. 168).

---

260 Cf. Eccle., iv, 6.

IV

Maximes de la version roumaine auxquelles M. Gaster n a pas trouvé de parallèles dans la version slave.

262 (1) Mon fils, n'entre pas en affaire avec le puissant, n'acquiers rien de lui ; n'acquiers pas des biens volés, parce que tes propres biens périraient avec ceux-ci.

263 (3). Mon fils Anadan, si tu sers un mauvais maître, ne va pas lui dire qu'il est mauvais et (croire) qu'il t'en saura gré, mais fais ce qu'il t'ordonne [1].

264 (4). Mon fils, ne parle pas en présence de ton maître, car tu te tromperas et il te haïra [2]

265 (7). Mon fils, si tu as atteint une haute position, incline-toi devant chacun, afin qu'avec ta sagesse tu puisses avoir une plus haute place encore [3].

266 (9). Mon fils Anadan, quoi que tu veuilles obtenir de Dieu, prie continuellement, afin que Dieu te l'accorde en son temps [4].

267 (12). Mon fils, écoute l'homme sage, quand même il serait pauvre, parce que telle est la voie de Dieu : un jour il donne à l'un et l'autre jour à un autre.

268 (13). Aussi longtemps que tu vivras, garde-toi de

---

[1] Cf. n. 41, 42, 43, p. 168
[2] Analogue au n. 41.
[3] Cf. n. 48, p 169.
[4] Analogue au n. 173, p. 265.

App IV. *The journal of the royal Asiatic society*, 1900, p. 301-319 , cf. *supra*, p. 107.
262. Sur le respect du puissant, cf. n. 52, 74, 77, 83, p. 171, 178, 179, 181
267. Cf. Eccle., ix, 13-16 , iv, 13.

creuser une fosse pour un autre, parce que tu serais sûr d'y tomber Cf. p. 256.

269 (18). Mon fils Anadan, si tu parles à ton maître, que ta bouche soit fermée avec trois serrures — l'une sur ton cœur, l'autre sur ton esprit et la troisième sur ta bouche — parce que, dès que tu as parlé, la parole ne peut plus être rattrapée ni à cheval ni avec des chiens ni avec un faucon.

270 (19). De nouveau [1], mon fils Anadan, honore et supporte le bon et le sage, quand même il ne serait que sage dans sa route et pas riche.

271 (20). Mon fils Anadan, si tu as un méchant voisin, ne le néglige pas, parce que Dieu t'en saura gré et (le méchant) ne pourra pas te causer de préjudice [2].

272 (22). Mon fils, il vaut mieux porter des pierres avec le sage que banqueter avec un insensé [3].

273 (23). Mon fils, honore tes freres et tes amis [4], de crainte qu'ils ne parlent avec déférence en ta présence, mais que derriere ton dos ils ne te fassent tort et ne te frappent

274 (24). Mon fils, si quelqu'un te jette des pierres, jette-lui du pain, parce que le pain te reviendra et les pierres retourneront à celui qui les a lancées [5].

275 (25). Mon fils, il vaut mieux être battu par le sage qu'honoré par l'insensé [6].

---

[1] C'est une répétition du n 267 (12)

[2] Analogue au n 28, p. 164 Cf n. 232, p 273.

[3] C'est le n. 12, p. 159, textuel.

[4] Cf p 260, n 144 (fin) et 145 (fin), p 179, n 78

[5] Cf. p. 165, n. 31, et p 239, n. 100 ; p. 270, n. 211.

[6] C'est le n. 93, p. 184.

---

269. Sur le silence, cf. n. 2, 3, 41, p 154-155, 168.

275. Cf. Eccle , vii, 6.

276 (26). Mon fils, si tu t'assieds à la table d'autres gens, ne t'assieds pas à une haute (place), car il viendra d'autres personnes et des gens de plus haut rang et on te mettra à une place inférieure [1]; mais si tu t'assieds à une place inférieure et que l'on t'ait appelé en haut, alors on ne te remettra plus en bas.

277 (27). Tu n'inviteras jamais personne à la table d'un étranger.

278 (28). Ne reste pas assis trop longtemps [2], mieux vaut n'être assis qu'un peu et qu'on regrette que tu ne sois pas resté plus longtemps.

279 (29). Si tu es invité, vas-y proprement habillé, sinon il vaut mieux que tu restes à ta maison et qu'on regrette ton absence, plutôt que d'y aller sans être paré, car on voulait t'honorer et toi tu te couvres de confusion [3].

280 (30). Mon fils, ne sors pas sans armes durant la nuit, parce que tu ne sais pas ce que tu dois rencontrer [4].

281 (32). Mon fils, ne t'en va pas seul en voyage, et durant le chemin ne mange pas toutes tes provisions en comptant sur ton compagnon, car, lorsque tu auras épuisé tes provisions, il ne t'en donnera pas [5].

282 (33). Mon fils, si quelqu'un te donne de bons avis, écoute-le, car il te sera très utile ; il sera comme l'eau fraîche d'une pure fontaine pour l'homme altéré [6].

---

[1] Cf. n. 239, p. 273.

[2] Cf. n. 54, p. 171.

[3] Cf. n. 227, p. 272.

[4] Analogue au n. 38, p. 167, surtout à la rédaction *C*. La maxime roumaine suivante peut n'être qu'une transformation de la présente. Le Slave porte (27) : « Mon fils, ne sors pas durant la nuit sans armes, car tu ne sais pas qui tu dois rencontrer. »

[5] Analogue au n. 224, p. 272.

[6] Analogue au n. 216, p. 271.

283 (34). Mon fils, ne va pas à une table étrangère sans être invité [1].

284 (35). Ce que tu ne trouves pas bon pour toi, ne le fais pas aux autres [2].

285 (36). Mon fils Anadan, prends garde à la gueule du sac et non au fond, parce que le fond est aussi la fin (ne se présente qu'en dernier lieu).

---

[1] Analogue au n. 181, p. 266. Cf. n 277.
[2] Comme le n. 198, p. 269.

ADDITIONS

Depuis que le présent ouvrage est à l'impression (février 1908) nous avons pu consulter de nouveaux manuscrits syriaques et arabes de l'*Histoire d'Aḥikar* et surtout les papyrus araméens du vᵉ siècle avant notre ère conservés à Berlin. Nous nous proposons de les faire connaître dans les notes suivantes :

I

Nouveaux manuscrits syriaques.

1° Au retour du congrès des orientalistes de Copenhague. nous avons transcrit a Berlin le manuscrit *Sachau 162* du xvᵉ siècle signalé plus haut, p. 81, ıv. Il appartient à la famille *C, L,* car il emploie souvent les mêmes mots.

Il n'est donc pas traduit de l'arabe. Il est remarquable dès lors qu'il écrit partout Hikar au lieu d'Aḥikar. Cette forme Hikar, qui se trouve dans tous les manuscrits arabes et arméniens provient donc peut-être d'un manuscrit syriaque défectueux. En voici le commencement : « Avec l'aide de Dieu, nous écrivons l'histoire de Hikar, le scribe, et ses belles sentences [1].

« Durant les années de Sennachérib, roi d'Assur et de Ninive, j'étais, moi Hikar, scribe du roi. Il me fut dit en songe que je n'aurais pas de fils, mais que j'acquerrais de grandes richesses. Je pris soixante femmes, et à l'âge de soixante ans, je n'avais de fils d'aucune d'elles. Alors, je me construisis un grand autel... »

---

1. Il faut noter que le même mot *matlé* désigne en syriaque les sentences d'Aḥikar et les fables d'Ésope.

Ce manuscrit, comme *C, L,* omet le recours aux idoles
et renferme les maximes · 1, 2, 3, 4, 6, 7, 8, 10, 11, 12, 13,
17, 15, 16, 19, 22, 23, 25, 26, 27, 28, 29, 32, 33, 34, 35,
37, 38, 39, 40, 41, 43, 44, 48, 49, 51, 53, 54, 55, 56, 57,
59, 62, 64, 66, 67, 68, 69, 70, 71, 73, 74, 75, 79 ᵇ, 87, 88,
89, 45, 93, 78, 84. Puis le scribe s'est arrêté au folio 92
et a transcrit un autre sujet au folio 92 ᵛ.

2⁰ Mgr Scher, archevêque chaldéen de Séert, a bien voulu nous procurer une copie d'un manuscrit du Turkestan,
Nous désignerons cette copie, qui appartient maintenant à
Mgr Graffin, par les lettres *Gr.* Elle se rattache aussi au
groupe *C, L,* mais offre la particularité intéressante de porter au commencement comme *B,* le recours aux idoles
(I, 3) avant le recours au vrai Dieu (I, 4). De plus — mieux
encore que le ms. *B* — elle porte Sarhédom dans tous les
endroits où les scribes ont introduit à tort le nom de Sennachérib. Il est donc certain maintenant que l'anachronisme du ms. *C* (Sennachérib pour Sarhédom) n'existait pas
dans la rédaction originale. Le discours indirect est aussi
mélangé parfois au discours direct. Voici le commencement qui diffère assez des autres manuscrits :

Gr : « Histoire d'Ahikar le sage, qui servit Sennachérib
et Sarhédom, rois assyriens.

Chapitre premier de l'histoire d'Ahikar.

« 1. Il y avait donc — dans les jours de Sennachérib et
de Sarhédom, rois d'Assur et de Ninive — un homme, nommé Ahikar, juif, sage, écrivain, scribe et *mobed*[1] de rois
célèbres, au service desquels il se dévouait constamment.
Lorsque Sennachérib, roi d'Assur, mourut[2], alors moi,

---

1 Mot persan, désigne souvent les prêtres.

2. Le manuscrit porte ici « l'an 679 avant le Messie, » et le trans-

Aḥikar, j'étais encore très jeune. Je servis aussi Sarḥédom, fils du roi Sennachérib. Alors, les devins et tous les astronomes me dirent : «Tu auras un fils, qui héritera de tous tes « biens. »

«2. Quand ils m'eurent dit cela, j'épousai soixante femmes, je leur achetai soixante palais, vastes et très beaux et, lorsque j'arrivai à l'âge de soixante ans, je n'avais pas d'enfants.

« 3. Alors moi, Aḥikar, j'allai offrir des sacrifices aux dieux, je leur brûlai des aromates et des parfums et je leur dis : O dieux ! donnez-moi un fils qui vous serve, afin que je me réjouisse en lui et qu'il hérite de moi à ma mort — car nombreux étaient les biens que j'avais acquis.— Les idoles ne me répondirent absolument en rien et (Aḥikar) retourna du temple des idoles à sa maison plein de confusion et de douleur.

« 4. Il commença à invoquer et à prier le Seigneur d'un cœur contrit et à dire : O Dieu du ciel et de la terre, ô Créateur des créatures, vois mes larmes et accueille ma prière, donne-moi un fils...»

L'histoire est complète et l'on trouve aux chapitres III et XXXIII les maximes et les comparaisons suivantes : 1, 2, 3, 4, 8, 10, 11, 16, 13, 26, 28, 29, 32, 33, 34, 35, 36, 37, 38, 39ᵃ, 50, 51, 53, 54, 55, 56, 57, 59, 62, 64, 65, 66, 67, 68, 69, 70, 71, 72, 73, 79, 87, 88, 89, 90, 91, 45, 93, 15, 19, 22, 23, 24, 25, 76, 77, 78, 79, 80, 81, 61, 39ᵇ, 40, 41, 43, 44, 45, 47, 48, 49, 82, 83, 84, 85, 86, 96, 97, 98, 100, 99, 101, 102, 103, 104, 105, 106, 108, 113, 114, 118, 120, 128, 131, 132, 133, 134ᵇ, 136, 137, 140, 141, 142.

Comme nous l'avons déjà dit, c'est la rédaction C, L (et non la rédaction B) qui se retrouve dans ce manuscrit. Il y a de nombreuses interversions, une maxime nou-

cripteur a mis ces mots entre crochets et a ajouté en marge : « Dans un manuscrit ce n'est pas ainsi. » C'est en effet une addition.

velle (entre 4 et 8) : « Mon fils, les paroles qui ne sont pas tiennes, que tes lèvres ne les laissent pas échapper; » et une comparaison nouvelle (entre 137 et 140) : « Mon fils, tout le temps que je t'ai instruit, je t'ai dit que Dieu est un prince juste et un juge intègre · à ceux qui font le bien, il rend le bien ; à ceux qui font le mal, il rend le mal et il impose des tourments dans la géhenne ; comme il n'y a pas d'autre prince que Dieu entre moi et toi, il te rendra ce que tu mérites. » On ne reconnait guère ici la comparaison 138.

Les Parthes ne figurent nulle part dans ce manuscrit. On lit seulement qu'Aḥikar recommanda à sa femme « de préparer de la nourriture sur des tables (*patouré*) de tout genre et de donner du vin bon et vieux à tous les serviteurs du roi et aux *spiculatores*. » Est-ce le mot « tables » (*patouré*) qui est devenu « Parthes » (*partouié*) ou vice versa ?

La montagne de Ṣiṣ est appelée ici « de Ṣoḥou ; » le roi de Perse et d'Élam est « Akis bar Semaḥlim ; » le serviteur que l'on met à mort se nomme Médiafar, et Ešfagni, en deux endroits, est appelée Fšfegâ.

La comparaison 135 (palmier qui ne porte pas de fruits) manque , par contre, la réponse du loup auquel l'on veut faire dire *A*, *B*, *G*[1], contient bien trois mots commençant par ces trois lettres à savoir *Amra ou Gedaia Becarsi*, « Agneau et Chevreau dans mon ventre[2]. »

3º M. E. W Brooks nous a adressé la collation du fragment contenu dans le manuscrit *Or. 2313* (cf. *supra*, page 81, v). C'est en somme le texte *C*, les variantes mon-

---

1. Ce sont les trois premières lettres des alphabets sémitiques (Alef, Bêt, Gimel).

2 On trouve la même idée dans l'arabe (*supra*, p. 252-253, fin de la note *c*), mais les mots « mouton » et « chèvre » commencent en arabe par *hé* et *djim*. Cette traduction n'a pas conservé le parallélisme des lettres.

trent seulement qu'un manuscrit n'a pas été copié sur l'autre.

En résumé, le ms. *B* reste isolé ; les fragments *Sachau 162* et *Or. 2313* ajoutent fort peu aux manuscrits *C*, *L*, ; le manuscrit *Gr* par contre, bien que de la famille *C*, *L*, est le plus important, car il est seul de cette famille à avoir conservé certains traits de l'original (recours aux idoles, mention de Sarḥédom) que l'on trouve aussi dans *B*.

4° M. Rendel Harris a bien voulu nous apprendre directement, et aussi par l'intermédiaire de Mme D. Gibson, que les copies des manuscrits d'Ourmiah (cf. *supra*, p. 81, vii-ix) ne sont plus en sa possession et se trouvent très probablement à Harward University, aux États-Unis, avec ses autres manuscrits syriaques, mais ces copies, nous a-t-il écrit, n'ont pas d'importance pour la critique du texte syriaque. Cela signifie peut-être qu'elles ne sont pas de la famille du manuscrit *C*.

II

Les manuscrits arabes de Paris.

Ces deux manuscrits (n. *3637* et *3656*, cf. *supra*, p. 88,
5° et 12°) renferment en somme, avec diverses omissions,
le texte édité par Mme Smith Lewis et désigné plus haut
par la lettre *A*. Pour que leur contenu ne prête plus à
aucune ambiguïté, nous avons demandé à M. l'abbé Leroy,
professeur aux Facultés catholiques d'Angers, d'en préparer une édition pour la *Revue de l'Orient chrétien*
(1908, n. 4, et 1909) et nous empruntons à son manuscrit
les matériaux de la présente note :

Voici le commencement :

« Au nom du Dieu clément, miséricordieux, vivant, éternel, sans fin, à qui nous recourons — nous commençons,
par la grâce du Dieu Très Haut, par sa faveur excellente
et sous sa direction, à écrire l'histoire d'Aḥikar le sage, le
philosophe, vizir du roi Sennachérib, et de Nadan son neveu.

« On rapporte qu'il y avait au temps de Sennachérib,
roi d'Assur et de Ninive, un homme sage nommé Haikar.
Il était vizir du roi Sennachérib et son secrétaire. C'était
un homme opulent, qui possédait de grandes richesses. Il
était sagace, sage, philosophe, plein de science et d'habileté.
Il avait épousé soixante femmes, pour chacune desquelles
il avait construit un palais, et cependant il n'avait pas d'enfant qu'il pût élever. Cela l'affligeait beaucoup, et un certain jour il rassembla les astrologues, les devins et les
sorciers. Il leur fit part de sa situation et se plaignit de
sa stérilité. Ils lui répondirent : Va, offre des sacrifices aux
dieux... »

Le récit continue à la troisième personne et se termine

par : « C'est là ce que nous avons trouvé au sujet de l'histoire d'Haïkar le sage. Gloire à Dieu pour toujours. Amen »

Nous avons donc bien là une adaptation arabe d'un récit sans doute syriaque, et il ne peut être question de faire dériver de ce texte arabe aucune de nos rédactions syriaques.

Les manuscrits arabes de Paris renferment les maximes et allégories que nous avons désignées par les numéros 2, 3, 5, 6, 7, 8, 10, 11, 12, 13, 16, 17, 19, 20, 22, 23, 24, 25, 82, 29, 30, 31, 32, 33, 72, 73, 74, 79, 80, 87, 93, 83, 88, 91, 96, 97, 98, 111, 113, 114, 116, 118, 119, 122, 123, 128, 129, 131, 132, 133, 134, 135, 136, 137, 139, 140, 142.

Les omissions sont donc nombreuses et, à côté de bonnes leçons, on en trouve de franchement mauvaises, par exemple · « Mon fils, tu es comme le chien qui, ayant froid, entra dans le poulailler pour se réchauffer. Quand il eut chaud, il se mit à aboyer contre les poules, mais elles le frapperent et le chasserent de peur d'être mordues par lui. » Cf. *supra*, p. 244, n. 113.

« Mon fils, on disait au loup . Eloigne-toi des brebis, de peur que leur fumier ne t'incommode. Il répondit : Le reste de leur lait est salutaire pour mes yeux » Cf. *supra*, p. 252, n. 137 [1]

---

[1] Ajoutons ici que M E Nestle a consigné dans ses *Septuaginta Studien*, t. iii, p. 22-27, et t. iv, p. 9-10, Stuttgart, 1899 et 1903, de nombreuses notes sur le livre de Tobie , il regrette que la collection de Kautzsch n'étudie pas les relations qui existent entre Tobie et Ahikar (p. 22) ; il note (p. 10) que l'article de Margarete Plath, cf. *supra*, p. 20, note 2 (il écrit Magareth), est d'une « weibliche Feder. »

III

Les papyrus araméens d'Aḥikar du Ve siècle avant notre ère.

Ces papyrus ont été découverts par la mission allemande à Éléphantine, en même temps que la requête des prêtres juifs à Bagohi, gouverneur de Judée, datée de l'an 14 de Darius II (408-407 avant notre ère) et déjà éditée par M. Sachau [1]. Nous avons pu les voir exposés à Berlin, au nouveau Musée, sous les numéros 63 et 64 [2]. Ce sont des fragments d'un rouleau littéraire, de 32 à 33 centimètres de haut ; l'écriture, presque identique à celle de la requête des prêtres juifs, est perpendiculaire aux fibres du papyrus.

Le numéro 63 contient les restes de trois colonnes que nous numéroterons 1, 2, 3, de droite à gauche ; la colonne 1 compte dix-sept lignes, les colonnes 2 et 3 en comptent quinze. Ces deux dernières colonnes se suivent sans interruption.

Le numéro 64 contient les restes d'une colonne de quinze lignes. Il a été reconstitué à l'aide de vingt à vingt-cinq morceaux [3]

1 Cf. *Drei aramaische Papyrusurkundem aus Elephantine,* von E. Sachau, Berlin, 1908 (Extrait des comptes-rendus de 1907 de l'Académie des sciences de Berlin)

2. Nous les avons déjà fait connaître dans la *Revue du Clergé français*, 1er nov. 1908, p. 306-307

3 Voici la description manuscrite qui figure dans la salle d'exposition :

« *Aus dem Achikar Roman. n 63 enthalt die Erzahlung von den Schicksalen des Achikar unter den Konigen Sanherib und Asarhaddon. — In n 64 folgen seine Weisheitsspruche Z. T. im Gewande der Tierfabel. Litterarische Papyrusrolle des 5 Iahrh. v Chr.* »

Déjà M. E. Sachau avait bien voulu nous écrire, à la date du

Il reste donc quatre colonnes de quinze (ou dix-sept) lignes plus ou moins mutilées ; d'ailleurs chaque ligne pouvait compter de cinquante-cinq à cinquante-huit lettres (on le voit sur la colonne 2). Ces papyrus correspondent donc à moins du sixième de la version syriaque

Ahikar est mentionné au moins six fois (col 1, lignes 14 et 15 ; col. 2, lignes 7 et 14 ; col. 3, lignes 6 et 13). Ce nom est écrit exactement comme en syriaque. Ahikar parle aussi à la première personne : « Moi, je suis Ahikar, celui qui... » col. 1 ; « le roi Sennachérib m'a aimé .. » col. 2, etc. , il est appelé « père d'Assur », col. 2 (cf. supra, p. 195, n 2).

Enfin, on trouve bien Sennachérib [1] d'abord et Asarhaddon (Sarhédom) plus loin [2]. Les papyrus ne portent donc pas le grossier anachronisme qui dépare tous les manuscrits de toutes les versions, hors les manuscrits syriaques B et Gr : ils placent Sarhédom après Sennachérib et non avant

Les mots « Nabousemak Meskin Kenothi » dont H fait un seul nom propre [3] (supra, p. 196, note) et que nous

2 juin 1908, que ces papyrus remontaient, à son avis, au Ve siècle avant notre ère et concernaient aussi bien la sagesse que l'histoire d'Ahikar . « Die Ahikar-Papyri sind nicht datirt, stammen aber nach meiner Ansicht aus derselben Zeit wie die übrigen Papyri, d. i. aus dem 5 Jahrhundert vor Chr geb

« Soweit ich bis jetzt sehe, beziehen sich vier Papyri auf den erzahlenden, funf auf den didaktischen Theil. Im Einzelnen ist noch vieles unsicher »

1. Appelé « roi d'Assur », figure col. 2, lignes 2, 3, 7 après ch ce nom porte ici un alef qui répond à la semi-voyelle i, au début de irba : Sin-aht-irba

2. Mentionné col. 3, lignes 1, 2, 12, 15, sous la forme Asarhadon avec un alef en tête et un autre après le h, celui-ci répondant à la voyelle i, de iddin Asur-ah-iddin.

3 Il en est de même du manuscrit syriaque Gr.

avons traduits, avec M. Rendel Harris, par « Nabousemak, le bourreau, mon ami, » semblent remplacés par נבוסמסכן seul. Si notre lecture est bonne, ce mot serait la transcription araméenne exacte du nom très babylonien *Nabû-šum-iškun*, « Nabû a établi un nom » ou « un fils ».

Aḥikar lui demande aussi : « Comme j'ai fait avec toi, fais aussi avec moi, ne me tue pas. » Cf. *supra*, p. 200, 3-4.

Le numéro 64 contient des sentences et des allégories (ou fables d'animaux), par exemple · « J'ai levé du sable et j'ai porté du sel et cela ne m'a pas été plus lourd que ... » cf. p. 172, n. 57-58 ; puis : « J'ai levé de la paille et j'ai pris le joug (?) et cela ne m'a pas été léger... » « La panthère rencontra la chèvre [1] ... la panthère prit la parole et dit à la chèvre ... la chèvre dit à la panthère ... tu ne prendras pas ma peau, car ... »

Au point de vue paléographique : les mots sont séparés par des espaces blancs, comme cela a lieu dans la requête des prêtres juifs d'Éléphantine ; de plus, à la fin des maximes, le scribe passe à la ligne ou met parfois un signe en forme d'étoile.

Ces papyrus viennent corroborer la plupart de nos assertions : 1º Aucune des versions, aucun des manuscrits n'a conservé fidèlement *la légende* d'Aḥikar, à plus forte raison aucun d'eux ne peut-il être considéré comme le représentant autorisé de son *histoire*. Il faut donc distinguer soigneusement la tradition légendaire de l'histoire primitive qui lui a donné naissance. Cf. *supra*, p. 116-119. Nous croyons que les papyrus conservés ne mentionnent pas le

_____

1. ' *Enzâ*. Ce mot porte ici, comme en assyrien *enzu*, un *noun* après l'*ain*. On trouve aussi plus loin *ṭobtô* (cf. *supra*, p. 243, note 4), qui signifie en araméen « gazelle » ; on trouve ensuite « le cerf », '*ail*. Cf. Dalman, *Aramaisch-neuhebraisches Wörterbuch*, Francfort, 1901, p. 156.

voyage en Égypte ; cependant il n'est pas impossible qu'ils
renferment déjà certains traits légendaires, car les diverses
rédactions nous montrent que les scribes ont modifié libre-
ment leur modèle : c'est à peine si dans les papyrus on
trouve quelques noms, quelques mots, quelques maximes
de nos versions modernes. La tradition a coulé dans le
moule de l'histoire primitive des matériaux de moindre
valeur, comme une source pétrifiante remplit de carbonate
de chaux toutes les cellules vivantes et parfumées d'une
rose, et les critiques qui voudraient mesurer la personnalité d'Aḥıkar d'après sa seule manifestation légendaire, res-
sembleraient aux chimistes qui voudraient tirer l'essence
de rose de la seule distillation des roses changées en pierre
par la séculaire action des eaux carbonatées.

2° Nous tenons donc toujours qu'au vii° siècle avant
notre ère vivait un homme puissant et sage, tour à tour
favori du roi et proscrit, auteur de maximes morales et
d'allégories ou paraboles. Au v° siècle avant notre ère,
son histoire et ses maximes étaient répandues dans tout le
monde juif, puisque les papyrus araméens trouvés au sud
de l'Égypte, à Éléphantine, sont de cette époque. Démocrite,
dans son voyage à Babylone, y trouvait les maximes et les
traduisait à l'usage des Grecs. Les allégories servaient de
modèle aux fables mises sous le nom d'Ésope. Depuis lors,
la tradition a coulé dans le moule primitif toute sorte
d'éléments que nous avons réunis dans le présent ouvrage,
en les faisant précéder de l'exposé des travaux et des
recherches auxquels ils ont déjà prêté.

F. Nau.

Paris, 12 novembre 1908.

TABLE ALPHABÉTIQUE

DES MATIÈRES ET DES NOMS PROPRES [1]

1. Les chiffres en italiques indiquent des pages où l'on trouve plus qu'une simple mention du nom propre correspondant.

CPSIA information can be obtained
at www.ICGtesting.com
Printed in the USA
BVHW041318310521
608479BV00010B/1756